Fremdenfeindlichkeit und Rechtsextremismus

Felix Büchel, Judith Glück, Ulrich Hoffrage,
Petra Stanat, Joachim Wirth (Hrsg.)

Fremdenfeindlichkeit und Rechtsextremismus

Dokumentation einer
multidisziplinären Vortragsreihe

Leske + Budrich, Opladen 2002

Gedruckt auf säurefreiem und alterungsbeständigem Papier.

Die Deutsche Bibliothek – CIP-Einheitsaufnahme
Ein Titeldatensatz für diese Publikation ist bei
Der Deutschen Bibliothek erhältlich.

ISBN 978-3-8100-3542-4   ISBN 978-3-322-95053-6 (eBook)
DOI 10.1007/978-3-322-95053-6

© 2002 Leske + Budrich, Opladen

Das Werk einschließlich aller seiner Teile ist urheberrechtlich geschützt. Jede Verwertung außerhalb der engen Grenzen des Urheberrechtsgesetzes ist ohne Zustimmung des Verlages unzulässig und strafbar. Das gilt insbesondere für Vervielfältigungen, Übersetzungen, Mikroverfilmungen und die Einspeicherung und Verarbeitung in elektronischen Systemen.

Inhalt

Vorwort 7

Wolfgang Edelstein
Die Ausbreitung einer rechten Jugendkultur in Deutschland
Mit einigen Vorschlägen zur Prävention 11

Susan T. Fiske
Fremdenfeindlichkeit und Rechtsextremismus aus sozialpsychologischer Sicht 63

Gustav Lebhart und Rainer Münz
Determinanten des Rechtsextremismus in Ost- und
Westdeutschland 93

Klaus F. Zimmermann
Fremdenfeindlichkeit, Zuwanderung und Ökonomie 119

Kay Hailbronner
Rassische Diskriminierung in der Europäischen Union 137

Jürgen R. Winkler und Jürgen W. Falter
Fragestellungen, Probleme und Resultate der politikwissenschaft-
lichen Forschung über Fremdenfeindlichkeit und
Rechtsextremismus in Deutschland 153

Eberhard Jäckel
Fremdenfeindlichkeit aus der Sicht der Geschichtswissenschaft 179

Die Autorinnen und Autoren 189

Vorwort

Schon seit längerem berichten die Medien über erhebliche rechtsextreme und fremdenfeindliche Aktivitäten in unserem Land. Vor rund zwei Jahren verfestigte sich indessen innerhalb kurzer Zeit der Eindruck, dass Häufigkeit und Intensität der Übergriffe deutlich zunahmen. Fast täglich wurden nun Ereignisse mit rechtsextremem und fremdenfeindlichem Hintergrund gemeldet. Dies führte zu einer Intensivierung der Auseinandersetzung darüber, wie man dieser unheilvollen Entwicklung entgegensteuern könnte. Gleichzeitig wuchs die Zahl derjenigen Bürgerinnen und Bürger, die das Bedürfnis verspürten, nicht nur über die sich immer bedrohlicher darstellende Entwicklung zu diskutieren, sondern auch selber etwas dagegen zu tun.

In dieser Situation haben wir – der Mitarbeiterausschuss des Max-Planck-Instituts für Bildungsforschung, Berlin – uns Gedanken darüber gemacht, welchen Beitrag wir denn selbst leisten könnten. Dabei ließen wir uns nicht allein von persönlicher Betroffenheit leiten, sondern auch von unserer funktionalen Verantwortung. Die Max-Planck-Gesellschaft bzw. ihre mehr als 80 Forschungsinstitute beschäftigen eine große Zahl ausländischer Wissenschaftler. Diese werden zusehends verunsichert durch das nicht eben ausländerfreundliche Klima in unserem Land. Es schien ein elementares Gebot der Solidarität, diesen Kolleginnen und Kollegen zu zeigen, dass sie nicht allein stehen. Traditionell kooperieren Wissenschaftler der Max-Planck-Gesellschaft intensiv mit Forschungseinrichtungen im Ausland. Es kann uns nicht gleichgültig sein, wie das Ausland die Entwicklung in Deutschland beurteilt. Als Wissenschaftler an einem Max-Planck-Institut werden wir somit durch fremdenfeindliche und rechtsextreme Aktivitäten nicht nur wie andere Bürgerinnen und Bürger dieses Landes in unserem gesellschaftlichen Selbstverständnis berührt – diese Aktivitäten wirken sich auch direkt und massiv in negativer Form auf unsere eigenen Arbeitsbedingungen aus.

Es wurde uns somit nach kurzer Überlegung klar, dass wir in irgendeiner Form reagieren wollten und auch mussten. Die Frage, in welcher Form sich unser Engagement zeigen sollte, war schwieriger zu beantworten. Wir kamen jedoch sehr schnell zu der Einsicht, dass unser Beitrag ein wissenschaftlicher sein sollte, nämlich Ursachen und Zusammenhänge von Phänomenen zu ergründen, von denen wir meinen, sie noch nicht hinreichend verstehen und einordnen zu können. Da wir – vier Psychologinnen bzw. Psychologen und ein Volkswirt – keine Spezialisten auf dem zur Diskussion stehenden Gebiet sind, stimmten wir schnell in der Einschätzung überein, dass wir diese Arbeit nicht selber leisten konnten, sondern uns externer Expertise – beispielsweise in Form eines Gastvortrags an unserem Institut – bedienen sollten. In einem zweiten Erkenntnisschritt wurde uns die Tatsache bewusst, dass das Thema „Fremdenfeindlichkeit und Rechtsextremismus" zu vielschichtig ist, als dass ein einzelner Vortrag das Erkenntnisinteresse umfassend befriedigen könnte. Daraus entstand die Idee einer multidisziplinären Vortragsreihe. Verschiedene wissenschaftliche Disziplinen nähern sich einem gesellschaftlichen Phänomen aus unterschiedlichen Blickrichtungen und müssen nicht notwendigerweise zu übereinstimmenden Aussagen gelangen. Erst aus der gemeinsamen Betrachtung ergibt sich ein umfassendes Bild. So schien es uns vielversprechend, in kurzem zeitlichem Abstand mehrere eng auf das Thema der Vortragsreihe fokussierte Beiträge aus unterschiedlichen Wissenschaftszweigen gegenüber zu stellen. Bei der Umsetzung dieser Idee ist es uns gelungen, aus sieben wichtigen Fachrichtungen, die sich besonders intensiv mit dem Phänomen „Fremdenfeindlichkeit und Rechtsextremismus" befassen, jeweils einen führenden Vertreter zu gewinnen. (Angaben zu den Autoren finden sich am Schluss dieses Bandes.)

Diese Vortragsreihe, die im Sommer des Jahres 2001 stattfand, stieß nicht nur bei den Institutsmitarbeitern, sondern auch in der Berliner Wissenschaftslandschaft auf große Resonanz. Darüber hinaus interessierten sich auch viele Nichtwissenschaftler für die Vorträge – ein seltenes Ereignis bei wissenschaftlichen Veranstaltungen. In den lebhaften Diskussionen, die sich den einzelnen Vorträgen anschlossen, wurde häufig angeregt,

Vorwort

die Vorträge einem breiteren Publikum zugänglich zu machen. Wir haben uns nach einigem Zögern dazu entschlossen, diesem Wunsch nachzukommen. Dabei haben wir in der Absicht, das Werk lebendiger und leichter lesbar zu halten, die Form des Vortrags bewusst erhalten. Wir hoffen, dass dieses Buch dazu beitragen kann, die Ursachen von Fremdenfeindlichkeit und Rechtsextremismus besser zu verstehen und – daraus abgeleitet – wirksamere gesellschaftliche Gegenkräfte zu entfalten.

Dieses Buch hat die Unterstützung einer Vielzahl von Personen erfahren. Zunächst sind die Vortragenden selbst zu nennen, die sich – in der Mehrzahl spontan – bereit erklärten, die Verpflichtung für einen Einzelvortrag zu übernehmen und anschließend ihren Beitrag in Hinblick auf eine Publikation zu überarbeiten. Die Leitung des Max-Planck-Instituts für Bildungsforschung hat unser Vorhaben, das wir zeitlich und thematisch außerhalb der laufenden Forschungstätigkeit realisierten, nachhaltig – auch mit erheblichen finanziellen Mitteln – gefördert. Der Verleger hat, als er von der Vortragsreihe erfuhr, sogleich angeboten, diesen Band zu veröffentlichen. Last, but not least, bedanken wir uns neben vielen anderen, die wir hier aus Platzgründen nicht aufzählen können, namentlich bei Jürgen Baumgarten als Redakteur und Peter Wittek als Lektor für eine sorgfältige Bearbeitung der Manuskripte, sowie bei Dagmar Gülow für die Herstellung der Druckvorlage.

Berlin, im Juli 2002   Die Herausgeber

Wolfgang Edelstein

Die Ausbreitung einer rechten Jugendkultur in Deutschland
Mit einigen Vorschlägen zur Prävention*

Die Lage

Daten und Fakten

Im vergangenen Jahr wurde die politische Diskussion in Deutschland durch das wachsende Bewusstsein – in den Medien, der politischen Klasse und zumindest Teilen der breiteren Öffentlichkeit – zunehmend auffälliger Handlungen und Rhetorik der Neonazis bestimmt; besonders durch ihre Ausländerfeindlichkeit, ihren Antisemitismus und entsprechend motivierte Jugendgewalt, zumal im Osten des Landes. Die Nachrichtenmedien berichteten über demonstrative Feindseligkeit gegenüber Fremden. Am meisten Aufsehen erregten dabei die brutalen Gewaltübergriffe gegenüber Personen, die auffallend fremd aussehen: vor allem Farbige, aber auch Obdachlose oder behinderte Menschen. Am 15. September 2000 beträgt die Gesamtzahl derer, die seit 1990 durch überwiegend junge rechte Schläger (zwischen 15 und 23 Jahren) getötet worden sind, mindestens 93, wahrscheinlich 114. Die Anzahl von 93 Getöteten ist im September 2000 von der Polizei bestätigt worden, nachdem die beiden liberalen Tageszeitungen *Der Tagesspiegel* (Berlin) und *Frankfurter Rundschau* offizielle Angaben bestritten hatten, denen zufolge „bloß" 26 Tote zu verzeichnen gewesen wären. Die „Neue Aufmerksamkeit", der Zeitpunkt und die Struktur des Phänomens, Häufigkeit und Verteilung und vor allem die Ursachen und Erklärungen der zu beobachtenden Wiederkehr von Nazistereotypen und Nazisymbolen – all das ist Gegenstand hitziger Debatten.

---

* Aus dem Englischen von Andreas Kahler. Der Autor dankt der Jacobs Stiftung für ihre Unterstützung.

Neonazistische Jugendkulturen sind keine ausschließlich deutsche Erscheinung. Obschon vielleicht weniger offenkundig rassistisch als die Gruppen, die uns hier beschäftigen, sind rechtsextreme, nationalistische und fremdenfeindliche Parteien Bestandteil des politischen Spektrums in verschiedenen Ländern Europas: In Frankreich, Italien und Österreich sind sie sowohl in die lokalen als auch in die nationalen Parlamente gewählt worden, in Frankreich und Belgien spielen sie eine erkennbare Rolle; und es gibt auffällige Nazigruppen in Schweden und den USA. Paradoxerweise haben die rechtsaußen stehenden Parteien im politischen System Deutschlands eine geringere Rolle gespielt als in manchen anderen Ländern. Rechtsextreme Parteien wie die NPD und zuletzt die Republikaner (Reps) sowie die DVU errangen während der 1990er Jahre zwar in Landtagswahlen ein paar kurzlebige Wahlsiege, zogen nachher jedoch wenig Beachtung auf sich.

Seit 1990, dem Jahr der Vereinigung, haben rechte Aktivitäten beträchtlich zugenommen. Nach einem Höhepunkt fremdenfeindlicher Pogrome in den frühen 1990er Jahren ließen rechte Tätlichkeiten etwas nach; mit einem Anstieg fremdenfeindlicher wie antisemitischer Gewalt erreichten sie erneut einen Gipfel in den späten 1990er Jahren: Ihren Höchststand insgesamt fanden sie im Jahre 2000, als die Polizei viermal so viele gewaltsame Vorfälle registrierte wie in den frühen 1990er Jahren. Dem Zwischenbericht des Bundesamtes für Verfassungsschutz für das Jahr 2000 (veröffentlicht im Februar 2001) zufolge gab es 16.000 rechtsextreme Straftaten, von denen mehr als 50 Prozent in Ostdeutschland – mit gerade 20 Prozent der Bevölkerung – begangen worden sind. Die große Mehrheit dieser Straftaten sind symbolischer Natur, aber schätzungsweise 1.400 Gewalttaten richteten sich gegen politische, ethnische oder andere Opfer. Auch wenn diese Zahl groß erscheinen mag, handelt es sich in Anbetracht des wirklichen Ausmaßes rechtsgerichteter Vorfälle um eine eher niedrige Schätzung, die die im Alltagsleben weithin anzutreffende rassistische, fremdenfeindliche oder antisemitische Einstellung unter Heranwachsenden ausblendet (festzustellen beispielsweise an vielen Schulen in Ostdeutschland, um nur eine wichtige Entwicklung zu nennen [Spahn, 2001]). Den rechten Parteien lose verbunden, machen radikale Jugendgruppen ihr eigenes schädliches und gewalttätiges Programm, und unterstützt durch das Internet bauen sie ihre eigenen internationalen Netzwer-

Rechte Jugendkultur in Deutschland 13

ke, Organisationen und Verbindungen auf. Derzeit dürfte die Verbindung zwischen radikalen Gruppen und der NPD in dichter geknüpfte organisatorische Netzwerke übergehen. Der Verfassungsschutz hat seine Überwachungstätigkeit verstärkt, und im Zuge erhöhter Achtsamkeit gegenüber neonazistischen Taten sowie als Reaktion auf die vielen Toten und den rechtsextremen Terror hat der Bundesinnenminister zusammen mit Bundestag und den Innenministern der Länder rechtliche Schritte eingeleitet, um die NPD zu verbieten.

Die Zahl radikaler, subversiver und gewalttätiger Jugendlicher erscheint in der Tat recht beträchtlich, und zumindest vereinzelt – insbesondere im Osten der Bundesrepublik – repräsentativer für die Jugend, als dies bei rechten Randgruppen in den Vereinigten Staaten, England und Skandinavien der Fall ist. Eher außerhalb als innerhalb des politischen Spektrums angesiedelt, sind diese doch mehr in der Art von Fangruppen oder Cliquen organisiert, die sich einem typisch subversiven und potenziell gewaltsamen rassistischen und neonazistischen Treiben hingeben. Der Kern gewalttätiger Skinheads in Deutschland, die sowohl bundesweit als auch international aktive Verbindungen haben, beträgt nach Berichten rund 10.000 Personen. Es ist keinesfalls klar, in welchem Ausmaße diese gewalttätigen rassistischen Skinheadgruppen und ihre zahlreichen jugendlichen Mitläufer von älteren rechtsgerichteten Parteigruppierungen abstammen; auch scheint unklar, ob es sich bei ihnen um unabhängige Bewegungen handelt, die diesen Parteien und ihrer Spitze Gelegenheit zur Verbreitung und Propagierung des Nationalismus bieten und darauf hinwirken, dass er in die Gesellschaft Eingang findet, oder ihnen auch als Rekrutierungsfeld für neue Führungskräfte dienen.

Obwohl die NPD – oder ihre möglichen Nachfolgeorganisationen – letztendlich Nutzen ziehen dürfte aus der Ausbreitung einer extremistischen Jugendkultur und deren Protagonisten an ihre Anhängerschaft binden kann, findet sich kaum ein Beleg dafür, dass die rechtsextremistische Bewegung ein Ableger der Partei oder von ihrer Organisation abhängig ist. Sie ist ein anderes politisch-gesellschaftliches Phänomen und bedarf einer eigenen Erklärung. Obwohl es mittlerweile eine beachtliche Datenlage aus verschiedenen Bevölkerungs- und Jugendumfragen und einer rasch anwachsenden Literatur gibt, beobachten wir eine eher heterogene Theoriebildung zu Wesen und Entstehungsgrund der Ausbreitung der Rechten; den Theorien liegen unterschiedliche soziologische, sozialpsychologische, psychologische oder psychoanalytische Konzepte zu Grunde. Und in der Tat würde eine einheitliche Theorie vielleicht nur eine irreführende Rechtfertigung für ein facettenreiches Phänomen bieten. Wir müssen an dieser Stelle viele Erzählungen und unterschiedliche Erklärungen akzeptieren. Einige von ihnen werden wir prüfen und dann zu einer vorläufigen Schlussfolgerung zu gelangen suchen; schließlich werden wir eine Strategie der Prävention an Schulen vorschlagen. Doch klären wir zunächst das Gelände, bevor wir uns der Theorie zuwenden.

Die „Neue Aufmerksamkeit"
Eine viel diskutierte Frage war über lange Zeit, ob Rechtsextremismus und rechte Gewalt tatsächlich zunehmen, oder ob das Hervortreten dieses Syndroms ein durch die Medien erzeugtes Phänomen ist (das eigentlich selbst einer Erklärung bedarf). Angesichts massiver Zunahme der Ausländerfeindlichkeit, des Antisemitismus und sonstiger unverkennbar rechter Aktionen während der letzten Jahre und des erheblichen Anstiegs im vergangenen Jahr scheint dieser Streit nun durch die jüngsten Polizeiberichte beigelegt.

Seit geraumer Zeit stellen in verschiedenen europäischen Ländern Umfragen unter Jugendlichen ihr eingeschränktes Interesse an konventioneller Politik fest, und das Wort von der Politikverdrossenheit macht die Runde (Roberts, 2000; für Deutschland siehe die Jugendbefragung des DJI, Gille & Krüger, 2000, die Deutsche-Shell-Jugendstudien von 1997 sowie 2000 und die vom Max-Planck-Institut für Bildungsforschung durchgeführte BIJU-Untersuchung, Schnabel, 1993, Schnabel & Roeder, 1995; für England siehe White, Bruce & Ritchie, 2000; siehe die Übersicht von Wilkinson & Mulgan, 1995). Doch kann man Desinteresse an der Mainstream-Politik nicht einfach mit allgemeiner Entpolitisierung gleichsetzen. Unzufriedenheit und Frustration über die gängige Politik kann Ausdruck einer gleichsam aktiven Enthaltung vom gewöhnlichen politischen (Wahl-)Prozess sein und Desinteresse an den institutionellen Strukturen demonstrieren, die die moderne Politik regulieren: parlamentarische Institutionen, Verfahren und insbesondere Parteien und Politiker (Boyte & Kari, 1996). Sie können indes auch zum Engagement in NGOs oder auf anderen Gebieten einer „neuen Bürgergesellschaft" *(new citizenship)* (Rimmerman, 1998) führen. Politisches Interesse und Beteiligung am politischen Handeln hängen von Inhalten ab, und Interesse an Themen hängt von Gruppenzugehörigkeit, Geschlecht und Bildungsstand ab. Den scheinbaren Widerspruch zwischen Desinteresse an der Politik und Engagement an zivilgesellschaftlichen Fragen spiegelt die Frage des Systemvertrauens wider: Verglichen mit dem Vertrauen in Einrichtungen wie Gerichten, Universitäten oder Parlament ist in Deutschland wie in anderen europäischen Gesellschaften das Vertrauen in politische Parteien und Politiker gering (Deutsche Shell, 2000). Das Wiederaufleben rechter Aktionen, rechter Revolte oder Rebellion unter Jugendlichen mag ebenfalls von einer Art politischer Beteiligung zeugen (Kovacheva & Wallace, 1994). In einer repräsentativen Stichprobe süddeutscher Schüler erwiesen sich Rechtsextremisten als die politisch aktivste Gruppe (Weiß, 2000, S. 173). Das heißt, während Entfremdung von politischen Parteien und Politikern weit verbreitet ist (verstärkt wahrscheinlich durch die in letzter Zeit vorgekommenen Skandale, in die hoch gestellte Politiker verwickelt sind), spiegeln die politischen Einstellungen und Urteile Jugendlicher keineswegs ein ähnlich grundlegendes und generelles Misstrauen gegenüber „dem System" wider wie das in den 1920er und 1930er Jahren vorherrschende Misstrauen, das die Weimarer Republik untergrub und ihren Feinden in die Hände spielte (Torney-Purta u.a., 2001). Wir sollten jedoch nicht die Tatsache vergessen, dass die westdeutsche Bundesrepublik bis ins letzte Jahrzehnt hinein eine Schönwetter-Veranstaltung gewesen ist und dass durch die Wiedervereinigung zum einen und die wirtschaftliche Globalisierung zum anderen ernste Schwierigkeiten aufgetaucht sind, die die Loyalität gegenüber dem politischen System und seinen Werten in Mitleidenschaft ziehen können. Wenn es sich bei den zu untersuchenden Verhaltensweisen nur um die Spitze des Eisbergs handelt, sollten wir nicht vergessen, dass sie durch Umfrageergebnisse nicht adäquat abgebildet werden.

Die Debatte über das Phänomen einer „Neuen Aufmerksamkeit" hat vor allem den Gewaltanteil in Kriminalstatistiken und in Berichten über Gewalt an Schulen im Blick. Der beobachtete Anstieg wurde entweder vermehrten Vorfällen oder aber einer gesteigerten Aufmerksamkeit zugeschrieben. Es ist behauptet worden, dass sich der Anstieg großenteils der

Art und Weise zuschreiben lässt, wie die Polizei über Gewaltverbrechen berichtet und sie klassifiziert (Eckert, 1999; Eckert, Jungbauer & Willems, 1998). Habe sich die politische Sensibilität erst einmal erhöht, so diese Auffassung, würden hinter Jugendstraffällen vermehrt politische Gründe angenommen, obwohl sich die Vorfälle insgesamt kaum geändert hätten. Leider funktioniert dieser Gedankengang in beide Richtungen: Es scheint Belege zu geben, dass die Polizei, vor allem in den östlichen Bundesländern – und am spürbarsten in Brandenburg –, in der Vergangenheit dazu neigte, den politischen (rassistischen, fremdenfeindlichen) Kontext der Jugendgewalt herunterzuspielen und entsprechende Informationen zurückzuhalten. Die Berichtigung der Anzahl rechtsextremer Straftaten von 26 auf mindestens 93 im September 2000 bezeugt nicht nur eine Änderung der Wahrnehmung, sondern zeigt, dass wir tatsächlich einem ernsten Problem gegenüberstehen.

Mit Blick auf *Gewalt an Schulen* waren die Argumente ähnlich. Das Auftreten von Gewalt hätte sich demnach im Laufe der Jahre nicht substanziell verändert. Aber mit zunehmenden Klagen (seitens der Lehrer wie der weiteren Öffentlichkeit) über Veränderungen im Verhalten Jugendlicher an den Schulen sind Lehrer dem aggressiven Klima gegenüber bewusster und empfindlicher geworden. Unter Experten wird jetzt größtenteils angenommen, dass der Wandel eher noch ein qualitativer als quantitativer ist: Die Gewalt ist massiver und intensiver, brutaler, weniger durch traditionelle Verhaltensregeln geleitet, auf Gewinner- wie auf Verliererseite. Es ist allerdings schwierig, die Stichhaltigkeit dieser Behauptung ohne Kohortenlängsschnitt-Untersuchungen abzuschätzen.

Einen interessanten Hinweis liefern Ergebnisse von Forschungen, die die Melzer-Gruppe in Dresden durchgeführt hat (Melzer, 1998). Sie hat herausgefunden, dass Gewalt auf den Schulhöfen eine unmittelbare Funktion der Schulqualität ist. Je unterstützender der Unterricht, je mehr er daran orientiert ist, das Potenzial und die Beteiligung der Schüler zu aktivieren, desto weniger Aggression und Gewalt entstehen an der Schule.

Sofern die Debatte um „Neue Aufmerksamkeit" Fragen der Verbreitung und Häufigkeit thematisiert, führt sie zu einem Kreis bedeutsamer, weiter zu erhellender Fragestellungen:
- Was ist das wahre quantitative Muster des Rechtsextremismus unter Jugendlichen in zeitlicher wie räumlicher Hinsicht? Und unter wel-

chen Bedingungen sind die beschriebenen Gruppen offen für eine Intervention?
- Was ist das Wesen des qualitativen Wandels: Handelt es sich um einen echten Wandel oder handelt es sich bloß um einen Wechsel der Perspektive? Sind die extremistischen Taten aggressiver oder gewaltsamer geworden, hat sich ihr Erscheinungsbild verändert, unterscheiden sich die Formen rechter Präsenz innerhalb der Kultur von ihrem bisherigen Auftreten?

Kontinuität oder Kohorte?

Die Bestimmung des Zeitpunkts und des Typus der aggressiven rechtsgerichteten Aktionen von Neonazis hat mit der Deutung zu tun, die diesem Phänomen gegeben wird. Wenn wir von der Auffassung ausgehen, dass das Auftreten des Rechtsradikalismus dem Niedergang der DDR geschuldet ist (wie eine landläufige Theorie sagt), so müsste dieser sich mehr oder minder auf deren Territorium begrenzen und zeitlich mit der deutschen Vereinigung zusammenfallen. Tatsächlich sprechen einige Hinweise für diese Deutung. Die empirischen Daten zeigen weitaus mehr neonazistische Taten im Osten und eine steigende Häufigkeit und Radikalität jenseits der Stufe, von der an diese Erscheinungen wahrgenommen werden, wie bei den Gewalttaten oder Pogromen in Hoyerswerda und Rostock-Lichtenhagen bald nach der Wende. Die Daten belegen indessen auch eine Kontinuität bei den Entwicklungen im Westen und ebenfalls im Osten, wie kürzlich „entdeckt" worden ist, wo Experten zufolge etwa 1.000 gewalttätige Skinheads und rund 15.000 neonazistische Mitläufer ständig von der Stasi (Staatssicherheitsdienst) beobachtet und durch die Polizei überwacht worden sind (Wagner, persönliche Mitteilung).

Zu den besten Daten gehören die Jugendstudien über Heranwachsende an Sekundarschulen im Land Brandenburg, und zwar ein Kohortenlängsschnitt über 14- bis 19-Jährige mit Datenerhebungen aus den Jahren 1993, 1996 und 1999. Die 1996er-Erhebung ist eine vergleichende Studie und umfasst die entsprechende Altersgruppe im Bundesland Nordrhein-Westfalen (Sturzbecher, 1997, 2001).

Die Jugendstudie in Brandenburg erfasst rechtsextremistische Einstellungen, Nationalismus, Autoritarismus, Ausländerfeindlichkeit, Antisemitismus und Gewaltbereitschaft. Es gibt eine gewisse Streubreite zwischen den Indikatoren der Fremdenfeindlichkeit, die im Laufe des Jahres 30 bis 38 Prozent beträgt, und einen erstaunlichen Prozentsatz an Antisemitismus, wenn man bedenkt, dass es in Brandenburg weder eine jüdische Minderheit noch einen erheblichen Ausländeranteil gibt. Die geringe Anzahl Asylbewerber beschränkt sich auf Heime in Dörfern und Kleinstädten. Der Kontakt mit Fremden ist auf einige türkische Dönerhändler und vietnamesische Zigarettenhändler begrenzt. Antisemitismus wie Fremdenfeindlichkeit sind also unabhängig von der Präsenz dieser Objekte des Hasses und der Feindseligkeit (vgl. Ahlheim & Heger, 2000); sie lassen sich als soziale Konstruktionen begreifen, die aus Umständen und Bedingungen hervorgehen, die wir besser erforschen und begreifen müssen, als wir es heute verstehen. Die Untersuchungen selbst tragen freilich wenig dazu bei, das Licht der Theorie auf ihre Erhebungen zu werfen.

Wie bereits erwähnt, hat die Untersuchung von Sturzbecher den Vorteil einer *vergleichenden* Untersuchung: Sie wurde sowohl in Brandenburg, dem Land mit dem höchsten Aufkommen neonazistischer und fremdenfeindlicher Umtriebe, als auch in Nordrhein-Westfalen, dem bevölkerungsreichsten Land der Bundesrepublik, durchgeführt. Im Allgemeinen finden sich alle oben diskutierten Konstrukte ebenfalls in Nordrhein-Westfalen, aber ihr Auftreten bewegt sich dort auf einem signifikant niedrigeren Niveau. Allgemein gesprochen mag in Nordrhein-Westfalen das rechtsextremistische Syndrom in seiner moderateren Form einen Umfang von 10 oder maximal 15 Prozent erreichen, in seinen radikaleren Äußerungen 5 Prozent, bei Einzelitems mit hoher Zustimmung ein Niveau von 3 bis 5 Prozent der Befragten (die Likert-Skalen reichen von Ablehnung über moderate bis hin zu vollständiger Zustimmung). In Brandenburg dagegen sind diese Prozentsätze mindestens doppelt so hoch; die Erhebung dokumentiert die Zustimmung etwa eines Drittels der Bevölkerung an weiterführenden Schulen, mit einem kleinen, aber signifikanten harten Kern rechter fremdenfeindlicher und antisemitischer (potenzieller) Aktivisten (etwa 5 %) und einem beträchtlichen Anteil von 25 Prozent oder mehr zumindest moderater Rechter. Es gibt wichtige Unterschiede: Das Alter spielt eine Rolle – die höchsten Prozentzahlen werden während der frühen Adoleszenz erreicht; das Geschlecht spielt eine Rolle – Männer sind häufiger betroffen als Frauen; doch die Unterschiede sind geringer, als man erwarten könnte. Der Bildungsstatus – eine Art Näherungswert für soziale Schicht – spielt eine erhebliche Rolle, wobei Gymnasiasten oder akademische Bildungsgänge weniger betroffen sind, während nicht akademische und insbesondere berufliche Ausbildungsgänge stärker radikalisiert sind.

Die wenig überraschende Implikation besagt, dass zur Arbeiter- und unteren Mittelschicht zählende Jungen und Mädchen anfälliger für die Neonazi-Kultur sind als junge Leute, die anspruchsvollere Schulen besuchen. Aber die Datenlage kann auch bedeuten, dass Bildung einen Unterschied macht und dass Unterricht über neuere Geschichte und gegebenenfalls Biologie, wie sie in gymnasialen Bildungsgängen gelehrt wird, die politischen Maßstäbe von Heranwachsenden beeinflusst. Diese Frage ist natürlich entscheidend, wenn wir uns Gegenmaßnahmen und Vorsorgestrategien zuwenden. Wir wissen, dass lokale Strukturen ebenfalls eine Rolle spielen, auch wenn sie in den repräsentativen Stichproben ein wenig erforschtes Gebiet bilden. Häufige Beispiele oder Zeitungslektüre verweisen immer wieder auf die *Kleinstädte im Osten* des Landes als die Brutstätte für das Gemeinschaftsgefühl und die Rituale der Neonazis, Trinkrunden in Jugendklubs oder Kneipen, organisierte Zechtouren und Konzerte mit rechtsradikaler Musik, von denen oftmals die Ausschreitungen gegen Ausländer ihren Ausgang nehmen. Es gibt Lokale oder Klubs, wo Diskos für Skinheads mit „Blood and Honor"-Musik veranstaltet werden und in denen – um ein oft vorgebrachtes Argument zu nennen – so genannte „akzeptierende" (nicht kontrollierende) Sozialarbeit die Jugendklubs radikalen Jugendgruppen in die Hände zu spielen scheint, die dann die von örtlichen Kommunalverwaltungen zur Verfügung gestellten Klubhäuser übernehmen, um einzurichten, was die rechten Gruppen „national befreite Zonen" nennen (Zentrum Demokratische Kultur, 1998).

Wenn wir die Zeugnisse eines gewandelten Erscheinungsbilds rechtsextremer, rassistischer und fremdenfeindlicher Aktionen von Neonazis in Deutschland zu bewerten suchen, müssen wir den Schluss ziehen, dass sowohl die quantitativen als auch die qualitativen Parameter sich seit der Vereinigung verändert haben. Insgesamt gibt es *mehr* davon. Dabei sind die ostdeutschen Bundesländer weit mehr betroffen als die westlichen; die Taten sind brutaler; es handelt sich häufiger um Totschlag als im Westen. Die Gruppen treten lautstärker, bestimmter auf, und was am bemerkenswertesten ist: Sie sind stärker in die örtliche Kultur integriert; sie werden durch die Strukturen vor Ort, durch allgemeine Akzeptanz oder Gleichgültigkeit sowie (akzeptierende) Sozialarbeit, jedenfalls bis in die neueste Zeit, besser gegen administrative oder polizeiliche Repression geschützt. Kurz, die östlichen Länder sind konfrontiert mit dem Aufkommen einer rechtsextremistischen *Kultur*, einem dicht geflochtenen Gewebe aus örtlichen Lebensweisen und Bindungen, teilweise unter Einschluss der Erwachsenengeneration innerhalb der selbst ernannten „national befreiten Zonen". Diese Sichtweise, die bis gestern der Minderheit einiger weniger engagierter Aktivisten entsprach (am besten vertreten durch das in Berlin ansässige Zentrum für Demokratische Kultur von Anetta Kahane und Bernd Wagner), wurde am 28. September 2000 zur offiziellen Meinung, als Bundestagspräsident Wolfgang Thierse ihr während einer großen Parlamentsdebatte amtlichen Ausdruck verlieh[1].

Auf die übergeordnete Frage – Kontinuität oder Kohorte? – lautet damit die vorsichtige Antwort, dass wir es mit beidem zu tun haben. Der Kohorteneffekt ist beschrieben worden als das Auftreten von Rechtsextremismus, Fremdenfeindlichkeit und Rassismus in den ostdeutschen Bundesländern nach der Wende. Was den Kontinuitätsaspekt betrifft, den am deutlichsten rechtsgerichtete Orientierungen im Westen repräsentieren, so haben Umfrageerhebungen über Jahrzehnte hinweg in Westdeutschland immer ein gewisses Maß an rechten politischen Einstellungen und Verbindungen offenbart. Diese waren zu Beginn der Bundesrepublik rela-

---

[1] Der folgende Wortlaut ist ein Ausschnitt aus Thierses Rede vor dem Bundestag: „(...) jetzt müssen wir begreifen: Es hat sich etwas zum Schlimmen geändert. Ausländerfeindlichkeit ist eben bei nicht wenigen Menschen ein fast selbstverständlicher Teil des Alltagsbewusstseins geworden. Der Rechtsextremismus ist geradezu ein kulturelles Phänomen geworden. Er bedient sich unterschiedlicher kultureller Instrumente, um sich zu vermitteln. (...) Ich war in den vergangenen anderthalb Jahren viel unterwegs, besonders in Orten rechtsextremistischer Gewalttaten, in so genannten Hochburgen. Ich habe mir vorher nicht vorstellen können, was man da erleben kann, das Ausmaß von Angst, das sich bereits verbreitet hat. Es war mir unvorstellbar, dass junge Leute nicht mehr wagen, in bestimmte Teile einer Stadt zu gehen, einen Jugendklub zu besuchen. (...) Es gibt wirklich, was die Rechtsextremen groß tönend ‚nationale befreite Zonen' nennen. Wir können es anders nennen: Stadtquartiere und Gegenden, in denen die rechten Schläger und die rechten Ideologien dominieren (...)."
(Der Tagesspiegel, 29.9.2000)

tiv deutlich ausgeprägt, als aktive Nazis und ihre Mitläufer im Rahmen eigener Parteien in die Bundesrepublik integriert wurden; eine Weile sogar als Mitglieder einer Partei, die unter Kanzler Adenauer mit der CDU koalierte. Zu intensiver Tätigkeit von Parteien am rechten Rand und rechtsgerichteten Aktivitäten kam es in verschiedenen Landesteilen während der kritischen Jahre 1992 und 1993 (siehe Bromba & Edelstein, 2001; Hennig, 1994). In jüngster Zeit sind rechte Orientierungen und Elemente einer typisch neonazistischen Kultur (Fremdenfeindlichkeit, Antisemitismus, Rassismus, Gewalt) unter den Schülerinnen und Schülern an den Sekundarschulen durch Sturzbechers gründliche Vergleichsgruppen-Untersuchung in Brandenburg und Nordrhein-Westfalen bekannt geworden (Sturzbecher, 1997, 2001; Sturzbecher & Freytag, 2000). Die Zahlen erschienen lange begrenzt, obschon keineswegs bedeutungslos. Sie dürften beschränkt worden sein durch die lange Tradition politischer Bildung und politischer Aufklärung an den Schulen im Deutschland der Nachkriegszeit. Es wurde eine Tradition geschaffen, die über den Nationalsozialismus aufklärt mit dem Ziel, zu verhindern, dass dieser jemals wiederkehrt. Für einige Jahrzehnte mögen der politische Unterricht und die Aufklärung über die jüngste Vergangenheit, die durch diese Bildungsprogramme befördert worden waren, in Westdeutschland zu einer gewissen Immunität gegenüber dem Rechtsextremismus beigetragen haben. Neuerdings wurde die politische Bildung in den Schulen kritisiert, weil sie die verblassende nationalsozialistische Vergangenheit nicht angemessen behandelt. Eine andere häufig geäußerte Kritik lautet, dass der politische Unterricht zu viel Gewicht auf die institutionellen Strukturen des politischen Systems legt, die junge Menschen weder ansprechen noch ihr Vertrauen geniessen (Deutsche Shell, 1997). In Anbetracht dieser vor allem westdeutschen Daten scheint es Gründe zu geben, heute die Wirksamkeit der Programme politischer Bildung auch im Westen zu hinterfragen. Wie auch immer es hierum steht, geht all das indessen über beunruhigende Entwicklungen in vergleichbaren westlichen Ländern kaum hinaus.

Sehr viel besorgniserregender im Zusammenhang mit den Nach-Wende-Kohorten Jugendlicher, die in den östlichen Bundesländern heranwuchsen, ist das Auftreten von Gruppen, die die Insignien und Kennzeichen einer Rebellion gegen eine angeblich tolerante Kultur und ihre Werte zur Schau stellen. Ungeachtet der Anzeichen einer insbesondere in der gewalttätigen Skinheadszene anzutreffenden Organisationsstruktur, hat es sich bis zuletzt offenbar zumeist um informelle Gruppen gehandelt, die vor Ort auf keinerlei Widerstand gestoßen sind. Dies scheint sich zu ändern; die Gruppen treten sowohl organisierter als auch militanter in Erscheinung (Bundesministerium des Innern, 2000, 2001). Die Öffentlichkeit, aber auch die politischen Institutionen beginnen zu reagieren. Doch werden die Reaktionen so lange stumpf bleiben, bis Strategien sie anleiten, die Kenntnisse über Ziele und Motive der Beteiligten haben. Um die Titel zweier bekannter – und womöglich immer noch bedeutsamer – Beschreibungen einer früheren Generation zu paraphrasieren: Diese jungen Menschen scheinen beides zu sein, „Rebellen ohne Ziel" als auch „Kinder einer großen Wirtschaftskrise" (vgl. Elder, 1974); oder vielleicht eher Kinder einer in Depression umgeschlagenen Euphorie. Aber um diese Feststellung zu verstehen, müssen wir einen Schritt über die bloße Beschreibung hinaus tun.

Elemente einer Theorie

Vorbemerkung
Im Folgenden werde ich in der gebotenen Kürze einige theoretische Gesichtspunkte prüfen, die helfen können, die Entstehung einer Neonazi-Kultur unter Jugendlichen und neonazistischer Gewalt in Deutschland zu erklären. Übrigens nimmt keine dieser Theorien eine international vergleichende Perspektive ein, obwohl wir es zum Teil mit einer internationalen Erscheinung zu tun haben. Dies würde den Versuch rechtfertigen, das beobachtete Verhalten unter einem weiteren, nicht nur nationalen Blickpunkt zu betrachten und beispielsweise die schwedische Skinheadszene oder amerikanische Nazigruppen einzubeziehen. Auch die in Osteuropa entstehenden Neonazi-Bewegungen verdienen Beachtung. Andererseits liegt es auf der Hand, dass der jeweilige soziokulturelle Kontext jeder dieser Bewegungen seinen Stempel aufdrückt. Sowohl Fragen über die allgemeine Struktur als auch zur kulturellen Besonderheit sind folglich berechtigt. Dieselben Fragen kehren auf der binnenkulturellen Ebene wieder, wenn man nach Erklärungen für die Unterschiede zwischen Ost- und Westdeutschland sucht: Woran liegt es, dass die Brandenburger Erhebun-

Rechte Jugendkultur in Deutschland 23

gen Antisemitismus und Ausländerfeindlichkeit (und deren gewalttätigen Ausdruck) etwa doppelt so häufig finden wie in Nordrhein-Westfalen? Warum weist von allen Bundesländern das Saarland die niedrigste Zahl von Gewalttaten auf, obwohl die wirtschaftliche Zukunft für Jugendliche in diesem Land gewiss ebenso trüb aussieht wie irgendwo in den ostdeutschen Ländern? (Dieser Vergleich widerlegt die weit verbreitete Kausalerklärung, dass schlechte wirtschaftliche Aussichten und knappe Stellen die Hauptursache des Aufstiegs der Rechten sind.)

Es ist hier nicht der Ort, sämtliche für die Ausbreitung einer Neonazi-Kultur relevanten Theorieansätze zu diskutieren, noch können wir hier psychologische Erklärungen über die Entwicklung individueller Dispositionen zu Merkmalen betrachten, mit denen wir uns auf dem Niveau kollektiven Verhaltens beschäftigen. Wir werden die Aufmerksamkeit auf Ansätze richten, die Veränderungen der Gestalt und Konstitution der Adoleszenz thematisieren. Wir werden also vor allem auf Makro-Mikro-Zusammenhänge eingehen und plausible Beziehungen zwischen dem gesellschaftlichen Strukturwandel und daraus folgenden Persönlichkeits- oder Verhaltensdispositionen suchen.

Wir beschränken uns auf drei Theorien zur Entstehung des jugendlichen Rechtsextremismus, rechtsextremer Rebellion und Jugendgewalt – Merkmale eines Bruchs mit traditionellen Standards sozialer Integration: (1) Die *Anomietheorie*, wie sie von Durkheim (z.B. Durkheim, 1983) formuliert wurde, um die Konsequenzen des Übergangs von der traditionalen zur modernen Gesellschaft zu erklären, wird herangezogen, um die Konsequenzen der „zweiten Modernisierung" (reflexive Modernisierung, Beck, 1986) zu erläutern. (2) Die sozialpsychologische *Modernisierungs-* oder *Individualisierungstheorie* (Heitmeyer, 1997) beansprucht, die Modernisierung der Persönlichkeit und die Zunahme eines radikalen Individualismus zu rekonstruieren. (3) Die Theorie der *autoritären Persönlichkeit* (Adorno u.a., 1950) dient dazu, individuelle Dispositionen zu einem faschistischen Charakter auf der Grundlage der Familiendynamik der Elternfamilie zu erklären. Im Rahmen einer mithilfe der Bindungstheorie reformulierten und revidierten Version (vgl. Bowlby, 1969; Hopf, 1997; Hopf & Hopf, 1997; Hopf u.a., 1995) der Theorie Adornos wird die Familiendynamik für die Entstehung rechtsgerichteter Einstellungen und rechten Verhaltens verantwortlich gemacht.

Den drei Erklärungsansätzen liegt ein Modell zu Grunde, das den makrostrukturellen Wandel für die Erosion des gesellschaftlich integrierten, an sozialen und moralischen Grundwerten orientierten Charakters auf der Mikroebene verantwortlich macht. Jeder dieser Erklärungsansätze sucht auf die eine oder andere Weise die Entstehung kritischer Eigenschaften und Dispositionen der Individuen durch die sich wandelnden gesellschaftlichen Makrostrukturen zu erklären, auf die bezogen die verletzlichen Jugendlichen ihre für eine erfolgreiche soziale Integration notwendigen moralischen, politischen oder interpersonalen Orientierungen finden – oder verfehlen. Keine dieser Theorien beschreibt präzise die zur Überbrückung der Kluft zwischen den (kollektiven) Makrostrukturen einerseits und den individuellen (Mikro-)Dispositionen und Verhalten andererseits erforderlichen Sozialisationspraktiken. Weil sie komplexe soziale Phänomene zu erklären suchen, können die verschiedenen Theorien jeweils unterschiedliche Aspekte erklären oder aber alle auf ein und dieselbe Erklärung hinauslaufen. Situative Faktoren (beispielsweise aktuelle politische Probleme und die öffentliche Diskussion, Einflüsse der Medien, Gruppendruck, Nachahmung) wirken wahrscheinlich als kontingente Ursachen im Verbund mit den sozialhistorischen Hauptursachen. Auf jeden Fall dürfte keine einzelne Theorie in der Lage sein, das gesamte Erscheinungsspektrum der neonazistischen Jugendkultur samt ihrer Symbole und Embleme, ihrer Musik, ihres Rassismus, ihres Antisemitismus, Nationalismus, Biologismus, ihres unmenschlichen Zynismus und ihrer Gewalt zu erklären.

Anomie

Durkheims Theorie der Anomie und der moralischen Folgen der Desintegration der traditionalen Gesellschaft kann als das prototypische Modell struktureller und psychologischer Konsequenzen des Übergangs von aufeinander folgenden Gesellschaftsformationen dienen (siehe Durkheim, 1977, 1983, 1984)[2]. Durkheims Grundgedanke, wie er in „Über soziale

---

[2] Eine Anwendung der Durkheim'schen Theorie auf Fragen der Persönlichkeitsentwicklung im Jugendalter findet sich in Krettenauer (1998), „Gerechtigkeit und Solidarität: Entwicklungsbedingungen sozialen Engagements im Jugendalter". Ich folge hier weitgehend seiner und meiner eigenen Behandlung des Themas (Edelstein, 1983, 1995).

Arbeitsteilung" (1893) und in „Der Selbstmord" (1897) entfaltet wurde, betrifft den Übergang von einem System „mechanischer Solidarität" zu einer „organischen" Form moralisch-gesellschaftlicher Ordnung oder „Solidarität". Mechanische Solidarität zeichnet traditionale Gesellschaften aus; deren grundlegende Formen der Zusammenarbeit bedienen sich mehr oder minder unveränderlicher Regeln und Mittel, wobei sie von Formen traditioneller, zumeist patriarchaler Autorität begleitet werden, die sich von Generation zu Generation wenig ändern. Rechte definieren sich dementsprechend über Hierarchie und Status. An die Stelle der traditionalen Machtstruktur innerhalb von Familie, Stamm oder Stand wie auch im System der Arbeit und innerhalb der moralischen und rechtlichen Ordnung tritt mit der aufkommenden Industriegesellschaft eine flexible, fortwährend im Wandel befindliche funktionale Arbeitsteilung, die darauf abzielt, das Produktionssystem zu rationalisieren und seine Erträge zu maximieren. Diese flexible ökonomische und soziale Organisationsweise zwingt die institutionelle Verfassung der Gesellschaft zu zunehmender Differenzierung entsprechend den funktionalen Erfordernissen und konstituiert eine neue sozialmoralische Ordnung: Diese beruht auf Prinzipien (von denen sich entsprechend den wechselnden Bedürfnissen Regeln ableiten lassen) sowie auf Individualrechten, auf die sich die Einzelnen berufen, ungeachtet der gesellschaftlichen Organisation der Verpflichtungen, die auf ihnen lasten oder von ihnen gewählt wurden.

Das System der mechanischen Solidarität erzeugt soziale Kohäsion im Stile einer Stammesgesellschaft; es verlangt Gehorsam gegenüber der fraglosen Gültigkeit technischer und moralischer Regeln. Es gibt nur geringe Differenzierung; Veränderungen geschehen langsam; es werden nur geringe Anstrengungen unternommen, Innovationen aufzunehmen. Dieselben Weltanschauungen werden über Generationen hinweg von den Eltern an die Nachkommen weitergegeben, die Kinder werden in die vorhandenen Arbeitsformen hineinsozialisiert, sie erben das System moralischer Werte, deren Autorität sie nicht anzweifeln. Reichweite wie Umfang individuellen Handelns sind durch Rituale, Symbole sowie hierarchisch gegliederte Institutionen eingegrenzt; es bleibt in dieser Welt wenig Raum, Zweifel auszudrücken oder einen eigenen Lebensstil durchzusetzen.

Im Unterschied dazu fordert das System der Arbeitsteilung idealerweise die gleichzeitige Beteiligung an funktional differenzierten Institutionen, die vielfältige Wege für individuelle Mobilität eröffnet, in Abhängigkeit von Erfolg statt von Hierarchie. Das System belohnt Neuerung, nicht Tradition; es spricht an auf die selbstbewußt erlernten und durch selbstbestimmte Anstrengung erworbenen Kompetenzen der Menschen und verläßt sich auf die Befähigung und das Wirken der Einzelnen. Die Individuen konkurrieren also gegeneinander um den Erfolg, und sie brauchen Regeln und Normen zur Festsetzung des Verdienstes. Es wird daher eine Einrichtung gebraucht, die sie in die Lage versetzt, das Normengefüge zu verinnerlichen, das erforderlich ist, um das individuelle Handeln zu lenken, aber auch um die überindividuelle Ordnung und Harmonie innerhalb des differenzierten Systems individualisierten Wettbewerbs aufrechtzuerhalten. Diese Einrichtung der moralischen Erziehung ist für Durkheim die Schule und insbesondere die Schulklasse.

Durkheims Analyse betont die Anforderungen an die Kinder, die unter der Herrschaft der organischen Solidarität die Befähigung zu erfolgreichem Handeln im System geteilter Arbeit erwerben müssen. Das System legt die Gestaltung der Institution fest, die Kinder und Jugendliche erfolgreich auf die Beteiligung in diesem System vorbereitet: Die moderne Schule richtet Erziehung nach der Maßgabe von Erfordernissen eines Wettbewerbssystems ein, wobei zugleich der individuelle Lebenslauf stabilisiert und die moralische Lebensführung bewahrt werden soll.

Durkheims Schilderung des Übergangs von der traditionalen Gesellschaft zu einer durch funktionale Differenzierung gekennzeichneten Sozialordnung und ihrer kognitiven und moralischen Korrelate bedarf einer Aktualisierung, soll auch noch der Übergang von der industriellen zur postindustriellen Gesellschaft in ihr Platz finden. Die Erwartung einer gerechten Belohnung für individuelle Leistung und die festen Verlaufsmuster im Leben der Einzelnen, wie sie durch das den Lebenslauf regulierende Institutionensystem gesichert wurden – durch den Betrieb von Schulen mit zertifizierten Leistungen, durch die diese Leistungen voraussetzenden Laufbahnen und die Gewissheit nachberuflicher Sicherung für die Älteren –, trugen zu einem relativ stabilen sozialen Gleichgewicht bei, innerhalb dessen das Leben der Einzelnen mit einiger Sicherheit geschützt war. Dieses Gleichgewicht wird nun bedroht durch die organisatorischen Prinzipien des postindustriellen Kapitalismus der neuen globalen Ökonomie. Die zweite („reflexive") Modernisierung beeinträchtigt die verlässlichen Beziehungen zwischen individueller Leistung, Verdienst und Einkommen, die von einer wohlfahrtsorientierten institutionellen Ordnung getragen werden. Sennett (1998) hat ein eindrucksvolles Bild der unternehmerischen Merkmale und individuellen Auswirkungen des digitalen Kapitalismus gezeichnet. Ein neuer Typus kommt herauf, mit einem bislang unbekannten Ausmaß an Informationsmanagement, strategischer Planung, räumlicher Mobilität, personeller Flexibilität und selbst auferlegter Ausbeutung als Voraussetzung individuellen Erfolgs. Frühere betriebliche Loyalitäten zwischen Arbeitgebern und Angestellten werden ersetzt durch die weit reichende Funktionalisierung der Person im Organisationsgefüge des Werks oder Büros. Die Löhne für die Erfolgreichen sind verhältnismäßig hoch, während die Sicherheit des Arbeitsplatzes selbst gering ist. Das steigert die zeitliche wie räumliche Flexibilität des Betriebs. Während in Sennetts Beschreibung der für die hart erarbeitete Entlohnung zu zahlende Preis besonders im Management und Dienstleistungsbereich eine zunehmende Entfremdung vom nunmehr abstrakten, unpersönlichen und örtlich unbestimmten „Arbeitsplatz" ist, überlässt die abnehmende Tätigkeit und sinkende Finanzkraft des Staates die Kompensation des steigenden Risikos den Individuen. Dabei werden die Chancen und Handlungsmöglichkeiten der Einzelnen von der immer ungezügelteren Macht der Märkte begrenzt, wie sie von der neoliberalen Theorie gerechtfertigt wird.

Durkheim erachtete den anomischen Selbstmord als Folge einer tief reifenden Störung in den sozialen Bedingungen der Betätigung individueller Fähigkeiten im zielorientierten Handeln. So gesehen, erzeugen die Beschleunigung und Radikalisierung des sozialen Wandels und die grundlegende Veränderung der Aussicht auf individuellen Erfolg, auf Glück und individuelle Zukunftsbewältigung neue, als einschneidend empfundene Bedrohungen. Zu den Gefahren der Arbeitslosigkeit und des wirtschaftlichen Untergangs treten heute Vorhersagen über die ökologische Erschöpfung unseres gefährdeten Planeten, und bezogen auf die Perspektive eines gesicherten Lebensverlaufs deutet die abnehmende Aktivität und Finanzkraft des Staates schließlich auf einen Zusammenbruch des überkommenen Systems sozialer Sicherheit.

Für die Kompetenzen und Persönlichkeitsstrukturen, die die vom neuen globalisierten Kapitalismus geprägte Arbeitswelt fordert, hat das gegenwärtige Schulsystem wenig zu bieten. Die dem Übergang zwischen Schule und Arbeit gewidmete Zeit schwindet und mit ihr auch die Bereitschaft zumindest eines Teils der nur maßvoll Begabten, sich der Disziplin zu unterziehen, die erforderlich ist, um die Kenntnisse und Fertigkeiten zu erwerben, die zur Vorbereitung auf die Abschlüsse und Zeugnisse nötig sind, die den Zugang zu einer Lehrstelle, zu einem Beruf und zu einer Karriere eröffnen. Nach Sturzbechers (2001) Untersuchung der sozialen Schulqualität in Brandenburg beurteilen bis zu 40 Prozent der Schüler der unteren Ausbildungsgänge an Sekundarschulen in Brandenburg weder ihre Schulerfahrung noch das an der Schule Gelernte als bedeutsam oder sinnvoll, noch trauen sie ihren Lehrern zu, dass diese für sie Partei ergreifen oder sie in schwierigen bzw. Konfliktsituationen fair behandeln. Die Schule vermittelt ihnen eine befremdliche doppelte Botschaft: Dem unerbittlichen Leistungsdruck steht das eigene Unvermögen gegenüber, dem in einem Zwangssystem mit wenig Wahlmöglichkeiten erworbenen Wissen Bedeutung abzugewinnen, und im Hintergrund dieser persönlichen Erfahrung scheint ein immer unbestimmteres und abstrakteres, potenziell enträumlichtes und unzugängliches politisches System hervor, von dem die Medien bloß stark vereinfachte Nachrichten übermitteln, die der Reihe nach Krisen, Ratlosigkeit, Feindseligkeit und Korruption herausstellen. Viele junge Menschen sind an den Schulen Demütigungen ausgesetzt, auf die sie mit Minderwertigkeitsgefühlen antworten, aber auch mit Gefühlen der Konkurrenz und dem Hass auf mögliche Mitbewerber. Besonders Ausländer sind hiervon betroffen, die angeblich um die knappen Jobs und Mittel des Wohlfahrtssystems konkurrieren. Die gesellschaftliche und biologische Abwertung der Ausländer, verbunden mit einem kompensatorischen Entwurf rassischer und nationaler Überlegenheit, bietet sich an als Strategie der Aufrechterhaltung der Selbstachtung. Die Opfer der „zweiten Modernisierung" erschaffen sich so ihre eigenen Opfer – Ausgestoßene von noch niedrigerem Rang. Demütigung und Aussichtslosigkeit der eigenen Lage bringen die normative Struktur gegenseitigen Respekts und wechselseitiger Anerkennung zu Fall, die die Perspektive des Mitglieds der Gesellschaft konstituiert. Anomie und moralische Deprivation gehen Hand in Hand (Edelstein, 2000).

Modernisierung und der Aufstieg des Individualismus

Durkheims Theorie gesellschaftlich-moralischer Desintegration als Folge des sozialen Wandels wurde insbesondere von Beck und Heitmeyer aufgenommen, die der Theorie jedoch eine spezifisch modernistische Wendung gaben. War es für Durkheim die Auflösung kollektiver Mentalitäten, die aus der gesellschaftlichen Arbeitsteilung folgt und die es durch eine mittels Bildung erworbene Moral der Individuen wiederherzustellen gilt, handelt es sich für diese Autoren um die Zersetzung der institutionellen Bindungen oder „Ligaturen" (Dahrendorf), die einen neuen Individualismus hervorbringt, samt der vielfachen diesen begleitenden Risiken (Beck, 1986; Beck & Beck-Gernsheim, 1993; Giddens, 1991). Unter dem Regime schwacher Institutionen in der „Risikogesellschaft" (Beck, 1986) schaffen der Generationswechsel und die Sozialisation der jungen Generation eine spezifische Gefahrenzone. Heitmeyer und seine Kollegen haben ihr viel zitiertes Werk dieser Frage gewidmet und den Aufstieg des Rechtsextremismus und der Jugendgewalt als Konsequenz bzw. Ausdruck der Auflösung traditionaler Milieus und der Korrosion überkommener institutioneller Bindungen und Loyalitäten gedeutet (Heitmeyer, 1997, 1999; Heitmeyer & Olk, 1990; Heitmeyer u.a., 1992, 1995). Die Modernisierungstheorie Heitmeyers behauptet, dass die Desintegration der kollektiv anerkannten normativen Ordnung Folge der steigenden Konkurrenz ist, die zu Deprivation und Entfremdung der Modernisierungsverlierer führt. Wie in allen Theorien, die den sozialen Wandel durch Makro-Mikro-Beziehungen erklären, gilt auch hier die Familie als eine wesentliche Agentur sozialer Integration bzw. Desintegration. Für Heitmeyer stellt die Familie eine zentrale Instanz der Desintegration dar: Unter dem massiven Angriff der Marktkräfte, die bestimmte individuelle Bedürfnisse und Interessen hervortreiben, lösen sich wechselseitige Bindungen allmählich auf. Die Erosion der Familie ist zwiefach: Sie bewirkt strukturellen Wandel und repräsentiert zugleich die emotionale Desintegration. Den Strukturwandel bestätigen zwar quantitativ die Scheidungsraten, die Anzahl der Kinder je Ehe (weit unterhalb der Reproduktionsrate) und die steigende Anzahl der Singles, um nur einige Indikatoren zu nennen. Doch entscheidend sind die mentalen Strukturen: die Erwartung, dass Ehen auf Zeit geschlossen, Kinder individuellen Präferenzen genügen, Partnerschaften gegenüber Karrieren zurücktreten müssen. Die emotionale Desintegration offenbart sich als zunehmende strukturelle Deformation zwischenmenschlicher Bindungen, beispielsweise in Gestalt instrumenteller Interaktionen, die darin Ausdruck finden, dass gefühlsmäßige Distanz an die Stelle wechselseitiger Anerkennung tritt, die den Kern von Reziprozität bildet. Verschlimmert werden die Auswirkungen zudem durch den immer ausgedehnteren Aufschub von Autonomie und wirtschaftlicher Unabhängigkeit über das herkömmliche Moratorium hinaus, das zur personalen Identitätsfindung notwendig ist. Die Folge ist eine immer engere Abhängigkeit von einem zunehmend problembelasteten System. Die innere Dynamik dieses Systems bringt eine wachsende Diskrepanz hervor zwischen den Organisationsprinzipien der Familie und den Regeln der Gesellschaft, sodass steigende Spannung entsteht zwischen den Grundsätzen personaler Bindung und dem Eingehen sozialer Beziehungen einerseits und der Konkurrenz in Schule und Arbeitsmarkt, bei der Wahl und Anerkennung von Lebensstilen und beim Zugang zu dem immer stärker die Identität bestimmenden kommerziellen Freizeitbereich andererseits (siehe Heitmeyer, 1995, S. 53). Weil sie die Entlastung verloren haben, die ihnen die zusehends geschwächten Institutionen einst boten, haben in steigendem Maße die Individuen diese Dynamik allein auszuhalten. Einhergehend mit der fortschreitenden Modernisierung der gesellschaftlichen und wirtschaftlichen Sektoren sind die Menschen folglich einer immer stärkeren Dynamik der Individualisierung ausgesetzt.

Ich übernehme von Nunner-Winkler (1996) eine Abbildung, die Heitmeyers Erklärungsmodell der Jugendgewalt rekonstruiert, wobei sich Gewalt gleichsam als die Spitze des Eisbergs der Unzufriedenheit Jugendlicher begreift. Diese Interpretation wird durch den Umstand gerechtfertigt, dass Heitmeyer und seine Kollegen, die dasselbe Modell verwenden, die verschiedenen Untersuchungsergebnisse in aufeinander folgenden Veröffentlichungen auf ähnliche Weise analysiert haben: Rechtsextremismus (Heitmeyer u.a., 1992), Politikverdrossenheit und Machiavellismus (Heitmeyer, 1991), Gewalt (Heitmeyer u.a., 1995).

So wie Heitmeyer die Beziehungen zwischen Familienvariablen und beobachtbarem Verhalten Jugendlicher (Politikverdrossenheit, Ideologie der Ungleichheit, Rechtsextremismus und Gewalt) konstruiert, gewinnt er nicht eigentlich „empirische" Vorhersagen. Er ist hierfür häufig kritisiert worden (siehe Heitmeyer u.a., 1992; Nunner-Winkler, 1996; Tonn,

Abbildung 1: Erklärungsmodell der Jugendgewalt

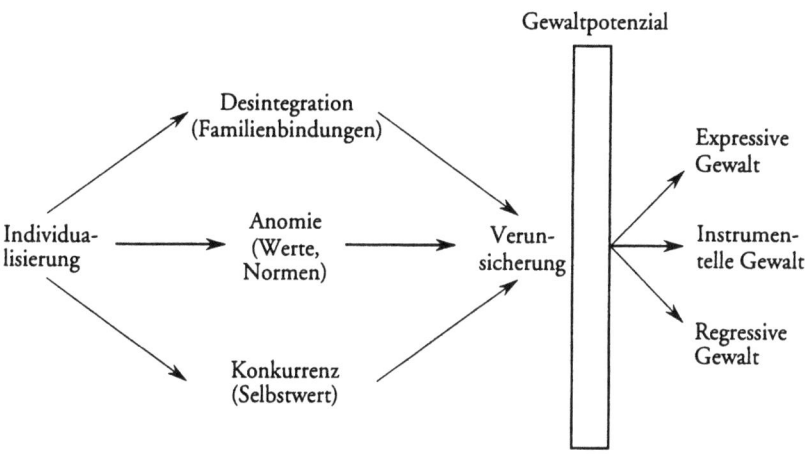

Nach Nunner-Winkler, 1996, S. 406; vgl. Heitmeyer u.a., 1995, S. 31–82 und 410–420.

1998; und die verschiedenen Kritiken an der Individualisierungstheorie in Friedrichs, 1998). Allerdings erscheint es fruchtbarer, die Theorie im Sinne einer systematischen Beschreibung der Bedingungen des Generationswechsels zu begreifen, die sich unter dem Einfluss von Modernisierung, Deinstitutionalisierung und Individualisierung ereignen. So gesehen, geht es in der Theorie weniger um die Vorhersage einzelner Variablen als um die Beschreibung des Zusammenwirkens von Elementen, die die für das mentale Klima von Individualisierung und Modernisierung verantwortliche „Korrosion der Ligaturen" bestimmen. Durch ihr Zusammenspiel schaffen sie eine positive Rückkopplung unter den das sozialpsychologische Gleichgewicht zersetzenden Kräften, aus der eine mehr oder minder unvermittelte Zustandsveränderung des sozialen Systems folgt. Die Stärke der Theorie und ihrer Fortschreibung des Durkheim'schen Anomiekonzepts hängt eher an der Gültigkeit des „Thomas-Theorems" (Thomas & Znaniecki, 1974), an der Realitätswirkung der Deutungen der sozialen Realität durch die von ihr betroffenen Individuen, als an der quantitativen Ausprägung der Indikatoren, die zum Beleg sozialer Veränderungen zitiert werden. Denn wenn die entsprechenden Sozialpathologien geglaubt und erwartet werden, entfalten sie sozialpsychologisch und gesellschaftlich reale Wirkungen.

Autoritäre Persönlichkeit und das Bindungsmuster der Abwertung

Hatte sich Durkheims Anomietheorie auf die Soziologie kollektiver Mentalitäten konzentriert, so formuliert Heitmeyer eine genetische Sozialpsychologie der Anomie, wobei er auf Becks Theorie über die Zunahme individualistischer Einstellungen in einer Risikogesellschaft mit schwachen institutionellen Bindungen zurückgreift. Einen anderen Weg beschreitet nun Hopf (1997; Hopf u.a., 1995, 1999), wenn sie sich im Gefolge der Kritischen Theorie von Adornos Figur der autoritären Persönlichkeit (Adorno u.a., 1950) leiten lässt und ihre Aufmerksamkeit auf die Mechanismen der rechtsextreme Einstellungen hervorbringenden Charaktereigenschaften richtet. Die an Freud orientierte begriffliche Fassung, die Adorno und seine Mitarbeiter der autoritären Unterwerfung, der Aggression und dem autoritären Konventionalismus gaben (d.h. jenen Eigenschaften, die sie als kennzeichnend für den faschistischen Persönlichkeitstyp erachteten), erhält freilich bei Hopf und ihren Mitautoren eine Modifikation. Nach Hopf u.a. sind aggressive rechte Jugendliche heute durch zwei Eigenschaften charakterisiert: *autoritäre Dominanz,* also jene aggressive Überheblichkeit, die für die ethnozentrische Verachtung anderer typisch ist, seien sie Juden, Ausländer oder andere machtlose Personen; und die *ängstlich unterwürfige Autoritätsgläubigkeit,* die für die Anhänger und Mitläufer extremistischer Gruppen typisch ist.

Hopf leistet einen innovativen Beitrag zur Theorie Adornos, indem sie das Konzept der Idealisierung der Eltern modifiziert, die Adorno u.a. zufolge für die Entwicklung der autoritären Persönlichkeit verantwortlich ist. Hopf schlägt vor, die Bindungstheorie (Bowlby, 1969), vor allem die Theorie der Bindung bei Erwachsenen (z.B. Main & Goldwyn, 1994) einzubeziehen, um den Besetzungsprozess zu erklären, der zu autoritären, ethnozentrischen und aggressiven Dispositionen extremistischer Individuen führt. Um den psychodynamischen Ursprung des autoritären Extremismus zu klären, schlägt Hopf vor, der schon in der Bindungstheorie etablierten Klassifikation der Bindungen (sicher, ängstlich-unsicher, unsicher-ambivalent, desorganisiert) den Prozess der *Abwertung* („detachment") als defensives Bindungsmuster hinzuzufügen. Abwertende Individuen verdrängen ihre Gefühle und Erfahrungen mit den Eltern dadurch, dass sie ihre Erinnerungen an schmerzhafte, provokative oder beschämende Interaktionen mit den Eltern unterdrücken, indem sie die Erfahrung abwerten und Personen herabsetzen.

Dieses Beschreibungsmuster stellt das detachierte Individuum in einen scharfen Kontrast zu der gesichert gebundenen Person, die in der Lage ist, sogar ihre feindseligen oder kritischen Beziehungen zu den Eltern frei zu bewerten. Hopf stellt zwischen der Verleugnung von Problemen mit den Eltern, wie sie das Bindungsmuster der Abwertung repräsentiert, und rechtsextremistischen Einstellungen einschließlich autoritärer Dominanz und ethnozentrischer Aggressivität, eine deutliche Beziehung fest.

In einem Übersichtsartikel zur Bindungsforschung und antisozialem Verhalten bestätigt Van Ijzendoorn (1997) die Beziehung zwischen Bindungssicherheit, Autoritätshörigkeit, (unentwickelter) Moral und kriminellem Verhalten von Jugendlichen und jungen Erwachsenen. Er bezieht sich hierbei auf die grundlegende Rolle, die Bindung im Verhältnis zu anderen bei der Internalisierung von Normen spielt. Ähnlich wie Hopf u.a. (1995) bemerkt Van Ijzendoorn (1995) in einer Untersuchung über kalifornische Studierende, dass die detachiert gebundenen Personen den höchsten Anteil autoritärer Einstellungen aufweisen (gemessen mit dem AAI, Hesse & Van Ijzendoorn, 1997, und dem Altemeyer-Inventar autoritärer Einstellungen, Altemeyer, 1988). Unsichere Kinder, so schlussfolgert der Autor, haben ein ungestilltes Bedürfnis nach Grundvertrauen; infolge des Mangels gelingt es ihnen nicht, echtes Vertrauen und empathische Beziehungen zu anderen Menschen aufzubauen. In schweren Fällen kommt es zu Ausfällen des moralischen Urteils, während vermehrt Aggressivität und häufig auch abweichendes Verhalten auftreten (siehe Van Ijzendoorn, 1997, S. 721 ff.). Die durch Hopf definierten psychologischen Ablösungsmechanismen und die Mechanismen autoritärer Idealisierung (Identifikation), die Adorno u.a. (1950) hervorgehoben haben, können also zusammengenommen ein Stück weit die Grausamkeit, Gewalttätigkeit und das vollständige Ausbleiben von Mitgefühl gegenüber den Opfern erklären, das bei den Rechtsextremisten und Neonazis erschreckt, die Ausländer, aber auch Obdachlose und andere Außenseiter verfolgen, um sie ohne Mitgefühl oder Mitleid brutal zu Tode zu trampeln. Doch warum sollten Heranwachsende in Ostdeutschland so viel mehr Aggression und Autoritätshörigkeit aufweisen als Gleichaltrige im Westen, wie es die Daten nahe legen? Um den Gründen nachzugehen, haben Hopf und ihre Mitautoren eine subtile sozialpsychologische Analyse der Situation in der DDR vor und nach der Wende vorgelegt. Die Kernaussage ist, dass sich die in der früheren DDR[3] weit verbreitete Feindseligkeit gegenüber Fremden weniger auf Unsicherheit zurückführen lässt, die aus Orientierungsverlust aufgrund der Modernisierung eines eigentlich konservativ strukturierten Systems herrührt, sondern zumindest teilweise auf die Sicherheitsbedürfnisse und das Streben nach Autorität und Führung, das tief in den Persönlichkeitsstrukturen ausländerfeindlicher Personen im Osten verankert ist. Nach Hopf u.a. (1995) entwickelten sich diese Persönlichkeitsmerkmale als Reaktion auf das konventionelle, konformistische, regelgeleitete und häufig lieblos institutionalisierte Erziehungs- und Sozialisierungssystem der DDR, wo die Kinder berufstätiger Mütter – und ostdeutsche Mütter zählten mehrheitlich zur werktätigen Bevölkerung – bereits in frühem Alter in Krippen aufbewahrt wurden, bevor sie einen Platz in Kindergärten, Vorschulen und anderen Ganztagseinrichtungen zugewiesen bekamen. Die Gepflogenheiten in diesen Erziehungseinrichtungen waren offenbar häufig strikt und autoritär. Frühe Trennung von den Eltern und Mangel an emotionaler Unterstützung und Erziehung waren nicht selten. Umgekehrt war das vorherrschende Leitbild einer glücklichen sozialistischen Kindheit intolerant gegenüber negativen Gemütsäußerungen; Kummer oder depressive Gefühle, Ärger und Wut wurden unterdrückt. Bereits in den 1970er Jahren scheint ein ostdeutscher Psychiater eine emotionale Blockade („Gefühlsstau") festgestellt zu haben, die zu aggressiven, gewaltsamen Ausbrüchen gegen Benachteiligte oder Ausländer führen könnte, wenn erst einmal die soziale Kontrolle zusammengebrochen oder die Gelegenheit vorhanden sei, Wut oder Ärger aus-

---

3 In einer 1990 durchgeführten Befragung des Deutschen Jugendinstituts (DJI) bekannten 42 Prozent der befragten ostdeutschen Jugendlichen, gegenüber Ausländern feindselig eingestellt zu sein, dagegen nur 26 Prozent der westdeutschen Jugendlichen.

zudrücken (Maaz, 1990, 1993). Zusammenfassend lässt sich sagen, dass die Kinder in der DDR überraschenderweise stärker an Gefühlsstress und Verdrängung litten als Kinder im Westen und dass eine Folge ihres kollektiven psychischen Erbes in der Entwicklung verletzlicher Persönlichkeitsstrukturen besteht (Hopf u.a., 1999, S. 84–96). Die strukturelle Ähnlichkeit mit den Auswirkungen, die die Erfahrung der Weltwirtschaftskrise auf das Leben der davon betroffenen Kinder hatte, ist auffällig (Elder, 1974; Elder & Caspi, 1988).

Insofern die theoretische Gemeinsamkeit der hier diskutierten Erklärungen der Ausbreitung des Rechtsextremismus in der Mikro-Makro-Dynamik besteht – also im Wandel der gesellschaftlichen, ökonomischen und institutionellen Struktur als Entstehungsbedingung bestimmter individueller Eigenschaften oder faschistischer Persönlichkeiten, Verhaltensweisen oder Handlungspotenziale –, ist Hopfs Analyse der familialen Entstehungsbedingungen defensiver Verhaltensmuster nicht ganz vollständig. Denn während die Organisation des Makrosystems von Erziehungseinrichtungen und -ideologien der DDR einen mehr oder weniger überzeugenden Hintergrund abzugeben scheint für die Mikrodimensionen der Persönlichkeitsentwicklung ausländerfeindlicher und antisemitischer Personen in Ostdeutschland, fehlt es gleichwohl an einer Erklärung, warum die entsprechende Konfiguration familialer Dynamik unter den Bedingungen eines globalen Konsumkapitalismus mit zunehmend lockeren Bindungssystemen bei gewissen Familientypen auch im Westen zunehmend zu erwarten sein sollte. Ist eine ähnlich „dichte Beschreibung" der sozialpsychologischen Umwelt, innerhalb derer solche Familiensysteme wahrscheinlich sind, für den Westen ebenfalls möglich, auch wenn Hopf sie bisher nicht vorgestellt hat?

Schlussfolgerungen

Durkheim wandte das Hauptaugenmerk der Funktion und Verlässlichkeit der gesellschaftlichen Ordnung zu Gunsten der moralischen Stabilisierung des Individuums zu. Die Störung der Sozialordnung durch die Umwälzungen der Modernisierung mit dem Anbruch des Industriekapitalismus und der einsetzenden gesellschaftlichen Arbeitsteilung machte eine neue kognitive und moralische Kompetenz erforderlich, um die Relativität und Abstraktheit der Lebenserfahrung und die Veränderung der sozialen Wirklichkeit verarbeiten zu können. Freilich erkannte er nicht die Rolle, die die *Antizipation der Zukunft* für die Stabilisierung der moralischen Ordnung spielt. Im Zeitalter der Globalisierung sind erhebliche Modernisierungsstörungen bestimmten Zukunftsrisiken geschuldet, die außer Kontrolle zu geraten drohen. Und keine andere Gruppe ist Versprechungen wie Drohungen der Zukunft gegenüber dermaßen ungeschützt und verletzlich ausgesetzt wie die Jugendlichen. Hängt für sie doch die Verwirklichung ihrer Hoffnungen und Möglichkeiten von der Zukunft ab. Andererseits ist angesichts moralischer Unordnung keine Altersgruppe anfälliger für Anomie als Jugendliche, deren Leben noch nicht in den institutionellen Bahnen geronnen ist, die die Gesellschaft für den Lebensweg Erwachsener vorsieht. Jugendliche sind somit doppelt empfindlich gegenüber Störungen, die gleichermaßen die Gegenwart wie die Zukunft betreffen.

Während Durkheims Theorie unseren Blick für die kollektive Verletzlichkeit und Sensibilität Jugendlicher schärft, die einer durch geminderte Erwartungen und erhöhte Unsicherheit über Gegenwart und Zukunft der eigenen Biographie geschuldeten Verunsicherung zuzuschreiben sind, betonen Beck und Heitmeyer in ihren Beschreibungen des Risikos sowie der Lösung institutioneller Bindungen die unmittelbaren Bedingungen, unter denen die ungeschützten Individuen arbeiten müssen. In Heitmeyers Theorie figuriert der säkulare Aufstieg des Individualismus als der Hintergrund einer immer größeren Zahl instrumentell orientierter und desintegrativer Familien, die einen egoistischen, potenziell extremistischen und gewalttätigen Nachwuchs aufziehen. Der leitenden Intuition Durkheims zufolge ist Anomie auf den Zusammenbruch traditionaler Muster und Institutionalisierungen von Solidarität zurückzuführen *("die Korrosion der Ligaturen");* gleichzeitig wird den Heranwachsenden die ernüchternde Gefahr vor Augen geführt, im individualistischen Konkurrenzzwang zu versagen, derweil sie die Erfahrung einer verwirrenden „Pluralisierung der Optionen" machen müssen. Die erneute Betrachtung des autoritären Charakters schließlich macht jenen Typus familialer Beziehungen und Repräsentationen (d.h. Ablösungsmuster) sichtbar, der, unter der Annahme der entsprechenden säkularen Trends und der entsprechenden gesellschaftlich-kulturellen Situation, die Erikson (1975) in seiner erhellenden

Analyse der Wechselwirkungen von Geschichte und Psychologie den „sozialen Moment" nannte, die Entstehung des aggressiven, aktiven, aber auch des unterwürfig-passiven Rechtsextremismus zu begünstigen scheint. Gibt es nun eine „beste Passung" zwischen den Phänomenen und den Begriffen? Alle drei Theorien stellen plausible Erklärungsansätze dar, und keine widerspricht den anderen. Ihre Stoßrichtungen sind den verschiedenen Seiten des Problems freilich unterschiedlich angemessen.

Die Individualisierungsthese hebt die Transformation der Familie, die langfristige Zunahme eines anomischen Vertrauensverlustes und die fehlende Zuversicht in die Zukunft bei den Modernisierungsverlierern hervor. Sie passt besser auf die Situation in der alten Bundesrepublik und vielleicht anderen konsolidierten postindustriellen Gesellschaften des Westens. Diese sind in zunehmendem Maße mit den Auswirkungen einer raschen sozialen und wirtschaftlichen Transformation konfrontiert und so auch mit dem Verblassen der Tradition, der Aushöhlung institutioneller Loyalität und dem Verdampfen der Geltungsansprüche subjektiv bindender moralischer Regeln. Es besteht Grund zu der Annahme, dass die Wirkung dieser Entwicklungen auf dafür sensible Jugendliche durchschlagende Folgen haben kann.

Jugendliche werden anfällig für abweichendes Verhalten in Familien mit bestimmten Bindungsfomen, die unter anderen soziokulturellen Verhältnissen unpolitische Formen der Delinquenz hervorgebracht hätten und hervorbringen (Hirschi, 1969; Sykes & Matza, 1957). Solche Familien neigen zu instrumentellen Beziehungsformen in Verbindung mit starken hedonistischen Bedürfnissen und gewalttätigen Formen der Selbstbehauptung, die sich der Integration in jede moralische Ordnung widersetzen, die über bloßen Konventionalismus hinausgeht. Die Verletzlichkeit der Jugendlichen kann schließlich durch eine Schule befördert werden, die starken Konkurrenzdruck mit einem als sinnentleert wahrgenommenen Unterricht verbindet.

Bei entsprechend schutzlosen Individuen und Gruppen kann die Entfremdung zu Empörung, Zynismus, Rebellion und gewaltsamer Zurückweisung von normativen Erwartungen führen, die andere (die Erwachsenenwelt, die Vertreter der Gesellschaft) ihnen gegenüber unterhalten. Das Bedürfnis nach Handlungskompetenz und Selbstwirksamkeit kann sich in destruktive Handlungen und physische Gewalt verkehren. Ohnmachtsgefühle, Hoffnungslosigkeit und Empfindungen der Leere suchen Kompensation und Entlastung in einem kurzlebigen Aktionismus, der den Tätern Beachtung und einen Moment von Größenwahn beschert. Das kann auch zur Empfänglichkeit für Ideologiekonstruktionen führen, die Minderwertigkeitsgefühle aufwiegen; es kann die Einzelnen dazu verführen, Halt und Schutz in autoritären Gruppen oder Organisationen zu suchen, die ein Gefühl der Stärke bieten, und es kann dazu verlocken, rassistische Ideologien anzunehmen, die eine Illusion der eigenen Überlegenheit vermitteln. Aber während wir zunächst an jene Wirkungen der Anomie Jugendlicher denken, die uns am meisten erschrecken und verstören, weil sie unser Leben und unsere Pläne durcheinanderbringen, beschäftigte Durkheim eher die Unfähigkeit, ohne stabile moralische Ordnung zu leben. Auch wir müssen die Jugendlichen in unsere Überlegungen einbeziehen, die auf die moralische Unordnung der Gesellschaft mit Hoffnungslosigkeit, Depression und Selbstmord reagieren. Durkheim sah sie als die wahren Opfer der Anomie. Unauffälliger zwar als die rechten Aufrührer, aber kaum weniger Besorgnis erregend, bevölkern unsere Schulen Tausende depressiver Kinder.

Die Vorstellung zunehmender Anomie unter Jugendlichen scheint auf die in den osteuropäischen Gesellschaften und in Ostdeutschland vorherrschende soziokulturelle Situation gut zu passen: Die ehemals kommunistischen Gesellschaften erfuhren einen unvermittelten Zusammenbruch ihrer gesellschaftlichen und institutionellen Ordnung, eine allgemeine Abwertung der vormals herrschenden Werte, unter denen der sozialen Solidarität ein hoher Rang zukam. Darüber hinaus durchlebten die Bürger dieser Staaten eine tief greifende Störung ihrer Lebensformen, einschließlich der Verlässlichkeiten und Sicherheiten, die das individuelle Leben vor Armut und Risiko, vor Krankheit oder Lebensgefahr schützen. Enthüllungen über die vormals herrschende soziale und polizeiliche Kontrolle gefährdeten die alltäglichen Loyalitäten und Vertrauensverhältnisse und stellten viele früher gepflegte soziale Beziehungen infrage. Diese Gesellschaften sind gezeichnet vom Zusammenbruch ihrer vorherigen Eliten, die ihre Anerkennung im Rahmen von Normen- und Wertesystemen erlangt hatten, die nun als falsch oder dysfunktional zurückgewiesen werden. Folglich sind die einstigen Akademiker, Manager und politische Eliten großenteils erledigt. Die wirtschaftliche Übernahme durch die neuen

Rechte Jugendkultur in Deutschland 39

Herren beseitigte das vorherige Wirtschaftssystem und dessen Protagonisten schnell und effektiv. Viele Eltern in Ostdeutschland und andernorts wurden als Autoritäten abgewertet; viele Väter und noch mehr Mütter verloren den Arbeitsplatz. Zahlreiche Lehrer wurden wegen ihrer früheren Verbindungen und Loyalitäten eliminiert. Über Nacht verschwanden die Jugendorganisationen mit ihren Freizeitangeboten und Fördersystemen von der Bildfläche. Doch auch die innere Opposition, die einstigen Dissidenten, verschwanden größtenteils im Gefolge der Wende. So wenig vorbereitet auf den Wandel, wie man nach einem halben Jahrhundert des Stillstands und Jahrzehnten einer autoritären, aber weitgehend durch Zustimmung getragenen politischen Ordnung war, musste er eine radikale Diskontinuitätserfahrung hervorbringen, was in Durkheims Sicht der Dinge als anomische Störung erscheint.

Unter dem Titel „Die Quittung" beschreibt Franziska Augstein in der *Frankfurter Allgemeinen Zeitung* die innere Beziehung zwischen der Vereinigung und dem Treiben der Neonazis (16.9.2000). Über ihre Polemik stellt sie die vielsagende Überschrift „Der gedemütigte Osten":

„Muß man sich wirklich darüber wundern, daß der Rechtsradikalismus um sich greift? Die große Mehrheit der DDR-Bevölkerung ist seit 1989 systematisch gedemütigt worden. Nicht alle sind politisch kompromittiert, aber fast alle haben auf die eine oder andere Weise erlebt, daß sie vom Westen übervorteilt wurden. Seit zehn Jahren fühlen die Ostdeutschen die Notwendigkeit, sich selbst zu bestätigen, daß sie nicht so treublöd seien, wie sie sich neben den tüchtigen, durchtriebenen Westdeutschen vorkommen. Nicht die jugendliche Arbeitslosigkeit ist die Quelle des Rechtsradikalismus in den neuen Ländern, sondern Deklassierung und Arbeitslosigkeit der Eltern, deren Orientierungslosigkeit, deren Ressentiment, der Umstand, daß sie keinerlei Anspruch auf Autorität erheben können. Wer die eigenen Eltern als würdelos erlebt, der sucht sich andere Vorbilder und eigene Maßstäbe, nach denen er sich richtet. Und die Eltern heißen die Untaten der Kinder oft genug klammheimlich gut."

Es handelt sich um eine scharfsinnige Beschreibung relativer Deprivation infolge des transgenerationellen Anomieprozesses, der auf den Zusammenbruch der etablierten gesellschaftlichen und sozialpsychologischen Ordnung zurückgeht. Vor Jahren schrieb Anna Seghers eine prägnante Rekonstruktion der miteinander verschränkten Prozesse kollektiver und individueller Deprivation: Die Geschichte von Fritz Müllers biographischem Weg von der Kindheit und Schulzeit nach dem Ersten Weltkrieg über die Kohortenerfahrung der Arbeitslosigkeit und die Aufnahme in die braunen Staffeln bis zur moralischen Deprivation in Hitlers Legionen.

Keine wissenschaftliche Beschreibung bietet eine lebendigere, umfassendere und genauere Darstellung der strukturellen Bedingungen und biographischen Voraussetzungen einer Nazikarriere als Seghers' Novelle „Ein Mensch wird Nazi" (Seghers, 1977).

Strukturelle und situative Faktoren

Wir haben die These vertreten, dass miteinander verschränkte, jedoch spezifische systemische Ursachen für die Zunahme und Verbreitung des Rechtsextremismus verantwortlich sind. Es gibt den langfristigen Prozess der reflexiven Modernisierung (Beck), der Individualisierung und der Auflösung institutioneller Stabilität im Westen; es gibt nach der Vereinigung den plötzlichen Zusammenbruch in Ostdeutschland; und es gibt die spezifischen Familiengeschichten autoritärer Persönlichkeiten in Wechselwirkung mit den Gelegenheitsstrukturen in beiden deutschen Gesellschaftssystemen. Wie weiter oben gesagt, verweist Eriksons Begriff des historischen Moments auf den Umstand, dass Prozesse langer Dauer in Verbindung mit einer bestimmten soziokulturellen Situation in der jeweiligen Gegenwart die Sensibilitäten und Motivationen von Familien und Individuen plötzlich intensiv beeinflussen. Die kausalen Zusammenhänge stellen indessen Wahrscheinlichkeiten dar und keine Determination. So bleiben manche Individuen, die der Wahrscheinlichkeit nach betroffen sein müssten, davon dank sozialer oder psychologischer Schutzfaktoren und -mechanismen verschont. Andere erweisen sich trotz günstiger Bedingungen als anfällig und fallen einem barbarischen „commitment" anheim, denn am geschichtlichen Augenblick wirken noch andere Faktoren mit, die bislang kaum Erwähnung fanden. Während eine Gesellschaft im Ganzen – nicht aber jedes Individuum – von einem langfristigen Strukturwandel betroffen ist, und ein plötzlicher gesellschaftlicher Zusammenbruch eine Kohorte insgesamt in ähnlicher Weise beeinflusst, nicht jedoch alle ihre Mitglieder, belasten der Wandel und der unvermittelte Zusammenbruch die Individuen je nach ihrer Anfälligkeit unterschiedlich. Um ein besseres Verständnis dieser individuellen Unterschiede der Empfänglichkeit oder Anfälligkeit zu gewinnen, mag es nützen, kurz und knapp einige Faktoren beschränkter Reichweite zu erläutern, die zusätzlichen Einfluss auf die Entstehung rechtsgerichteter Einstellungen und Persönlichkeitsdispositionen in der gegebenen soziokulturellen Lage ausüben.

Soziale Schicht

In ihrem Artikel über die Demütigung der Ostdeutschen nach der Vereinigung verficht Augstein die These, dass die neonazistischen Umtriebe nicht von den gesellschaftlich Benachteiligten ausgehen. Und tatsächlich ist von verschiedenen Autoren (z.B. Willems, Eckert u.a., 1993) aufgezeigt worden, dass radikale Aktivisten und Neonazis häufig sowohl Arbeit oder Lehrstelle haben als auch Familien und eine berufliche Perspektive. Augsteins Überlegung ist nun, dass es sich bei der für die Ausbreitung der Rechten ausschlaggebenden Deprivation nicht um absolute (wirtschaftliche), sondern relative Deprivation gedemütigter Ostdeutscher handelt. Wie wir sahen, spricht einiges für diese These, doch sollte das nicht überbewertet werden. In der Tat zeigen andere Daten, dass das Syndrom des Extremismus und besonders dessen fremdenfeindliche und antisemitische Variante vor allem bei benachteiligten Personen auftaucht. Sturzbecher (1997, 2001; Sturzbecher & Freytag, 2000) hat gezeigt, dass extremistische Einstellungen, Ausländerfeindlichkeit und Antisemitismus viel häufiger bei Schülern niedriger bzw. berufsbildender Bildungsgänge zu finden sind. Das gilt in Brandenburg und in Nordrhein-Westfalen gleichermaßen, doch im Osten doppelt so häufig. Hopf (1994) hat die Beziehung von Ethnozentrismus und sozioökonomischer Ungleichheit untersucht

Tabelle 1: Ethnozentrismus/Xenophobie nach sozialer Schicht (in %)

Schichtzugehörig-keit der Eltern	Ethnozentrismusindex							
	Hoch	Mittel	Niedrig	Gesamt	Hoch	Mittel	Niedrig	Gesamt
	Westdeutschland				Ostdeutschland			
Niedrig	17,6	54,9	27,5	10,6	31,3	49,1	19,6	33,9
Mittel	12,1	55,9	32,0	71,5	21,9	49,6	28,4	35,7
Hoch	6,2	41,9	51,9	17,9	13,3	47,9	38,8	30,4
Gesamt	11,7	53,3	35,1	100,0	22,5	48,9	28,6	100,0

Quelle: Hopf (1994).

und nachgewiesen, dass unabhängig von allen konzeptuellen Begründungen auf der Basis von Anomie, Modernisierung, Individualisierungstheorie oder familialer Sozialisation die empirischen Daten einen bedeutsamen Einfluss der sozialen Schicht erkennen lassen.

Am Beispiel des Ethnozentrismus zeigt die Verteilung nach sozialer Schicht, dass die Anzahl ausländerfeindlich eingestellter Ostdeutscher über die gesamte Schichthierarchie hinweg fast doppel so hoch ist wie im Westen. Mit zunehmender sozialer Schicht steigt die Zahl der als *niedrig* Eingestuften und sinkt die Zahl der Individuen mit *hoher* Ausprägung auf der Variablen. Umgekehrt gilt, dass extreme Werte auf der Ethnozentrismusskala mit abnehmendem sozialem Status ansteigen.

Ausländerhass

Negative Einstellungen gegenüber Fremden sind nicht unbedingt ein Beweis für Rechtsextremismus oder neonazistische Überzeugungen, obwohl Letztere immer auch Hass auf Fremde implizieren: Ethnozentrismus, Ausländerfeindlichkeit, Fremdenhass sind Indikatoren einer rechtsorientierten Mentalität, und vermutlich stellen sie den weiteren mentalen Zusammenhang her, in dem extremistische Positionen gedeihen. Es ist oft behauptet worden, dass die rechtsextremistische Bewegung mit dem typischen Fremdenhass, Antisemitismus, autoritären und nationalistischen Orientierungen und, im Extremfall, mit gewalttätigem Rassismus „aus der Mitte der Gesellschaft" kommt (vgl. Bromba & Edelstein, 2001). Hopfs Daten offenbaren ein überraschendes Ausmaß an zumindest „moderatem" Ethnozentrismus auch in den mittleren und höheren Schichten. Das heißt, sie bestätigt die Wahrheit dieser Behauptung. Kürzlich gab die Landesregierung von Sachsen-Anhalt eine Jugendstudie heraus, die bestätigt, dass über ein Drittel der Jugendlichen in diesem Bundesland feindliche Gefühle gegen Ausländer hegen. Und in der soeben veröffentlichten internationalen Vergleichsstudie zum staatsbürgerlichen Unterricht und den staatsbürgerlichen Einstellungen jugendlicher Schüler in 28 Ländern („Civics") treten deutsche Oberschüler (Achtklässler) als die fremdenfeindlichsten Schüler aller 28 untersuchten Systeme in Erscheinung (Torney-Purta u.a., 2001). Diese entmutigenden Daten bedürfen freilich noch einer weiteren Erklärung als absolute oder relative Deprivation,

Anomie oder extreme Familiendynamik; diese scheinen allesamt besser zu der Vorstellung zu passen, es handle sich eher um die Spitze des Eisbergs. Während die genannten Modelle spezifische Sensibilitäten oder Verletzlichkeit anzeigen, wie sie aus Prozessen resultieren, die das soziale Gleichgewicht erschüttern, fordern die Letzteren Erklärungen „aus der Mitte der Gesellschaft".

Welcher Art könnten solche Erklärungen sein? Es gibt zurzeit keine gesicherten Befunde, aus denen Schlüsse gezogen werden könnten; es erscheint freilich berechtigt, einige Vermutungen anzustellen. So haben verschiedene Experten die Auffassung vertreten, die Kampagne der CDU, die in den frühen 1990er Jahren auf eine Einschränkung des Asylrechts für politische Flüchtlinge abzielte, habe das politische Klima zu Ungunsten der Toleranz für Ausländer in der Bundesrepublik beeinflusst (Ahlheim & Heger, 2000; Butterwegge, 1995, 2001; Tonn, 1998). In der Tat wurden die Flüchtlinge, die sich auf das Grundrecht auf Asyl berufen (das nach dem Krieg in Erinnerung an die Verfolgung von Minderheiten durch die Nazis geschaffen wurde), lange beschuldigt, soziale und wirtschaftliche Privilegien zu missbrauchen. 1999 gewann die CDU in Hessen die Landtagswahlen, nachdem sie eine populistische Kampagne gegen die Einbürgerung von Immigranten gestartet hatte, die die Mitte-links-Mehrheit im Bundestag ermöglicht hatte. In einem Klima der Sorge um den Fortbestand des eigenen Arbeitsplatzes und die Zukunft der Arbeit hatten – so die Vermutung – zahlreiche Wähler auf die Anspielung, dass das Boot voll sei, reagiert, ihre Ängste auf die gleichsam stellvertretenden ausländischen Opfer übertragen und ihre latente Beunruhigung über Wirtschaft und Arbeitsmarkt in Hass auf die vermeintlichen Konkurrenten verwandelt. Eine ähnliche Wirkung dürfte von der törichten Nationalstolz-Debatte im März 2001 ausgegangen sein, die Erinnerungen an den Vorwurf an die Adresse der Sozialdemokraten als „vaterlandslose Gesellen" heraufbeschwor und auch Bundespräsident Rau nicht aussparte.

Antisemitismus

Während es einleuchtet, dass die neuen Arbeitsmarktbedingungen Sorgen der Arbeiterklasse und Ressentiments in einer Mischung aus Selbstschutz, autoritären und ausländerfeindlichen Gefühlen zum Ausdruck bringen und ethnozentrische und fremdenfeindliche Haltungen befördern, bedarf der antisemitische Bestandteil des Extremismussyndroms einer anderen Erklärung. Juden sind als winzige Minderheit im tagtäglichen Leben der Deutschen nahezu abwesend. Also kann der Antisemitismus kaum der Dynamik sozial begründeter Ressentiments entspringen. Vielleicht fügen die Entschädigungszahlungen für die von jüdischen Opfern der Verfolgung und Zwangsarbeit erduldeten Leiden den Schuldgefühlen jetzt neue Ressentiments hinzu. Dies könnte eine Folge der publikumswirksam vereinten Anstrengungen der deutschen Industrie und der Bundesregierung sein, 50 Jahre nach dem Ende des Dritten Reichs einen Fonds einzurichten, um an jüdische und andere Zwangsarbeiter Entschädigungen für die während des Kriegs durch die Deutschen erlittene Ausbeutung zu leisten. Jüdische Sammelklagen in den USA, die mit der deutschen Regierung verhandelnden Juden wie auch die Tatsache, dass die politischen Vertreter der deutschen Juden sich in verschiedenen Zusammenhängen zu Wort melden, haben den Juden in Deutschland eine öffentliche Präsenz gegeben, die in keinem Verhältnis zu ihrer Anzahl steht. Das Ressentiment kann schließlich dem Umstand geschuldet sein, dass es bereits früher eine „Wiedergutmachung" für die Verfolgung und Enteignung der Juden durch das Naziregime gegeben hat, und könnte sich aus dem weit verbreiteten Gefühl speisen, dass die heutige Generation der Deutschen den Juden in Wirklichkeit nichts schuldet und schließlich einmal der Schlussstrich gezogen werden sollte. Dabei scheinen die Ressentiments über die Rolle der Juden, die sie in der Gedächtnispolitik in Bezug auf Nazi-Vergangenheit und Drittes Reich spielen, von der Tatsache unbeeindruckt zu sein, dass viele ehemalige Zwangsarbeiter, die die Entschädigungszahlungen erhalten sollen, keine Juden sind.

Es gibt indessen Hinweise, dass der Antisemitismus sich sowohl in Ost- als auch in Westdeutschland innerhalb von Familien von Generation zu Generation fortgepflanzt hat. Die Ergebnisse einer Kohortenanalyse verschiedener Umfragedatensätze (Bromba & Edelstein, 2001) zeigen das Muster einer wiederkehrenden typischerweise rechtslastigen Präokkupation mit unterschiedlichen Aspekten von Fremdenfeindlichkeit. Mit Blick auf die rechtsgerichteten Bevölkerungsanteile, wie sie Sturzbecher (2001; Sturzbecher & Freytag, 2000) identifiziert hat, finden sich Anzeichen verhältnismäßig intensiver Interaktion mit der Generation der Großeltern.

Das könnte darauf hindeuten, dass bestimmte Erzählungen von den Angehörigen einer mit den Nazis direkt verbundenen Generation an ihre von neonazistischen Sichtweisen angezogenen Enkelkinder weitergegeben werden. In der DDR, so sei noch einmal gesagt, konnten „anti-antifaschistische" Einstellungen – vielleicht der Antisemitismus eingeschlossen – als eine Form der Opposition gegenüber dem Kommunismus womöglich eine Art moralische Legitimation erhalten. Beigetragen hat hierzu eventuell der Umstand, dass einige Juden in der DDR Mitglieder der Nomenklatura waren bzw. als Mitglieder des antinazistischen Widerstands Zugang zur kommunistischen Elite gefunden hatten (Andrews, persönliche Mitteilung).

Gewalt

Gewalt hat sicherlich ihre eigenen historischen oder sozialpsychologischen Ursachen, die sich von den Quellen des Ressentiments unterscheiden. Polizeiberichte ebenso wie Schulen und Sozialarbeiter sprechen von einer Zunahme der Gewalttaten gegen Fremde und andere Opfer (Melzer & Schubarth, 1995). Eckert und seine Mitarbeiter (Willems, Eckert u.a., 1993; Willems, Würtz & Ekkert, 1998) haben über mehrere Jahre hinweg die Gewalttätigkeit von Jugendgruppen erforscht und stellen eine Fortdauer der traditionellen Gewaltdynamik abweichender Gruppen fest. Einerseits mahnen die Autoren, nicht vorschnell von einer vermeintlichen Zunahme auszugehen, da die Statistiken aufgrund einer erhöhten Aufmerksamkeit oder Veränderungen in der polizeilichen Klassifikation beeinflusst worden sein könnten. Andererseits lassen sich die Wahrnehmungen vermehrter Aggressivität in der soziokulturellen Umwelt schwerlich von der Hand weisen, seien es nun Hooligans beim Fußball oder Kämpfe zwischen verschiedenen ethnischen Gruppen auf Straßen oder Schulhöfen.

Ungeachtet häufiger Dementis werden die Wirkungen der Medien durch die Forschung allmählich bestätigt. Zum einen hat die vor dem Fernseher verbrachte Zeit während der vergangenen Jahrzehnte zugenommen. In den USA beträgt sie bis zum Ende der High School rund 18.000 Stunden und nach deutschen Schätzungen etwa 14.000 Stunden bis zum 15. Lebensjahr. Amerikanische Jugendliche haben jüngsten Schätzungen zufolge in Fernsehen und Videospielen etwa zwei Millionen Gewalttaten gesehen, wenn sie 18 Jahre alt sind. Hält man sich zum anderen den umfangreichen Konsum von Gewaltdarstellungen in Videospielen und Fernsehsendungen vor Augen, sowie von Spielfilmen, die gewiss mehr Gewaltszenen als früher zeigen, so erscheinen mehrere Effekte plausibel: Gewaltsame Auseinandersetzungen werden nunmehr als üblich betrachtet; die Empfindsamkeit in Bezug auf Gewalt stumpft ab; zu Aggressionen neigende Individuen greifen eher einmal auf Gewalt zurück; die Beobachtung von Modellen, die ihre Feindseligkeiten gewaltsam austragen, senkt die eigene Hemmschwelle (Van der Voort, 1986, S. 94), auch Verbindungen dieser Effekte sind denkbar. Neuere Untersuchungen haben eine Kausalbeziehung zwischen dem Konsum von Gewaltvideos und Gewaltdarstellungen in den Medien und rechtsextremistischen Einstellungen sowohl in Ost- als auch in Westdeutschland hergestellt (Weiß, 2000). Derselbe Autor hat gezeigt, dass Skinheads dreimal so oft Gewaltvideos ansehen wie der Durchschnitt vergleichbarer Schüler (n = 950) (Weiß, 2000, S. 169 f.). Sicher ist die Beziehung zwischen dem Konsum von Gewaltdarstellungen und der mentalen wie physischen Verfassung dieser (und gewiss auch anderer) Zuschauer komplex: Es scheint, gewalttätige Betrachter suchen Gewaltdarstellungen, und diese ziehen sie an. Daneben sollte nicht vergessen werden, welche gesellschaftlichen, politischen und moralischen Inhalte Fernsehen, Videofilm und Videospiel außer der Gewalt noch transportieren: Diese könnten noch weiter reichende Wirkungen haben als die Gewalt. Und schließlich sollte man nicht die Effekte der militanten, aggressiven Musik unterschätzen, die sich in der rechten Jugendszene großer Beliebtheit erfreut (Borstel, 1998; Eyerman, 2000). Hier können wir die verbreitete Unzufriedenheit mit Schule und Ausbildung, insbesondere in den nicht gymnasialen Zweigen, die wir weiter oben bereits diskutiert haben, nur erwähnen: Unzufriedenheit, Entfremdung und Frustration bereiten einen fruchtbaren Boden für extremistische Einstellungen, die vielleicht eine Kompensation für entsprechende Minderwertigkeitsgefühle und Gefühle des Ausgeschlossenseins bieten (Edelstein, 2000).

Hätte es einen wirksamen Schutz vor der Welle der von Anomie erzeugten Ressentiments und Feindseligkeit geben können, einen Schutz auch vor der Zersetzung demokratischer Regeln der Konfliktbewältigung, die früher die Gewalt in Schach hielten, wo sie sich heute ungehemmt und von bösartigen Ideologien gerechtfertigt Bahn bricht? Während sich die Folgen des Zusammenbruchs in Ostdeutschland durch attraktive Angebote als Ersatz für die abgeschafften Jugendorganisationen oder konstruktive Programme an den Schulen hätten abmildern lassen, waren die vereinzelten Bemühungen, auf die Situation zu reagieren, gänzlich ungeeignet, um den Angriffen des Rechtsextremismus zu begegnen, ja, zuweilen scheinen sie sogar den Extremisten bei der Erreichung ihrer Ziele geholfen zu haben. So berichtet das Zentrum für Demokratische Kultur davon, wie die so genannte „akzeptierende Sozialarbeit" daran scheiterte, die Übernahme kommunaler Jugendklubs in Ostdeutschland durch rechte Jugendgruppen zu verhindern. Dieselbe Quelle spricht von einer in den Kleinstädten weit verbreiteten Akzeptanz der Aktivität rechter Jugendlicher und krimineller Gewalttaten gegen Farbige oder ausländische Flüchtlinge und berichtet über stillschweigendes Einverständnis der Verwaltung (Wagner, 1999, 2000; Zentrum Demokratische Kultur, 1998). In „Psychologie heute" erhob unlängst ein Kommentator die Anschuldigung gegen das AgAG-Programm (Aktionsgemeinschaft gegen Aggression und Gewalt), das die größte Anstrengung zur Gegenwehr gegen die Jugendgewalt im Osten darstellt, dass dies eine unhaltbare Auffassung über die Ursachen der Gewalt und entsprechend falsche Strategien der Gewaltbekämpfung vertrete. Sie entsprächen eher den Berufsideologien der Sozialarbeiter als den gesellschaftlichen und psychologischen Realitäten, die die Jugendgewalt motivierten (Kersten, 2000).

Die verständnisvolle „Loyalität gegen unsere Kinder", die zeitweise sogar Polizeitätigkeit und Gerichtsentscheidungen einzuspinnen scheint, wurde von der Ausrufung „national befreiter Zonen" durch die organisierten Rechten begleitet. Der Ausdruck bestätigt die kulturelle Hegemonie, die die rechten Aktivisten erreicht haben – wie es Bundestagspräsident Thierse tief beunruhigt erkennen musste. Die rechte Zeitschrift *Junge Freiheit*, ein Organ der Rechtsextremisten, stellte ironisch, doch vielleicht bezeichnend Gramscis Theorie der kulturellen Subversion heraus. Mit der nationalistischen Rockmusik, die auf die rechten Gruppierungen eine mächtige Anziehungskraft ausübt, und mit intensiver Kommunikation über das Internet haben die Rechtsextremisten ein umfassendes Netz aus Personen, Kommunikationen und Aktionen aufgebaut, das sie zurzeit zu einer Art organisatorischen Basis entwickeln. Obwohl zum Beispiel die Deutsche Kinder- und Jugendstiftung ein Netzwerk von Jugendklubs sponsert und trotz der engagierten Tätigkeit der Regionalen Arbeitsstellen für Ausländerfragen (RAAs), sind diese Initiativen weit davon entfernt, der Zunahme und der wachsenden Akzeptanz rechter Aktivitäten wirksam entgegentreten zu können. Freilich bedarf es dazu einer übergeordneten politischen Strategie, die die Auswirkungen ernst nimmt, die tief greifende und weit reichende gesellschaftliche Veränderungsprozesse auf Leben, Denken und die moralischen Orientierungen Jugendlicher ausüben[4].

Überlegungen zur Prävention

Die Schule

Die einzige Institution, die aus strukturellen Gründen in der Lage scheint, die notwendige Antwort zu geben, ist die Schule. Die Schulpflicht trifft jeden, und jeder verbringt zehn wichtige Lebensjahre innerhalb dieser Institution. Ein bedeutsamer Teil der Sozialisation von Kindern und Jugendlichen findet in der Schule statt. Die Schule bietet den Raum und das institutionelle Umfeld, die für kompensatorische und präventive Maßnahmen benötigt werden.

Doch selten bieten Schulen eine Umwelt, die das Leben Jugendlicher stark beeinflusst, oder ein geeignetes Umfeld, um dem Abgleiten von Schülern in den Radikalismus vorzubeugen. Die meisten Jugendlichen, die in rechtsextreme Umtriebe verwickelt sind, besuchen Sekundarschulen. Anscheinend haben sich die meisten Schulen und Lehrer im Osten zurückgehalten und angesichts extremistischer Handlungen ihrer Schüler oder Zurschaustellung von Nazisymbolen nichts unternommen. Sicher

---

[4] Soeben haben während der letzten Monate (Winter 2000/01) eine Anzahl von Regierungsinitiativen eingesetzt, verschiedene Maßnahmen zum vorbeugenden Schutze der Opfer, zur Unterstützung von ausstiegswilligen Mitgliedern rechter Gruppen und unterschiedliche „Bündnisse" für Toleranz und gegen Rassismus, Ausländerfeindlichkeit und Gewalt zu finanzieren. Ein von Bund und Ländern finanziertes Programm „Demokratie lernen und leben", das von der Bund-Länder-Kommission für Bildungsplanung und Forschungsförderung (BLK) gefördert wird, ist in Vorbereitung.

sind viele Schulen erfolgreich bei der Vorbeugung solcher Vorkommnisse gewesen, auch wenn Nachrichten über ihre Strategien oder Konzepte selten die Öffentlichkeit erreichten. Aber viele Lehrer verhalten sich in Anbetracht der Dominanz und Autorität rechter Gruppen in ihren Klassen hilflos und resigniert (Spahn, 2001). Eine Möglichkeit, gegen die rechte Herrschaft über die Klassen vorzugehen, wäre es, gelungene Projekte und couragierte Aktionen von Schülern und Lehrern publik zu machen, die darauf gerichtet sind, rechte Umtriebe an den Schulen einzudämmen.

Wer an den Schulen intervenieren will, stößt auf verschiedenen Ebenen auf gravierende strukturelle und kontingente Schwierigkeiten. Das deutsche Schulwesen ist, verglichen mit der Organisation amerikanischer Schulen, ein zentralistisches System, das innerhalb eines eng gesteckten Rechtsrahmens unter einer strengen – direkten und indirekten – staatlichen Schulaufsicht arbeitet. Curricula werden zentral geregelt und lassen verhältnismäßig wenig individuelle Optionen; der Lehrplan besteht überwiegend aus verpflichtenden Fächern. Grundsätzlich werden die Schulen als Halbtagsschulen betrieben, was wenig Spielraum für beaufsichtigte Aktivitäten lässt, von freiwilligen Projekten, Freizeitunternehmungen oder gemeinsamen Mittagessen an der Schule ganz zu schweigen. Für weiterführende Schulen ist der Freiraum noch begrenzter als für Grundschulen. Teilweise rühren die Einschränkungen aus der Einteilung in die vierjährige Grundschule und die darauf folgenden drei getrennten weiterführenden Ausbildungsgänge vom zehnten Lebensjahr an, wobei die besten Schüler bereits von den anderen getrennt in Gymnasien geführt werden. (Nur in wenigen Bundesländern bestehen Gesamtschulen, die dem Ziel sozialer Integration dienen.) In den nicht akademischen Bildungsgängen und Berufsschulen häufen sich die sozialen und kognitiven Schwierigkeiten sowie Verhaltens- und Motivationsprobleme, weil die erschwerte Suche nach einer Lehrstelle oder nach Arbeit natürlich auf diese Schulen zurückwirkt. Darum sind diese Schulen am stärksten von Schulabbruch, Delinquenz, Gewalt und abweichendem Verhalten bedroht – und ebenso von Rechtsextremismus und neonazistischen Einstellungen (Sturzbecher, 2001; Sturzbecher & Freytag, 2000). Doch solche Symptome defizitärer Sozialisation sind keinesfalls auf die Hauptschulen beschränkt. Es handelt sich hier freilich um eine grobe Beschreibung, die die strukturellen Unterschiede zwischen Schulzweigen ebenso unberücksichtigt lässt wie Unterschiede zwischen Einzelschulen aufgrund lokaler Bedingungen, Einzugsbereichen und unterschiedlichen Engagements seitens der Lehrer wie Eltern. Trotz gewisser Entwicklungen in Richtung auf größere Schulautonomie und trotz des zunehmenden gesellschaftlichen Drucks auf die Schulen, sich institutionell weiterzuentwickeln und ihre Selbstverwaltung zum Teil über Schulprogramme und Projekte auszubauen, unterliegen die Schulen beträchtlichen Einschränkungen aufgrund der großen demographischen Probleme: insbesondere im Osten durch die rückläufige Geburtenrate und die Alterung der Lehrerschaft, die den Schulen Stundenausfälle wegen Krankheit, Burn-out und Frühpensionierung und infolgedessen Unzufriedenheit und Verdrossenheit beschert. Vertretungslehrer sind teuer, und Erneuerung des Lehrkörpers und überhaupt Aufwendungen für Schulen werden durch Haushaltslimits und fiskalische Auflagen strikt begrenzt. Es bestehen in Deutschland also ernsthafte strukturelle Einschränkungen und geringere schulische Freiheitsgrade als in manchen großzügigeren und mehr Autonomie gewährenden Bildungssystemen. Doch Schulprogramme und Projekte zum Ausgleich oder zur Prävention von Verschlechterungen der sozialen und geistigen Situation der Schüler hängen von dem Spielraum für Schul- und Programmentwicklung an den Schulen ab.

In den ostdeutschen Bundesländern kommen noch andere Hindernisse hinzu. Während der sozialistischen Vergangenheit waren Schulen relativ erfolgreiche Einrichtungen eines mehr oder minder konventionellen, gedächtnisorientierten und lehrerbezogenen Lernens. Gleichzeitig waren sie Zentren der Parteiloyalität. Nach dem Zusammenbruch der DDR mussten viele politisch diskreditierte Lehrer ihre Stellen räumen; das Desinteresse an der vormals ersten Fremdsprache Russisch führte zu Entlassungen; und der Schwund der Schülerschaft führte zu Unsicherheit über den Fortbestand der Lehrerstellen. Viele Lehrer sind seitdem gezwungen, für Osttarife auf halben Stellen zu arbeiten, während sie an der Unsicherheit über die eigene Zukunft und der Zukunft ihrer Schulen leiden. Trotz großer Fortbildungsanstrengungen sind mit den neuen Unterrichtsmaterialien und Lehrbüchern nicht unbedingt modernere, demokratischere und interaktivere Unterrichtsformen eingeführt worden. Forschungen über Gewalt an Schulen haben einen Zusammenhang zwischen dem Ausbleiben der Gewalt und der Qualität von Schule und Unterricht nachgewiesen (Melzer & Schubarth, 1995). Eine andere Studie (Satow, 1999) hat gezeigt, dass es im Gegensatz zu den Schulen im Westen, wo es besonders die älteren Lehrer verstehen, ein Schulklima zu schaffen, das Schüler in freundlicher, die Neugier weckender Weise anregt und stimuliert, im Osten vor allem junge (also Nach-DDR-)Lehrer ein solches Klima erfolgreich aufbauen, während die Älteren ein kühleres, abweisendes Unterrichtsklima schaffen. Doch junge Lehrer sind selten. Auch wenn diese Ergebnisse keine Verallgemeinerung über das Schulklima in den östlichen Bundesländern insgesamt erlauben, so wird doch manchmal mit Schadenfreude berichtet, dass die Schulen im Osten einen disziplinierteren Unterrichtsstil pflegen und so auf konventionellem Wege bessere Leistungen erzeugen als ihre angeblich gelasseneren Berufskollegen im vermeintlich weniger disziplinierten westlichen Schulsystem.

Fassen wir den bisherigen Gedankengang zusammen: Es gibt gute Gründe, auf die Schulen zu achten, wenn es darum geht, die Gefahr für Jugendliche einzudämmen, die aus den desintegrativen und Anomie erzeugenden gesellschaftlichen Faktoren hervorgeht, die die offizielle Jugendpolitik während des vergangenen Jahrzehnts entweder ignoriert oder missachtet hat. Schulen sind allerdings in einer schwachen Position, wenn man ihnen das große Sozialisierungsprojekt ansinnen will, das dieses Ziel fordert. Denn strukturelle Starrheit und unvorbereitete Lehrer sowie der demographische Rückgang der Lehrkräfte, die sozialpsychologische Trägheit der Profession, schließlich das allgegenwärtige Hindernis einer restriktiven Finanzpolitik – all das stellt der notwendigen Neubestimmung des gesellschaftlichen Bildungsauftrags der Schulen ernsthafte Hindernisse in den Weg.

Wofür wird eine solche Neudefinition benötigt? Kurz und knapp: Nach ihren Schulerfahrungen befragt, klagt ein erheblicher Teil der Schülerschaft über Mangel an sinnvollen Lernerfahrungen, äußert Zweifel am Curriculum sowie an der Brauchbarkeit des Unterrichtsstoffs für die eigene Zukunft und kritisiert Verpflichtungen, denen sie nachkommen sollen. Schüler beklagen die fehlenden Chancen und Gelegenheiten zur Exploration im Einklang mit ihren Interessen, sie klagen über Praxisferne und subjektive Irrelevanz der Lernziele. Anders gesagt, zwar nicht für alle, aber für einen erheblichen Teil der Schüler bieten die Schulen keine hinreichende Herausforderung und somit auch keinen Schutz vor der Erfahrung der

Anomie und ihren Folgen. Im Gegenteil: Sie können sogar zur Jugendanomie beitragen. *Die Schulen sind Teil des Problems, das sie lösen sollen.* Eine Umgestaltung der Schulen ist zentral für jeden Versuch, die Lage der Schüler zu ändern, die an deutschen Schulen an Deprivation leiden. Indessen entwickeln sich aufgrund der Strukturen, Funktionen und institutionellen Muster der Schule und wegen der Psychologie der für den Schulbetrieb Verantwortlichen gegen eine Veränderung erhebliche Widerstände. Dies sollte man bedenken, wenn man die folgenden Vorschläge liest.

Die Vorschläge beziehen sich auf Struktur und Inhalt der deutschen Schule. Diese brauchen einen wohl nicht schnell umsetzbaren Wandel. Für manche Veränderungen dürfte ihre Umsetzung eine Generation benötigen; andere würden dagegen, wenn sie realisiert würden, bereits laufende Veränderungsprozesse im System verstärken, beispielsweise zunehmende Dezentralisierung, mehr Schulautonomie und die verstärkte Zusammenarbeit zwischen Schulen und Kommunen („Öffnung der Schule"). Solche Veränderungen können dazu dienen, Erfahrungen zu sammeln und den Boden für jenen Strukturwandel vorzubereiten, der schließlich die Anpassungsfähigkeit der Schule gegenüber künftigen gesellschaftlichen Anforderungen und ihre Fähigkeit bestimmen wird, die für eine Erziehung zur Verantwortung und Selbstbestimmung wesentlichen Aufgaben zu erfüllen. Wenn dies erst einmal zu Stande gebracht worden ist, werden Sorgen über die Langeweile an den Schulen und das Scheitern der Werteerziehung voraussichtlich überflüssig erscheinen. Es sind dies aber auch keine besonders neuen oder revolutionären Forderungen. Großenteils sind sie bereits vor einem Jahrhundert in Deweys Vorschlägen für eine Bildungsreform und ihren Entsprechungen in der europäischen Schulreformbewegung enthalten.

Verständnisintensives Wissen versus Entfremdung aus Langeweile

Das Schulcurriculum – was Schüler lernen sollen – ist grundlegend an der Vergangenheit ausgerichtet. Dabei wird Wissen als die Grundlage für zukünftiges Handeln benötigt. Es ist durchaus nicht sicher, ob unser heutiges Verhältnis zum Wissen jungen Menschen hilft, dieses Ziel zu erreichen. Es ist der Vergangenheitsbezug des Wissens, der Curricula und Unterricht bestimmt und aus Wissen Schulwissen macht, die Quelle jener Langeweile vieler Jugendlicher, die weder im Prozess der Aneignung noch im erworbenen Wissen Sinn finden können, das ihr Gedächtnis mit – ihrer Meinung nach – nutzlosem Müll füllt (soweit sie überhaupt erinnern, was sie gelernt haben). Das Schulwissen und der Vorgang seiner Aneignung sind mithin eine wichtige Ursache des Sinnverlusts, der ein zentrales Leiden der Heranwachsenden ist.

Wenn dies für die geistige Verfassung Jugendlicher so bedeutsam ist, stellt sich die Frage, wie wir das Problem der Gültigkeit des Schulwissens rational angehen können. Es könnte getestet werden, indem es mit den Vorhersagen einer Expertengruppe (z.B. einer Delphi-Studie) abgeglichen wird, um seine Relevanz für die Zukunft abzuschätzen: Welche Bestandteile der Curricula werden in 10, 20 oder 30 Jahren gültig und handlungsleitend sein (wenn die Lernenden an die Hochschule gehen, wenn sie ihre Karriere beginnen, wenn sie gewisse Stufen des Berufsverlaufs erreicht haben)? Umgekehrt erhebt sich anhand derselben Kriterien die Frage, was ohne zum Schulcurriculum und zu den gegenwärtigen Lernanforderungen zu gehören voraussehbar einmal wichtig und wesentlich sein wird. Die Inhalte und Befähigungen, die diese Überprüfung überstehen, werden eine neue Bewertung ebenso brauchen wie eine neue Organisation und neue didaktische Planung. Das sich dabei schließlich herauskristallisierende „essenzielle Wissen" wird verständnisintensiver sein und erforderlich machen, dass Unterricht im Blick auf solches Verstehen geplant wird. Der Erwerb dieses Wissens wird allerdings viel unempfindlicher gegenüber Motivationsdefiziten sein, die unplausible Geltungsansprüche begleiten. „Verständnisintensives Lernen" wird sich im Blick auf subjektiv nicht bezweifelte und zukunftsrelevante Bedürfnisse vollziehen und sich somit auf Erfolgsmotive verlassen können. Zwar wird Lernen Irrtum nicht ausschließen, aber die Schüler sollten von solchen Lehrern lernen dürfen, deren Fertigkeiten den Erfordernissen der Aufgaben entsprechen. Um diesen curricularen Kernbereich zu gestalten, bedarf es der kompetenten Zusammenarbeit von Experten, die (a) die wissenschaftlichen Fächer oder Lernbereiche vertreten, (b) eine Entwicklungspsychologie des Lernens und Unterrichtens beherrschen und (c) Unterrichtserfahrung repräsentieren.

Es wäre müßig, darüber zu spekulieren, was das Ergebnis der Überprüfung sein wird. Doch sicher scheint, dass Mathematik Bestandteil des

Kerncurriculums sein wird, vielleicht in Gestalt eines dann anders organisierten Schulfachs. Eine lebende Fremdsprache, Computerkenntnisse und Naturwissenschaften („science") werden vermutlich ebenfalls zum Kern gehören, kann man sich doch schwerlich eine Zukunft ohne eine grundlegende kulturelle und naturwissenschaftliche Orientierung vorstellen.

Zweitens werden soziales Wissen und soziale Kompetenzen kaum weniger bedeutsam sein als Mathematik oder Naturwissenschaften, um die Zukunft zu meistern. Sozialkundliches Wissen spielt zurzeit an der Schule nur eine marginale Rolle. So offenkundig es ist, dass die Gesellschaft im Ganzen wie die einzelnen Bürger heute einer sozialen und ethischen Orientierung bedürften, so unübersehbar fahren die Schulen fort, ihnen diese zu verweigern. Der Ruf nach Werteerziehung zeugt davon, dass ihr Fehlen wahrgenommen wird. Eine formale Werteerziehung wird dieses Bedürfnis nicht befriedigen können, da Werte in Auseinandersetzung mit der sozialen Umwelt erworben werden, die Aufgaben an uns stellt und so den Bedarf für Werte erst hervorbringt (siehe unten). Dennoch ist eine diskursive Werteklärung und ein Grundwissen über Politik und Ethik unverzichtbar, um Personen ein begründetes Engagement für die Zivilgesellschaft zu vermitteln. Wo dies Engagement fehlt, besteht wenig Aussicht, den schlimmen Konsequenzen von Anomie und Verdrossenheit wirksam entgegenzutreten, die uns in diesem Aufsatz beschäftigt haben.

Eine dritte Gruppe zentraler Curriculumaspekte stellen die Fertigkeiten dar, die ein Mensch braucht, um jetzt und künftig körperlich und geistig ein gutes Leben zu führen. Dieser Aspekt wurde bis heute nur am Rande berücksichtigt. Doch sollte die Fähigkeit, wohl erwogene Entscheidungen zu treffen, in einer Welt, in der Jugendliche eine wichtige Konsumentengruppe und Zielgruppe am Markt für Informations- und Kommunikationstechnologien ausmachen, ein anerkanntes Bildungsziel sein. Gesundheitswissen und Kenntnis der Körperpflege antworten auf wichtige Lebensfragen. Eine Kultur kreativer Fähigkeiten des Ausdrucks, der Musik und Kunst, des Schreibens und der Darstellung bereichert die Fähigkeiten einer Person, das eigene Leben selbst bestimmt durch die Einflüsse der Freizeitindustrie, der Märkte und Medien hindurch zu führen. Dies ist ein wichtiger und morgen vielleicht noch wichtigerer Aspekt, den die Schule heute vernachlässigt. Dieser Aspekt wird für eine neue Kultur der Schule selbst besonders wichtig sein.

Vieles, was heute den Stundenplan von Schülern und Lehrern ausfüllt, ist bisher nicht erwähnt worden: zweite und dritte Fremdsprache, normatives Sprachwissen, bestimmte naturwissenschaftliche Fächer oder zeitaufwendige Geschichtskurse: Doch Zeit ist dabei die kostbarste Ressource der Schule. Den Schülern könnte eine verständig angeleitete Auswahl unter den Fächern eröffnet werden; eine persönliche Wahl nach Fähigkeit, Interesse und Motivation, die jeden verpflichtete, sein eigenes Curriculum zusammenzustellen, für das die Schüler dann verantwortlich wären und zugleich Anleitung erhielten. Einzelne Schulen können stets nur eine begrenzte Auswahl von Wahlfächern anbieten. Doch dieses begrenzte Angebot einer Schule bildet die Grundlage des Schulprofils und der Identität einer Schule, ihrer Wettbewerbsfähigkeit und Attraktivität. Dadurch würde die Bindung eines Schülers an seine Schule von einer Entscheidung getragen, die er für das eigene Lernprogramm getroffen hat. Diese Entscheidung kann zugleich die Identifikation mit einer Gemeinschaft motivieren, die sich für seine eigene Auswahl verpflichtender Gegenstände des Lernens einsetzt.

Gemeinschaft der Selbstverpflichtung

Das Arrangement, das wir im Blick auf die Organisation eines „essenziellen Wissens" und seine individuelle Ausprägung jenseits des verbindlichen Kernbereichs beschrieben haben, bringt die Vorstellung von „Gemeinschaften der Verbindlichkeit" ins Spiel. Die auf Deweys pragmatistische Erfahrungspädagogik und auf die Schulreformbewegung des vorigen Jahrhunderts zurückgehende Vorstellung, die indes auch jüngere Ansätze – Piagets (1998) und Kohlbergs (Kohlberg & Mayer, 1972) aufnimmt – nämlich das Konzept einer lernenden Gemeinschaft, die sich im Dienste moralischer und epistemischer Ziele zusammenfindet –, ruft das Bild einer mehr oder weniger selbst verwalteten Gemeinschaft Lernender (und natürlich auch Lehrender!) hervor, die mit dem Ziel demokratischer Teilhabe in einer Art Schulrepublik verfasst ist, um Erfahrungen politischer Selbstverwaltung, der Funktionalität formaler Regeln und der ausschlaggebenden Bedeutung von Gerechtigkeit und Gleichheit im Zusammenleben zu ermöglichen. Werte oder Wahlentscheidungen werden zu Gegenständen öffentlicher Diskussion; Lösungen werden durch öffentliche Beratung und gemeinsames Entscheiden erzielt. So verwandelt sich eine bürokratische Institution in eine teilweise selbst verwaltete Gemeinschaft mit eigener Identität.

Berichte über selbst verwaltete Schulen beschreiben „Selbstverwaltung" als Gemeinschaften der Selbstverpflichtung, die durch Teilung der Verantwortung wie auch die Verpflichtung aller Beteiligten auf gemeinsame Normen und Ziele ausgezeichnet sind; in denen Handlungsregeln als Antwort auf neue Probleme entwickelt und Probleme mithilfe kontroverser Diskussion und gemeinsamen Handelns gelöst werden. Piaget und Kohlberg glaubten, dass diese mikropolitischen Prozesse zur soziomoralischen Entwicklung, zur Gemeinsamkeit anerkannter Werte und zu einem gemeinsamen Erwerb von Werten beitragen. Viele Erzählungen machen deutlich, dass Schulen, die den Ansatz der „Schulgemeinde" für ihre Organisation gewählt haben, damit gut gefahren sind und nachhaltige Erfahrungen im Leben der Schüler hinterlassen haben. Es wird berichtet, dass solche Schulen eine überproportionale Zahl engagierter Individuen hervorgebracht haben, die sich im Widerstand gegen Hitler engagierten. Kohlbergs etwas irreführender Name für die Dewey'sche Schulrepublik („Gerechte Gemeinschaft"), die er zur Kultivierung des moralischen Lebens in der Schule entwickelte, vermittelt gleichwohl eine Ahnung von dem an Durkheim erinnernden Kampf gegen anomische Auflösungserscheinungen.

Unter den strukturellen Eigenschaften dieser Schulen finden sich immer dieselben Grundprinzipien der Partizipation und Regulierung („Selbstverwaltung") durch Schüler und Lehrer und das Prinzip einer funktional egalitären Interaktion von Schülern und Lehrern bei der Leitung ihrer Schule. In Europa waren diese Schulen oftmals Internate, die sich mehr oder weniger wie ein Kibbutz organisierten; in den angelsächsischen Ländern können diese Schulen nach dem Stundenplan von High Schools als Ganztagsschulen betrieben werden. Wenn solche Gemeinschaften in Deutschland errichtet würden, müssten die Halbtagsschulen in den Nachmittag hinein verlängert werden. Diese Forderungen sind bereits seit langem in der Schulreformdiskussion präsent.

Abgesehen von den genannten Grundprinzipien unterscheiden sich Schulgemeinschaften hinsichtlich ihrer Strukturen und Präferenzen ebenso sehr wie die Schulen, in denen sie sich entfalten. Die Schulen nutzen ihre Autonomie, um Programme und Profile auszuprägen, die ihnen erkennbare Identitäten verleihen. Die programmatische Identität, die Organisation und eigener Lehrplan einer Schule verleihen, erzeugt Identifikationen mit der Schule als einer bedeutsamen Lebenswelt und Wertegemeinschaft, die persönliche Bindung und Widerstand gegen die Macht sozialer Anomie bietet.

Schlussbemerkung
Weit reichende Prozesse struktureller Transformation und Modernisierung begünstigen in den westlichen Gesellschaften einen Individualismus, der während der Adoleszenz Anomie und Entfremdung hervorbringen kann, begleitet von gewaltsamem Rassismus und weiteren Merkmalen des Rechtsextremismus als einer Reaktion von Modernisierungsverlierern. Besondere Bedingungen der Gesellschaftstransformation beschleunigen und radikalisieren diese Konfiguration im Osten des Landes. Eine Vielzahl soziostruktureller und situativer Faktoren tragen im Westen zu diesen Entwicklungen bei. Eine Antwort auf die anomische Desintegration kann im Bildungswesen darin bestehen, durch konstruktive Umgestaltung der Schule die Erfahrungen relativer Deprivation, Entfremdung und Anomie zu mildern. Ziel der Transformation ist eine Struktur, in der Jugendliche die Erfahrung sinnvollen und zielorientierten Lernens in einer selbst verwalteten, demokratischen Gemeinschaft der Selbstverpflichtung machen können. Es wird die These vertreten, dass eine Verbindung dieser Funktionen – sinnvoll erlebtes Lernen „essenziellen Wissens", die Aneignung von Gewohnheiten und Werten von Selbstverwaltung in Schulen als zivilen Gemeinschaften – als protektiver Faktor zur Stabilisierung des Lebens in der Jugendphase dienen kann.

Literatur

Adorno, T. W., Frenkel-Brunswik, E., Levinson, D. J., Sanford, R. N., et al. (1950). *The authoritarian personality*. New York: Harper & Row.
Ahlheim, K. & Heger, B. (2000). *Der unbequeme Fremde. Fremdenfeindlichkeit in Deutschland – Empirische Befunde*. Schwalbach: Wochenschau Verlag.

Altemeyer, B. (1988). *Enemies of freedom: Understanding right-wing authoritarianism.* San Francisco: Jossey-Bass.
Beck, U. (1986). *Risikogesellschaft. Auf dem Weg in eine andere Moderne.* Frankfurt a.M.: Suhrkamp.
Beck, U. & Beck-Gernsheim, E. (1993). Nicht Autonomie, sondern Bastelbiographie. Anmerkungen zur Individualisierungsdiskussion am Beispiel des Aufsatzes von Günter Burkart. *Zeitschrift für Soziologie, 22,* 178–187.
Borstel, D. (1998). *Rechtsextreme Musik.* Berlin: ZKD (Schriftenreihe des Zentrum Demokratische Kultur, Nr. 3).
Bowlby, J. (1969). *Attachment and loss: Vol. 1. Attachment.* New York: Basic Books.
Boyte, H. C. & Kari, N. N. (1996). *Building America: The democratic promise of public work.* Philadelphia: Temple University Press.
Bromba, M. & Edelstein, W. (2001). *Das anti-demokratische und rechtsextreme Potential unter Jugendlichen und jungen Erwachsenen in Deutschland.* Expertise für das Bundesministerium für Bildung und Forschung, Bonn.
Bundesministerium des Innern (Hrsg.). (2000). *Verfassungsschutzbericht für das Jahr 1999.* Bonn: Bundesministerium des Innern.
Bundesministerium des Innern (Hrsg.). (2001). *Verfassungsschutzbericht. Zwischenbericht für das Jahr 2000.* Bonn: Bundesministerium des Innern.
Butterwegge, C. (1995). Armut, Rechtsextremismus und Sozialpolitik. *Neue Praxis, 25,* 2.
Butterwegge, C. (2001). Rechtsextremismus, Rassismus und Gewalt. *Neue Sammlung, 41,* 3–32.
Deutsche Shell (Hrsg.). (1997). *Jugend '97 – Zukunftsperspektiven – Gesellschaftliches Engagement – Politische Orientierung.* Opladen: Leske + Budrich.
Deutsche Shell (Hrsg.). (2000). *Jugend 2000. 13. Shell Jugendstudie.* Opladen: Leske + Budrich.
Durkheim, E. (1977). *Über die Teilung der sozialen Arbeit.* Frankfurt a.M.: Suhrkamp. (Original erschienen 1893: De la division du travail social)
Durkheim, E. (1983). *Der Selbstmord.* Frankfurt a.M.: Suhrkamp. (Original erschienen 1897: Le suicide)
Durkheim, E. (1984). *Erziehung, Moral und Gesellschaft.* Frankfurt a.M.: Suhrkamp. (Original erschienen 1922: L'éducation morale)
Eckert, R. (1999). Neue Quellen des Rechtsextremismus. In P. Widmann, R. Erb & W. Benz (Hrsg.), *Gewalt ohne Ausweg. Strategien gegen Rechtsextremismus und Jugendgewalt in Berlin und Brandenburg.* Berlin: Metropol Verlag.
Eckert, R., Jungbauer, J. & Willems, H. (1998). Polizei und Fremde: Belastungssituationen und die Genese von Feindbildern und Übergriffen. In R. Eckert (Hrsg.), *Wiederkehr des „Volksgeistes"?* (S. 215–227). Opladen: Leske + Budrich.
Edelstein, W. (1983). Cultural constraints on development and the vicissitudes of progress. In F. S. Kessel & A. W. Siegel (Eds.), *The child and other cultural inventions* (pp. 48–81). New York: Praeger.
Edelstein, W. (1995). Krise der Jugend – Ohnmacht der Institutionen. Eine Einleitung im Anschluß an Emil Durkheims Theorie. In W. Edelstein (Hrsg.), *Entwicklungskrisen kompetent meistern. Der Beitrag der Selbstwirksamkeitstheorie von Albert Bandura zum pädagogischen Handeln* (S. 13–24). Heidelberg: Asanger.

Edelstein, W. (2000). Lernwelt und Lebenswelt. Überlegungen zur Schulreform. *Neue Sammlung, 40,* 369–382.
Elder, G. H. (1974). *Children of the Great Depression.* Chicago: University of Chicago Press.
Elder, G. H. & Caspi, A. (1988). Human development and social change: An emerging perspective on the life course. In N. Bolger, A. Caspi, G. Downey & M. Moorehouse (Eds.), *Persons in context: Developmental processes* (pp. 77–113). New York: Cambridge University Press.
Erikson, E. H. (1975). *Life history and the social moment.* New York: Norton.
Eyerman, R. (2000, Oktober). *Music in movement: Cultural politics and old and new social movements.* Vortrag auf der Konferenz der Jacobs Stiftung „Adolescents into Citizens: Integrating Young People Into Political Life", Marbach.
Friedrichs, J. (1998). *Die Individualisierungs-These.* Opladen: Leske + Budrich.
Giddens, A. (1991). *Modernity and self-identity: Self and society in the late modern age.* Stanford, CA: Stanford University Press.
Gille, M. & Krüger, W. (Hrsg.). (2000). *Unzufriedene Demokraten. Die politischen Orientierungen der 16- bis 29-Jährigen im vereinigten Deutschland.* Opladen: Leske + Budrich.
Heitmeyer, W. (Hrsg.). (1991). *Politische Sozialisation und Individualisierung. Perspektiven und Chancen politischer Bildung.* Weinheim: Juventa.
Heitmeyer, W. (Hrsg.). (1997). *Bundesrepublik Deutschland: Auf dem Weg von der Konsens- zur Konfliktgesellschaft* (Bd. 1 und 2). Frankfurt a.M.: Suhrkamp.
Heitmeyer, W. (1999). Sozialräumliche Machtversuche des ostdeutschen Rechtsextremismus – Zum Problem unzureichender politischer Gegenöffentlichkeit in Städten und Kommunen. In P. E. Kalb, K. Sitte & C. Petry (Hrsg.), *Rechtsextremistische Jugendliche – was tun?* (S. 47–79). Weinheim: Beltz.
Heitmeyer, W. & Olk, T. (Hrsg.). (1990). *Individualisierung von Jugend.* Weinheim: Juventa.
Heitmeyer, W., u.a. (1992). *Die Bielefelder Rechtsextremismus-Studie: Erste Langzeituntersuchung zur politischen Sozialisation.* München: Juventa.
Heitmeyer, W., u.a. (1995). *Gewalt: Schattenseiten der Individualisierung bei Jugendlichen aus unterschiedlichen Milieus.* Weinheim: Juventa.
Hennig, E. (1994). Politische Unzufriedenheit. In Schröder & Kowalsky (Hrsg.), *Rechtsextremismus. Einführung und Forschungsbilanz.* Opladen: Leske + Budrich.
Hesse, E. & Van Ijzendoorn, M. H. (1997). *Attachment and politics.* Unpublished manuscript, Leiden University.
Hirschi, T. (1969). *The causes of delinquency.* Berkeley, CA: University of California Press.
Hopf, C. (1997). Beziehungserfahrungen und Aggressionen gegen Minderheiten. In S. Hradil (Hrsg.), *Differenz und Integration. Die Zukunft moderner Gesellschaften. Verhandlungen des 28. Kongresses der Deutschen Gesellschaft für Soziologie in Dresden 1996* (S. 154–171). Frankfurt a.M.: Campus.
Hopf, C. & Hopf, W. (1997). *Familie, Persönlichkeit, Politik. Eine Einführung in die politische Sozialisation.* Weinheim: Juventa.
Hopf, C., Rieker, P., Sanden-Marcus, M. & Schmidt, C. (1995). *Familie und Rechtsextremismus. Familiale Sozialisation und rechtsextreme Orientierungen junger Männer.* Weinheim: Juventa.

Hopf, C., Silzer, M. & Wernich, J. M. (1999). Ethnozentrismus und Sozialisation in der DDR – Überlegungen und Hypothesen zu den Bedingungen der Ausländerfeindlichkeit von Jugendlichen in den neuen Bundesländern. In P. E. Kalb, K. Sitte & C. Petry (Hrsg.), *Rechtsextremistische Jugendliche – was tun?* (S. 80–120). Weinheim: Beltz.

Hopf, W. (1994). Rechtsextremismus von Jugendlichen: Kein Deprivationsproblem? *Zeitschrift für Sozialisationsforschung und Erziehungssoziologie, 14,* 194–211.

Kersten, J. (2000). Rechte Gewalt in Deutschland: „Dieser Wagon ist nur für Weiße!" *Psychologie heute, 27*(10), 46–51.

Kohlberg, L. & Mayer, R. (1972). Development as the aim of education. *Harvard Educational Review, 42* (4), 449–496.

Kovacheva, S. & Wallace, C. (1994). Why do youth revolt? *Youth and Policy, 44,* 7–20.

Krettenauer, T. (1998). *Gerechtigkeit als Solidarität. Entwicklungbedingungen sozialen Engagements im Jugendalter.* Weinheim: Deutscher Studien Verlag.

Maaz, H.-J. (1990). *Der Gefühlsstau. Ein Psychogramm der DDR.* Berlin: Argon.

Maaz, H.-J. (1993). Gewalt, Rassismus und Rechtsextremismus in den östlichen Bundesländern. In H.-U. Otto & R. Merten (Hrsg.), *Rechtsradikale Gewalt im vereinigten Deutschland. Jugend im gesellschaftlichen Umbruch* (S. 176–181). Opladen: Leske + Budrich.

Main, M. & Goldwyn, R. (1994). *Adult attachment scoring and classification systems.* Unpublished manual, University of California at Berkeley.

Melzer, W. (1998). *Gewalt als soziales Problem in Schulen.* Opladen: Leske + Budrich.

Melzer, W. & Schubarth, W. (1995). Das Rechtsextremismussyndrom bei Schülerinnen und Schülern in Ost- und Westdeutschland. In W. Schubarth & W. Melzer (Hrsg.), *Schule, Gewalt und Rechtsextremismus.* Opladen: Leske + Budrich.

Nunner-Winkler, G. (1996). Formen von Gewalt. Kommentar zu Wilhelm Heitmeyer: Gewalt bei Jugendlichen aus unterschiedlichen sozialen Milieus. In C. Honegger u.a. (Hrsg.), *Gesellschaft im Umbau, Identitäten, Konflikte, Differenzen* (S. 405–425). Zürich: Seismo.

Piaget, J. (1998). Remarques psychologiques sur le self-government (1934). In J. Piaget, *De la pédagogie* (pp. 121–138). Paris: Éditions Odile Jacob.

Rimmerman, C. (1998). *The new citizenship: Unconventional politics, activism, and service.* Boulder: Westview Press.

Roberts, K. (2000, Oktober). *How Europe's old and new democracies produce inactive citizens.* Vortrag auf der Konferenz der Jacobs Stiftung „Adolescents into Citizens: Integrating Young People Into Political Life", Marbach.

Satow, L. (1999). Zur Bedeutung des Unterrichtsklimas für die Entwicklung schulbezogener Selbstwirksamkeitserwartungen. Eine Mehrebenenanalyse mit latenten Variablen. *Zeitschrift für Entwicklungspsychologie und Pädagogische Psychologie, 31,* 171–179.

Schnabel, K.-U. (1993). Ausländerfeindlichkeit bei Jugendlichen in Deutschland – Eine Synopse empirischer Befunde seit 1990. *Zeitschrift für Pädagogik, 39,* 799–822.

Schnabel, K.-U. & Roeder, P. M. (1995). Zum politischen Weltbild von ost- und westdeutschen Jugendlichen. In G. Trommsdorff (Hrsg.), *Kindheit und Jugend in verschiedenen Kulturen. Entwicklung und Sozialisation in kulturvergleichender Sicht* (S. 175–210). Weinheim: Juventa.

Seghers, A. (1977). Ein Mensch wird Nazi. In *Gesammelte Werke in Einzelausgaben: Band IX. Erzählungen 1926–1944* (S. 285–298). Berlin: Aufbau Verlag.
Sennett, R. (1998). *Der flexible Mensch: Die Kultur des neuen Kapitalismus*. Berlin: Berlin Verlag.
Spahn, S. (2001, 21. März). Das rechte Klassenzimmer. *Süddeutsche Zeitung*.
Sturzbecher, D. (Hrsg.). (1997). *Jugend und Gewalt in Ostdeutschland*. Göttingen: Hogrefe.
Sturzbecher, D. (2001). *Jugend in Ostdeutschland: Lebenssituation und Delinquenz*. Opladen: Leske + Budrich.
Sturzbecher, D. & Freytag, R. (2000). *Antisemitismus unter Jugendlichen. Fakten, Erklärungen, Unterrichtsbausteine*. Göttingen: Hogrefe.
Sykes, G. M. & Matza, D. (1957). Techniques of neutralization: A theory of delinquency. *American Sociological Review, 22*, 664–670.
Thomas, W. I. & Znaniecki, F. (1974). *The Polish peasant in Europe and America*. New York: Octagon Book.
Torney-Purta, J., Lehmann, R., Oswald, H. & Schulz, W. (2001). *Citizenship and education in twenty-eight countries: Civic knowledge and engagement at age fourteen*. Amsterdam: International Evaluation of Achievement (IEA).
Tonn, M. (1998). „Individualisierung" als Ursache rechtsradikaler Jugendgewalt? In J. Friedrichs (Hrsg.), *Die Individualisierungsthese* (S. 264–297). Opladen: Leske + Budrich.
Van der Voort, T. H. A. (1986). *Television violence: A child's-eye view*. Amsterdam: North-Holland.
Van Ijzendoorn, M. H. (1995). Adult attachment representations, parental responsiveness, and infant attachment: A meta-analysis on the predictive validity of the Adult Attachment Interview. *Psychological Bulletin, 117*, 387–403.
Van Ijzendoorn, M. H. (1997). Attachment, emergent morality, and aggression: Toward a developmental socioemotional model of antisocial behaviour. *International Journal of Behavioral Development, 21*, 703–727.
Wagner, B. (1998). *„National befreite Zonen" – Vom Strategiebegriff zur Alltagserscheinung*. Berlin: Zentrum Demokratische Kultur (Schriftenreihe des Zentrum Demokratische Kultur, Nr. 1).
Wagner, B. (1998). *Rechtsextremismus und kulturelle Subversion in den neuen Ländern*. Berlin: Zentrum Demokratische Kultur.
Wagner, B. (1999). Zu Möglichkeiten und Grenzen der Arbeit mit rechtsextrem orientierten jungen Leuten. In P. E. Kalb, K. Sitte & C. Petry (Hrsg.), *Rechtsextremistische Jugendliche – was tun?* (S. 122–128). Weinheim: Beltz.
Wagner, B. (2000). Rechtsextremismus und völkische Orientierung – Zur gegenwärtigen Lage in den neuen Bundesländern. In W. Benz (Hrsg.), *Jahrbuch für Antisemitismusforschung 9* (S. 22–34). Frankfurt a.M: Campus.
Weiß, R. H. (2000). *Gewalt, Medien und Aggressivität bei Schülern*. Göttingen: Hogrefe.
White, C., Bruce, S. & Ritchie, J. (2000). *Young people's politics. Political interest and engagement amongst 14–24 olds*. Yorkshire, UK: Joseph Rowntree.
Wilkinson, H. & Mulgan, G. (1995). *Freedom's children. Work, relationships and politics for 18–34 year olds in Britain today*. London: Demos.

Willems, H., Eckert, R., u.a. (1993). *Fremdenfeindliche Gewalt: Einstellungen, Täter, Konflikteskalation.* Opladen: Leske + Budrich.
Willems, H., Würtz, S. & Eckert, R. (1998). Erklärungsmuster fremdenfeindlicher Gewalt im empirischen Test. In R. Eckert (Hrsg.), *Wiederkehr des „Volksgeistes"?* (S. 195–214). Opladen: Leske + Budrich.

Susan T. Fiske

Fremdenfeindlichkeit und Rechtsextremismus aus sozialpsychologischer Sicht

Welches Bild haben wir vor Augen, wenn wir an einen Rassisten denken? Einen jungen Mann vermutlich, mit weißer Hautfarbe, der sich eine Glatze rasiert hat und irgendwo vielleicht ein Hakenkreuz oder (in den Vereinigten Staaten) eine Südstaatenflagge trägt. Und warum ist dieser Mann in unserer Vorstellung ein Rassist? Wie kommt er zu seinen Ansichten? Hat er vielleicht bestimmte Ängste oder Sorgen? Hat er eine Phobie, eine Xenophobie, Fremdenangst?

All diese Bilder und Gedanken sind sicherlich nicht ganz falsch, aber sie sind unvollständig. In meinem Beitrag möchte ich mich mit einigen zusätzlichen Dimensionen beschäftigen, die über das hinausgehen, was einem normalerweise zum Thema Fremdenfeindlichkeit und Rechtsextremismus in den Sinn kommt, nämlich mit bestimmten sozialpsychologischen Aspekten dieser Phänomene.

Sozialpsychologen unterscheiden drei Ebenen von Vorurteilen: *Offene Vorurteile* sind das, was man normalerweise als Fremdenfeindlichkeit und Rechtsextremismus wahrnimmt. Offene Vorurteile sind hitzig und direkt, sie entstehen aus einem Gefühl der Bedrohung. Im Gegensatz zu diesen offenen Vorurteilen gibt es aber auch *subtile Formen von Vorurteilen,* die kühl und indirekt sind und sich von sozialen Normen herleiten. Und schließlich gibt es den *Egalitarismus,* der offen, liberal und humanitär ist und dessen Grundlage ein sicheres Selbstwertgefühl und internalisierte Werte sind. Nach einigen Schätzungen haben mindestens 10 bis 15 Prozent der Bevölkerung in Europa und den USA offene Vorurteile und 70 bis 80 Prozent subtile Vorurteile, während 10 bis 15 Pozent wirklich egalitär denken. Ich werde in diesem Beitrag auf alle drei Ebenen eingehen.

Hauptsächlich werde ich jedoch die offenen und die subtilen Formen von Vorurteilen behandeln[1].

Offene Vorurteile

Wenden wir uns zunächst den offenen Vorurteilen zu. Kennzeichnend für offene Vorurteile sind insbesondere zwei Dimensionen: Ressentiment gegenüber Fremdgruppen und die Weigerung, mit der Fremdgruppe engere Kontakte einzugehen (Pettigrew & Meertens, 1995). *Ressentiment gegenüber Fremdgruppen* wird mit Items gemessen, bei denen sich die Befragten zum Beispiel zustimmend oder ablehnend zu Überzeugungen wie den folgenden äußern sollen: „Mitglieder von Fremdgruppen nehmen den Mitgliedern der Eigengruppe die Arbeitsplätze weg; Fremdgruppenmitglieder beziehen Sozialhilfe und sonstige staatliche Leistungen, die ihnen eigentlich gar nicht zustehen; die Fremdgruppe und die Eigengruppe werden sich letztlich nie wirklich wohl miteinander fühlen." Ähnlich wird auch die *Verweigerung engerer Kontakte* gemessen. Einschlägige Aussagen sind etwa: „Ein Enkelkind mit ethnisch gemischter Abstammung zu haben, wäre für mich ein Problem; mit einem Angehörigen einer Fremdgruppe würde ich nie sexuelle Beziehungen eingehen; unter einem Chef aus einer Fremdgruppe möchte ich nicht arbeiten."

Offene Vorurteile wurden von amerikanischen und europäischen Wissenschaftlern untersucht (z.B. Jackson, Brown & Kirby, 1998; Pettigrew & Meertens, 1995; Wagner & Zick, 1997), unter anderem auch im Rahmen von Umfragen in den Ländern der Europäischen Union und insbesondere in einer Eurobarometer-Studie aus dem Jahre 1998. Es wurde analysiert, inwieweit in den verschiedenen Nationen Voreingenommenheiten gegenüber den Fremdgruppen bestehen, die nach Ansicht der Wissenschaftler für die jeweilige Population am relevantesten waren. So ging es bei den Deutschen um Türken, bei den Franzosen um Nordafrikaner und Asiaten, bei den Niederländern um Surinamer und Türken und bei den Briten um Asiaten und Menschen aus der Karibik. Dieses

---

[1] Für ausführliche Verweise auf die einschlägige Literatur siehe Brewer und Brown (1998), Fiske (1998, 2000b) und Pettigrew (1998b).

Fremdenfeindlichkeit aus sozialpsychologischer Sicht 65

Design hat den Vorteil, dass sich damit sowohl die Vorurteile innerhalb der Länder insgesamt als auch die Wahrnehmungen einer bestimmten Fremdgruppe in verschiedenen Ländern vergleichen lassen.

Wie Abbildung 1 zu entnehmen ist, sind offene Vorurteile allgemein weniger häufig als subtile Vorurteile. Doch auch innerhalb der offenen Vorurteile gibt es Unterschiede, zum Beispiel bei den Reaktionen auf Türken: Hier sind in Deutschland deutlich mehr offene Vorurteile zu beobachten als in den Niederlanden. Ähnliche, wenn auch nicht ganz so

Abbildung 1: Offene und subtile Vorurteile in sieben Stichproben

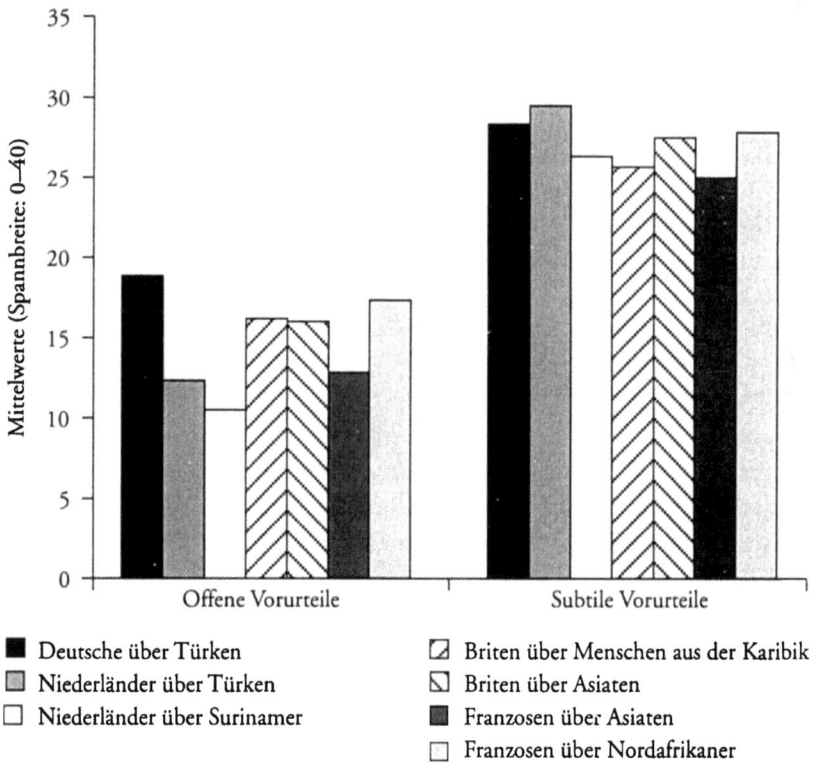

■ Deutsche über Türken
▨ Niederländer über Türken
☐ Niederländer über Surinamer

⌇ Briten über Menschen aus der Karibik
⌇ Briten über Asiaten
■ Franzosen über Asiaten
☐ Franzosen über Nordafrikaner

Quelle: Pettigrew & Meertens (1995).

große Unterschiede bestehen zwischen Großbritannien und Frankreich in den Reaktionen auf Asiaten. Ein und dieselbe Fremdgruppe kann also in verschiedenen Ländern auf unterschiedlich starke Vorurteile stoßen; und verschiedene Länder können sich in der Ausprägung der offenen Vorurteile insgesamt unterscheiden. So weisen von den in Abbildung 1 dargestellten europäischen Ländern die Niederlande niedrigere Ausprägungen auf als die drei anderen Länder.

Warum ist es wichtig, sich überhaupt mit offenen Vorurteilen zu befassen? Erstens, weil offene Vorurteile Rückschlüsse auf eine Reihe weiterer wichtiger Phänomene erlauben. So kann man von der Ausprägung der offenen Vorurteile gegenüber einer bestimmten Gruppe auf den allgemeinen Ethnozentrismus einer Person schließen, das heißt auf die Vorurteile gegenüber einer ganzen Reihe anderer Fremdgruppen. Menschen, die Vorurteile haben, haben sie in der Regel nicht nur gegenüber einer bestimmten Gruppe. Die Befragungsdaten zeigen, dass anhand von offenen Vorurteilen gegenüber Türken oder Asiaten Vorhersagen über Vorurteile gegenüber Südeuropäern, schwarze Afrikaner und Juden getroffen werden können. Demnach gibt es, was die allgemeine Struktur offener Vorurteile betrifft, relativ stabile Unterschiede zwischen Individuen.

Zweitens erlaubt die Ausprägung von offenen Vorurteilen auch Vorhersagen über die *Zustimmung zu rassistischen politischen Bewegungen* sowie zur Akzeptanz von Hass-Verbrechen und ethnisch begründeter Gewalt. Eine Aufsehen erregende Untersuchung in den Vereinigten Staaten (Green, Abelson & Garnett, 1999), für die Menschen ausfindig gemacht wurden, die Hass-Verbrechen begangen hatten, kam zu dem – wenig überraschenden – Ergebnis, dass die Werte dieser Person auf einer Skala zu offenen Vorurteilen sehr hoch waren, viel höher als im Durchschnitt der Bevölkerung. Es ist also durchaus wichtig, die Dynamik von offenen, direkten Vorurteilen, die bei insgesamt 10 bis 15 Prozent der Bevölkerung zu finden sind, zu verstehen.

Nun könnte man annehmen, dass Vorurteile dieser Art aus einer Unzufriedenheit mit der eigenen ökonomischen Situation entstehen, aus einem Gefühl, selber ökonomisch bedroht zu sein. Die ökonomische Bedrohung – die wahrgenommene ökonomische Bedrohung – ist tatsächlich ein relevanter Faktor, nur geht es nicht um die persönliche Situation, wie gleich erläutert werden soll. Außerdem spielt noch ein weiterer Faktor eine

Rolle, nämlich die wahrgenommene Bedrohung der eigenen traditionellen Werte. Offene Vorurteile scheinen also ihren Ursprung sowohl in einer ökonomischen als auch in einer wertebezogenen Bedrohung zu haben. Beide Aspekte sollen jetzt genauer betrachtet werden.

Zunächst die *ökonomische Bedrohung:* Offene Vorurteile scheinen aus einem Prozess der wahrgenommenen Bedrohung des eigenen ökonomischen Status hervorzugehen, sie korrelieren aber nicht mit ökonomischer Benachteiligung. Untersuchungen haben immer wieder belegt, dass offene Vorurteile nicht mit Eigennutz zusammenhängen, *nicht* mit dem Gefühl, selber einen Job an eine Person aus einer Fremdgruppe verloren zu haben, und nicht mit eigenen ökonomischen Problemen. Dagegen besteht eine hohe und stabile Korrelation mit der *wahrgenommenen Bedrohung der eigenen Gruppe:* mit der Wahrnehmung, dass die eigene Gruppe im Vergleich zur Fremdgruppe relativ benachteiligt ist, also etwa mit der Einschätzung, dass es im Umfeld Arbeitslosigkeit gibt und dass dieses Problem von der Fremdgruppe verursacht wird. Man braucht dabei jedoch nicht *selbst* arbeitslos zu sein. Zahlreiche Untersuchungen in den USA und in Europa haben gezeigt, dass die verallgemeinerte Wahrnehmung der ökonomischen Situation der eigenen Gruppe entscheidend ist. Offene Vorurteile korrelieren zwar mit der sozialen Schichtzugehörigkeit, der Zusammenhang ist aber vollständig über die wahrgenommene Benachteiligung der Eigengruppe vermittelt. Menschen mit einem niedrigeren sozialen Status haben also deshalb oft mehr offene Vorurteile, weil sie ihrer Wahrnehmung nach als Gruppe im Vergleich zur Fremdgruppe relativ benachteiligt sind.

Woher kommt das? Die wahrgenommene Bedrohung des ökonomischen Status der eigenen Gruppe korreliert mit einer bestimmten Konstellation von Überzeugungen, etwa dass diese Welt ein Ort ist, wo mit harten Bandagen gekämpft wird, wo überall Konkurrenz herrscht, wo man nicht vorankommen kann, ohne mit anderen zu konkurrieren und ohne dass dabei soziale Gruppen einander auf die Füße treten. Sie korreliert weiterhin mit *ökonomischem Konservatismus* und mit der Skala zur *sozialen Dominanzorientierung,* die die Psychologie dieser Art von Phänomenen beschreibt (Sidanius & Pratto, 1999). Dies sind einige Items der Skala:
- Manche Gruppen sind einfach mehr wert als andere.
- Gegen bestimmte Gruppen muss man manchmal Gewalt anwenden.

- Es ist richtig, dass höher stehende Gruppen niedriger stehende Gruppen dominieren.
- Wenn man vorwärts kommen will, muss man über andere Gruppen hinweggehen.
- Wenn alle Gruppen bleiben würden, wo sie sind, gäbe es weniger Probleme.
- Wahrscheinlich ist es gut so, dass manche Gruppen oben und manche unten sind.
- Es wäre nicht gut, wenn alle Gruppen gleichberechtigt wären.
- Chancengleichheit für alle Gruppen wäre nicht gut, und wir sollten uns auch nicht bemühen, die Einkommensunterschiede zu verringern.

Bei all diesen Items geht es um die Dominanz bestimmter Gruppen gegenüber anderen Gruppen, wobei dahinter die Vorstellung steht, dass dies ein unvermeidliches und sogar wünschenswertes Merkmal des sozialen Lebens ist. Dies beinhaltet die Ideologie, nach der es Hierarchien zwischen Gruppen nun einmal gibt und immer geben wird. Die soziale Dominanzorientierung korreliert also mit der wahrgenommenen Bedrohung der Gruppe und mit dem Auftreten von offenen Vorurteilen. Interessanterweise ermöglicht sie außerdem Vorhersagen über die Wahl von Studienfächern und Berufen, die mit einer Verstärkung bestehender Hierarchien einhergehen: zum Beispiel mit der Tendenz, eher Staatsanwalt als Strafverteidiger, eher Polizist als Sozialarbeiter und eher Geschäftsmann als Sozialwissenschaftler zu werden. All dies sind Entscheidungen für Berufe, die die hierarchischen Verhältnisse zwischen den Gruppen und den Status quo tendenziell perpetuieren. Die soziale Dominanzorientierung lässt weiterhin darauf schließen, inwieweit Aggressionen im Dienste der Aufrechterhaltung des Status quo befürwortet werden. Manchmal, so wird dann argumentiert, müssen der Staat und die Gruppen an der Spitze einfach Gewalt anwenden. In wirtschaftlicher Hinsicht geht es also um die wahrgenommene ökonomische Bedrohung der Gruppe, in politischer Hinsicht um die soziale Hierarchie als unvermeidlicher und wünschenswerter Teil des gesellschaftlichen Lebens.

Der andere Ursprung der offenen Vorurteile sind Wertvorstellungen. Hier geht es um die *wahrgenommene Bedrohung des eigenen traditionellen Wertesystems*. In dieser Wahrnehmung ist die Welt gefährlich: Die Autori-

tät stürzt ein, die Konventionen brechen zusammen. Diese Einschätzung korreliert mit sozialem Konservatismus. Sie korreliert außerdem mit einem Leben in engen ethnozentrischen Zirkeln, in denen kaum Umgang mit Menschen aus anderen ethnischen Gruppen vorkommt. Und sie korreliert vor allem mit einer von Altemeyer (1988, 1996) entwickelten Skala zum rechtsgerichteten Autoritarismus. Hier einige Items, die einen Eindruck von dem entsprechenden System von Überzeugungen vermitteln:
- Die althergebrachten Traditionen und Werte sind immer noch die besten.
- Die Behörden sollten Schundliteratur zensieren.
- Unruhestifter sollten den Mund halten und die Traditionen akzeptieren.
- Unser Land braucht einen starken Führer, der das Übel an der Wurzel packt.
- Radikale, moralisch verkommene Menschen versuchen, unser Land zu ruinieren.
- Frauen sollten ihren Männern gehorchen.
- Schwule und Lesben sind weniger moralisch und gesund als andere Menschen.
- Unser Land braucht keine Freidenker, die die Traditionen missachten.

Dies ist ein völlig anderer Komplex von Einstellungen. Im Gegensatz zu den Items, bei denen es sich um ökonomische Konkurrenz und ökonomischen Konservatismus dreht, geht es hier um sozialen Konservatismus. Die Skala zum *rechtsgerichteten Autoritarismus* korreliert, wie erwähnt, mit der wahrgenommenen Bedrohung von traditionellen Werten und erlaubt Vorhersagen über offene Vorurteile, selbstgerechte Aggression und Aggression gegen unangepasste Menschen: Wenn es notwendig ist und unsere Führer (wer auch immer sie sind) es erlauben, dann müssen wir dafür eintreten, dass unsere traditionellen Werte geschützt bleiben.

Diese Art von wahrgenommener Bedrohung traditioneller Werte korreliert auf der Verhaltensebene mit sehr *begrenzten Kontakten zu anderen Gruppen*. In europäischen Ländern korreliert sie zum Beispiel damit, dass es im Wohnumfeld und im Bekannten- und Freundeskreis nur wenige Ausländer aus Nicht-EU-Ländern bzw. aus Fremdgruppen überhaupt gibt. Im früheren Ostdeutschland sind offene Vorurteile im Allgemeinen stärker ausgeprägt als im früheren Westdeutschland, was zum Teil auf die geringere Anzahl von Ausländern aus Nicht-EU-Ländern zurückzuführen ist, denen die Menschen dort begegnen. Offene Vorurteile entstehen nicht erst durch die Bedrohung (und zwar im Sinne einer wahrgenommenen ökonomischen Bedrohung für die Eigengruppe), die die tatsächlich ins Land kommenden Menschen darstellen, sondern auch bereits dadurch, dass Kontakte fehlen. Wenn die Menschen wenig Möglichkeiten zu Kontakten haben, äußern sie tendenziell mehr Vorurteile. Weitere Ursachen für die wahrgenommene Bedrohung der eigenen Werte sind ein sehr *eng begrenztes Wertesystem,* eine *wenig ausgeprägte Überzeugung, dass Kontakte zwischen Gruppen wichtig sind,* und ein *niedriger Bildungsstand.*

Offene Vorurteile also sind, um es noch einmal zusammenzufassen, hitzig und direkt, sie beinhalten Ressentiments gegenüber der Fremdgruppe als Gruppe sowie gegenüber den einzelnen Mitgliedern der Gruppe und führen zur Ablehnung jeglicher Form von näherem Umgang mit ihnen. Offene Vorurteile haben ihre Ursache in der wahrgenommenen Bedrohung der ökonomischen Position der eigenen Gruppe sowie in der wahrgenommenen Bedrohung von traditionellen Werten und der sozialen Ordnung. Offene Vorurteile erlauben Vorhersagen über einen umfassenden Ethnozentrismus, also eine breite Spanne von Vorurteilen, über den Wunsch, bestehende Hierarchien aufrechtzuerhalten, und über die Billigung von Aggressionen gegen bestimmte Gruppen. Diese Form von Vorurteilen ist ernst zu nehmen und potenziell gefährlich. Natürlich handelt nicht jeder, der stark ausgeprägte offene Vorurteile hat, auch dementsprechend, also beispielsweise aggressiv. Aber umgekehrt weisen die meisten Menschen, die aggressives Verhalten gegenüber bestimmten Gruppen an den Tag legen, auch diese offenen Vorurteile auf. Was kann man tun, um andere Wahrnehmungen und damit auch eine Verringerung dieser Art von Vorurteilen zu erreichen? Auf die Frage möglicher Interventionen werde ich ganz zum Schluss noch zu sprechen kommen.

Subtile Vorurteile

Wenden wir uns nun der weniger offenkundigen, aber sehr viel weiter verbreiteten Form von Vorurteilen zu, den so genannten subtilen Vorurteilen. Den meisten Schätzungen zufolge dürfte der Anteil der Personen, die subtile Vorurteile haben, bei 70 bis 80 Prozent der Bevölkerung liegen. An der University of Massachusetts und auch in Princeton habe ich oft Seminare zur Psychologie des Rassismus abgehalten, und das Interessanteste an diesen Seminaren waren unter anderem die Gespräche mit Studentinnen und Studenten darüber, in welch unterschiedlicher Weise sich subtile Vorurteile äußern. Subtile Vorurteile sind kühl und indirekt. Sie treten automatisch, unbewusst und unbeabsichtigt auf; sie sind mehrdeutig und ambivalent. All dies trägt dazu bei, dass sie schwer zu erkennen sind; ihre Wirkungen sind jedoch deutlich.

Dies lässt sich anhand von Forschungsergebnissen belegen. Subtile Vorurteile werden von der Kultur und ihren Normen gefördert und können letzten Endes einen starken Einfluss haben. Untersuchungen hierzu wurden von einigen europäischen, vor allem aber von amerikanischen Wissenschaftlern durchgeführt (in jüngerer Zeit z.B. Banaji & Hardin, 1996; Bargh, Chen & Burrows, 1996; Dijksterhuis, Spears & Lepinasse, 2001; Dovidio & Gaertner, 1998; Greenwald, McGhee & Schwartz, 1998; Katz & Hass, 1988; Kinder & Sears, 1981; Macrae & Bodenhausen, 2000; Pettigrew & Meertens, 1995). Die Ergebnisse gelten jedoch, wie sich zeigt, auch in Europa.

Abbildung 1 ist zu entnehmen, dass die subtilen Vorurteile allgemein ausgeprägter sind als die offenen Vorurteile und dass die Unterschiede zwischen den aufgeführten Fremdgruppen bei den subtilen Vorurteilen geringer sind als bei den offenen Vorurteilen.

Subtile Vorurteile sind zunächst einmal *indirekt*. Dies wird mit Items erfasst, die *Vorwürfe* an die Fremdgruppe enthalten, etwa die Aufforderung, die Fremdgruppe solle nicht mit aller Macht versuchen, sich irgendwo hineinzudrängen, wo sie unerwünscht sei, zugleich aber auch, sie solle sich mehr anstrengen. (Wie man es schaffen soll, als Fremdgruppenmitglied nicht zu sehr zu drängen und sich zugleich mehr anzustrengen, bleibt offen, aber Widersprüche gehören zum Vorurteil.)

Eine weitere Dimension besteht in der *Übertreibung kultureller Unterschiede,* also in der Überzeugung, dass sich die sprachlichen, religiösen und sexuellen Praktiken und Einstellungen der Fremdgruppe in jeder Hinsicht vollkommen von denen der Eigengruppe unterscheiden. Subtile Vorurteile beinhalten die Tendenz, Unterschiede zwischen den Gruppen zu übertreiben und Unterschiede innerhalb der Gruppen zu reduzieren. Unterschiede dieser Art werden im Rahmen von „wir" und „sie" gemacht, von Eigengruppe und Fremdgruppe: Alle Angehörigen der Fremdgruppe sind gleich, und alle sind anders als wir.

Die Formen, in denen sich solche Vorurteile äußern, sind kühl und indirekt. Beispielsweise werden Mitgliedern der Außengruppe *positive Empfindungen vorenthalten*, indem man *nicht* mitfühlend ist oder sie *nicht* bewundert. Dies macht solche Vorurteile subtiler und indirekter als offene Vorurteile. Hinzu kommt, dass in der Unterscheidung von Eigengruppe und Fremdgruppe die Eigengruppe positiver gesehen wird: Blitzschnell und automatisch werden positive Assoziationen ausgelöst, wenn man ein Mitglied der Eigengruppe vor sich hat, und weniger positive Assoziationen, wenn die Person der Fremdgruppe angehört. Urteile dieser Art begünstigen in der Regel die Eigengruppe; die Eigengruppe wird belohnt, die Fremdgruppe weniger. Hat man einen Job zu vergeben, bekommt ihn das Eigengruppenmitglied. So werden die Fremdgruppenmitglieder vor allem indirekt benachteiligt. Die Wahrnehmung der Fremdgruppe als negativ ist zwar weniger deutlich, aber *relativ* gesehen eben doch negativ. Die relevanten Eigengruppen und Fremdgruppen sind natürlich von Kultur zu Kultur verschieden, entscheidend ist jedoch, dass sich jeder Mensch einer Reihe von Eigengruppen zugehörig fühlt, die er positiver wahrnimmt.

Eine weitere Form der Äußerung subtiler Vorurteile ist die *automatische Kategorisierung*. In den ersten Augenblicken der Begegnung mit einer anderen Person nimmt man in der Regel automatisch bestimmte Kategorien wahr: das Geschlecht, das ungefähre Alter – innerhalb einer Spanne von ein oder zwei Jahrzehnten – und wahrscheinlich auch die Rasse. Diese automatischen Kategorisierungen bilden die Grundlage für subtile Vorurteile. Menschen können Rasse, Geschlecht und ungefähres Alter anderer Menschen blitzartig richtig erkennen.

Zu den Methoden, die die Psychologen anwenden, um diese automatische, sehr schnell eintretende Voreingenommenheit zu untersuchen, gehören Experimente mit unterschwelligen Signalen. Wenn Menschen ein Foto, den Namen einer ethnischen Gruppe oder gar lediglich die Wörter *wir* und *sie* unterschwellig wahrnehmen, haben sie deutlich positivere Assoziationen zur Eigengruppe. Sie reagieren sehr, sehr schnell, innerhalb von Millisekunden.

Auch anhand von Neuro-Imaging lassen sich solche automatischen Reaktionen nachweisen (Hart u.a., 2000; Phelps u.a., 2000; Wheeler & Fiske, 2001). Wenn in den Vereinigten Staaten weiße Amerikaner Gesichter von schwarzen Amerikanern sehen, aber auch wenn schwarze Amerikaner Gesichter von weißen Amerikanern sehen, sind bestimmte Reaktionen der Amygdala zu beobachten. Die Amygdala aber ist unter anderem für Gefühle wie Angst und Ärger zuständig. Dieser Effekt, der in mehreren Laborstudien nachgewiesen wurde, tritt bei ganz unterschiedlichen Menschen auf und ist ziemlich stabil.

In verschiedenen Laborstudien wurde ebenfalls gezeigt, dass Reaktionen auf Wörter, die mit bestimmten Stereotypen zusammenhängen, unterschiedlich ausfallen, je nachdem, ob vor diesen Wörtern ein schwarzes oder ein weißes Gesicht gezeigt wird. Wenn weiße Amerikaner ein schwarzes Gesicht sehen und bestimmen müssen, ob das darauf folgende Wort tatsächlich ein Wort ist oder nicht, werden Wörter, die mit dem Stereotyp über Schwarze verknüpft sind, durchgängig schneller erkannt, als wenn die Versuchsperson gerade ein weißes Gesicht gesehen hat (siehe Abb. 2). Wenn die Wörter nicht mit einem Stereotyp zusammenhängen, macht es für die Geschwindigkeit, mit der die Versuchspersonen ihr Urteil über das Wort abgeben, keinen Unterschied, ob sie gerade ein schwarzes oder ein weißes Gesicht gesehen haben. Der Haupteffekt aber belegt, dass schwarze Gesichter bei weißen Amerikanern sehr rasch, nämlich innerhalb von Millisekunden, stereotype Assoziationen hervorrufen.

Wichtig ist in diesem Zusammenhang, dass Menschen relativ automatische, auf bestimmten Kategorisierungen beruhende Reaktionen haben, die so schnell auftreten, dass sie nicht über die Intentionalität der Personen und offenbar nicht einmal über die Ebene ihrer bewussten Vorurteile vermittelt sind. Diese Reaktionen wurden in den Untersuchungen bei der Mehrzahl der beteiligten Personen nachgewiesen. Auf den Internetseiten der Yale University findet man einen *Implicit-Attitude-Test*[2] (Banaji & Hardin, 1996; Greenwald, McGhee & Schwartz, 1998), mit dem man automatische Reaktionen auf solche Kategorien wie Rasse, Geschlecht und Alter messen kann.

---

2 Vgl. http://buster.cs.yale.edu/implicit/index.html.

Abbildung 2: Automatisches Priming von Stereotypen

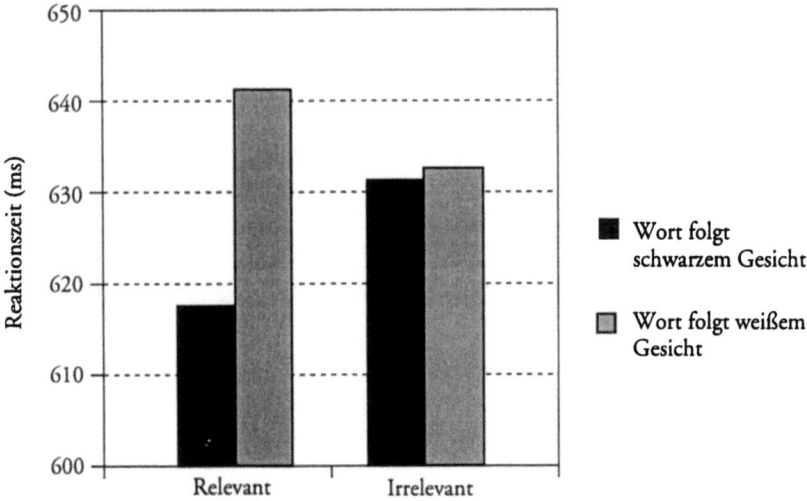

Bezug der beurteilten Wörter zum Stereotyp über Schwarze

Nun kann man natürlich fragen, ob die automatischen Reaktionen persönliche Stereotype widerspiegeln oder lediglich kulturelles Wissen und was Menschen, die entsprechend motiviert sind, gegen die Reaktionen tun können. Gemessen wird hier im Grunde eine Mischung. Natürlich kann jeder die kulturellen Stereotype beschreiben. Die Menschen kennen sie; sie müssten extrem behütet und naiv sein, um nicht zu wissen, wie die Stereotype zu den verschiedenen Fremdgruppen in ihrer Kultur aussehen. Ob man sie sich zu Eigen macht oder nicht, ist natürlich eine andere Frage. Einige der automatischen Reaktionen, die wir alle haben, sind Teil der Kultur, deren Produkt wir sind, und man sollte sich dafür nicht verurteilen. Wir sehen Werbung, wir sehen Filme, und bestimmte Assoziationen setzen sich dadurch fest. Der springende Punkt aber ist, was wir nach der Millisekundenreaktion tun. Versuchen wir, Informationen über die Person zu erhalten, die für die vorliegende Aufgabe oder Situation relevant ist oder nicht? Für 80 Prozent von uns besteht die Aufgabe meist darin, nicht einfach bei dem ursprünglichen Unbehagen gegenüber der Fremdgruppe zu bleiben, sondern zu sachlichen Reaktionen überzugehen, etwa: „Wir gehören beide zum Lehrkörper und sind in einer Fachbereichssitzung, was steht an?" Oder: „Wir sind auf einer Party, woher kennen Sie die Gastgeber?" Reaktionen dieser Art gehen über die ursprünglichen, automatischen, kulturbedingten Reaktionen hinaus.

Subtile Vorurteile sind nicht nur automatisch, sondern auch *mehrdeutig*. Sie treten oft in Form von nonverbalem Verhalten in Erscheinung, und zwar ebenso schnell wie positive Reaktionen. Es ist für Menschen allgemein schwer, diese Reaktionen dingfest zu machen. Urteile über positive Attribute der Eigengruppe werden sehr schnell getroffen und Urteile über positive Attribute der Fremdgruppe sehr langsam. Etwa wie bei unterschiedlich schnellen Antworten auf die Frage: „Haben Sie Lust etwas essen zu gehen?", nämlich: „Hmm (...) ja gut" oder: „Klar!" Negative Reaktionen treten in Zusammenhängen auf, in denen die Menschen andere Vorwände für die Diskriminierung haben, etwa: „Es ist nicht, weil er schwarz ist, aber der andere Kandidat war bei den Aspekten, auf die es uns ankommt, einfach besser."

Die Uneindeutigkeit dehnt sich auf Zuweisungen von vermeintlichen Wesensmerkmalen der Fremdgruppe aus, etwa wenn angenommen wird, dass ihre Mitglieder aufgrund eines Merkmals Misserfolg haben, das sie kennzeichnet, während unser eigener Misserfolg auf irgendein vorübergehendes und veränderbares Merkmal der Situation zurückzuführen ist. Solche Attributionen auf „Wesensmerkmale" sind ein in Deutschland, aber auch in den Vereinigten Staaten heikles Thema, weil es dabei um Wahrnehmungen von biologisch bzw. genetisch bedingten Eigenschaften geht. Solche Wahrnehmungen besagen, dass Unterschiede zwischen Gruppenmitgliedern etwas vom „Wesen" der Gruppe widerspiegeln und nicht ihre aktuelle Geschichte oder Situation oder sonst etwas, das sich ändern könnte.

Subtile Vorurteile sind außerdem *ambivalent*. Sie bestehen nicht einfach aus Hass; sie haben mit der Verachtung für eine wahrgenommene Inkompetenz zu tun oder auch mit der Abneigung, die ein wahrgenommener Mangel an Wärme erregt. In unserer eigenen Forschungsarbeit (Fiske, Cuddy & Glick, in Druck) haben wir festgestellt, dass sich verschiedene Arten von Fremdgruppen unterscheiden lassen. In den Vereinigten Staaten werden Fremdgruppen offenbar nach ihrer wahrgenommenen Kompetenz und ihrer wahrgenommenen Wärme differenziert. In Abbildung 3 sehen wir links oben das Cluster, das alte Menschen, Hausfrauen, geistig und körperlich Behinderte umfasst. Sie rangieren auf der Wärme-Achse sehr hoch und auf der Kompetenz-Achse sehr niedrig, das heißt, sie alle werden als relativ warm und nett, aber als nicht kompetent angesehen. Das Cluster der Armen, Sozialhilfeempfänger und Obdachlosen dagegen findet sich links unten: Sie werden als inkompetent und nicht nett angesehen, also weder gemocht noch respektiert. Dies ist gemeint, wenn wir von traditionellen Vorurteilen sprechen. Sie sind nicht ambivalent, betreffen aber nur diese Gruppen. Dann gibt es weit rechts auf der Kompetenz-Achse, aber weniger hoch auf der Wärme-Achse ein Cluster, das aus Reichen, Männern, Juden, Asiaten, hoch qualifizierten Arbeitskräften und Gebildeten besteht, im Wesentlichen also die Gruppe der Menschen, die beneidet werden. Sie gelten als hoch kompetent und leistungsstark, aber nicht wirklich nett – im Grunde als Menschen, die für ihren Erfolg mit ihrer Menschlichkeit bezahlt haben. Dieser Kategorie werden auch bestimmte Untertypen von Frauen zugeordnet, nämlich hoch qualifizierte Frauen und Feministinnen. Wer also darf nett *und* kompetent sein, warm *und* kompetent? Wir. Und das heißt in dieser speziellen Stichprobe: Christen, Frauen allgemein, Angehörige der Mittelschicht, Weiße, Studenten. Das Cluster ganz rechts und relativ weit oben umfasst also die sozialen Bezugsgruppen der befragten Stichprobe[3].

Dieses Modell zur Erfassung des Inhalts von Stereotypen hat auch in Deutschland Gültigkeit (Eckes, 2001). Es ergibt sich hier eine ganz ähnliche Struktur. In Deutschland besteht das Cluster „hohe Kompetenz/geringe Wärme" aus Millionären, Feministinnen, Karrierefrauen, Managern und Politikern, die allesamt als kompetent, aber als nicht nett betrachtet werden. Zum Cluster „geringe Kompetenz/geringe Wärme" gehören Immigranten und Sozialhilfeempfänger, zum Cluster „geringe Kompetenz/hohe Wärme" Behinderte, Hausfrauen, Alte und Arbeitslose. Und auch in Deutschland

---

[3] Die Gruppen in der Mitte können aus unterschiedlichen Gründen in der Mitte sein, unter anderem deswegen, weil über sie konfligierende Stereotype bestehen. Zum Beispiel werden schwarze Amerikaner insgesamt der Mitte zugeordnet, aber sobald man „arme Schwarze" sagt oder „hoch qualifizierte Schwarze" oder „Schwarze aus der Mittelschicht", rücken sie in entgegengesetzte Ecken.

Fremdenfeindlichkeit aus sozialpsychologischer Sicht 77

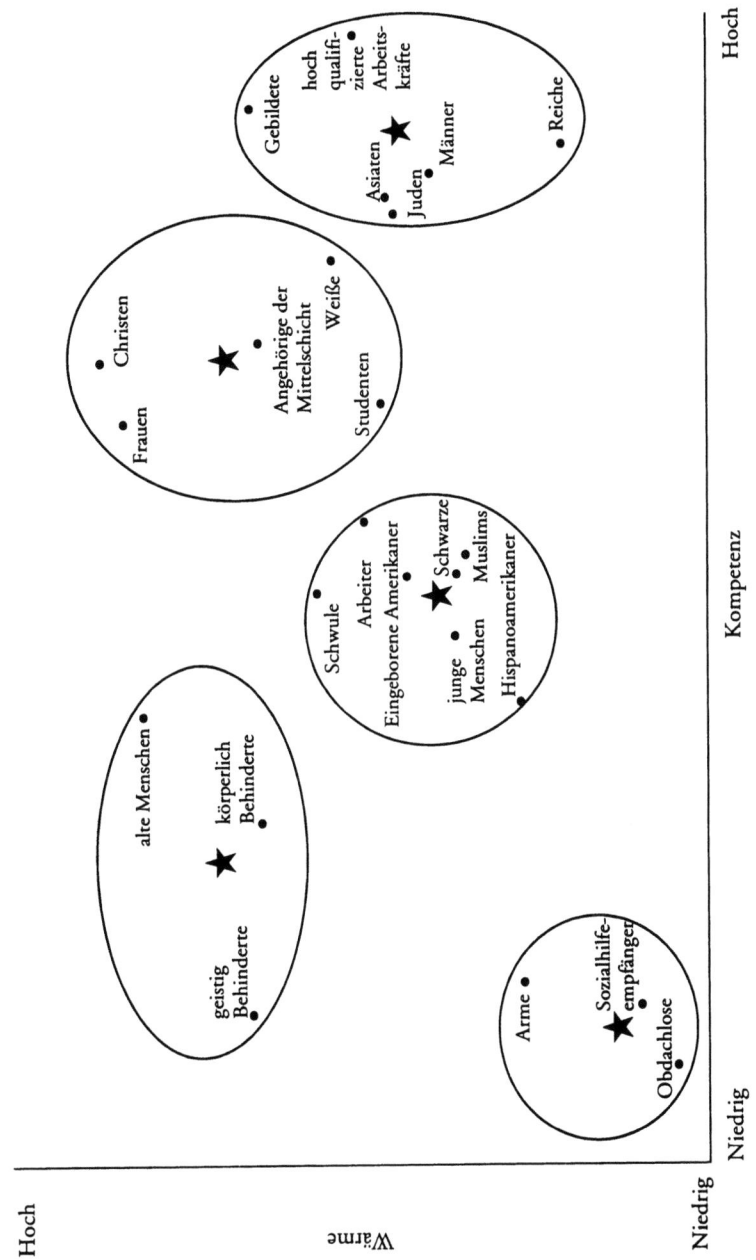

Abbildung 3: Wahrnehmung von Personengruppen

steht das Cluster „hohe Kompetenz/hohe Wärme" für die Bezugsgruppen der betreffenden Stichprobe von Studenten: Intellektuelle, Lehrer, Westdeutsche und interessanterweise Juden (was meines Erachtens eine Überkompensation sein könnte). In der mittleren Gruppe schließlich befinden sich Personen, die entweder mit konfligierenden Stereotypen in Verbindung gebracht werden oder zu denen sich die Befragten nicht äußern wollten.

Ein weiteres interessantes Phänomen ist in Abbildung 4 dargestellt. Hier geht es darum, wie Deutsche die Menschen aus den Mitgliedsländern der Europäischen Union wahrnehmen. Großbritannien und Deutschland sind demnach beneidet und hoch kompetent, aber nicht nett. Belgien und Österreich sind (vielleicht aufgrund von Skandalen in Politik und Wirtschaft) die armen Verwandten. Ganz links oben auf der Wärme-Achse aber sind die Mittelmeerländer – die Südeuropäer – und Irland, jene Länder also, in denen man gern Ferien macht, weil die Menschen dort *so nett* und *so warm* sind. Auch diese Struktur ist replizierbar, wie die in Belgien erhobenen Daten zeigen: Auch die Belgier wissen, wo alle hingehören, außer Belgien selbst. Sie ordnen Belgien anders zu als die deutschen Studenten.

Inzwischen haben wir diese Struktur auch in den USA mit verschiedenen Stichproben aus allen Altersgruppen repliziert. Sie zeigt sich nicht nur in Stichproben von Studenten: Überall in den Vereinigten Staaten erhalten wir die gleiche Struktur. Wir haben sie in Japan repliziert und in Südafrika: Die Konstellation von Wahrnehmungen, um die es hier geht, ist überaus stabil. Entscheidend dabei ist, dass viele der Vorurteile ambivalent sind. Die mittleren 70 bis 80 Prozent der Bevölkerung hassen die Fremdgruppen nicht einfach. Vielen Fremdgruppen wird auch etwas Positives zugestanden: „Sie sind nett, aber dumm" oder: „Sie sind schlau, aber bekanntlich nicht besonders nett." Solche ambivalenten Reaktionen sind weit verbreitet.

Aus diesen verschiedenen Arten von Stereotypen ergeben sich unterschiedliche Arten von vorurteilsbedingten Gefühlen. Die konkurrenzfähigen Gruppen mit hohem Status (in den USA z.B. Juden, Reiche oder Asiaten) lösen die Wahrnehmung „hohe Kompetenz, aber geringe Wärme" aus, und die emotionalen Reaktionen auf sie sind Neid und Eifersucht. Dies können wir unseren Daten entnehmen. Ein interessanter Tatbestand, zu dem wir noch keine Daten haben, dem wir aber momentan nachgehen, ist, dass dies auch die Gruppen sind, die bei sozialen Unruhen

Fremdenfeindlichkeit aus sozialpsychologischer Sicht 79

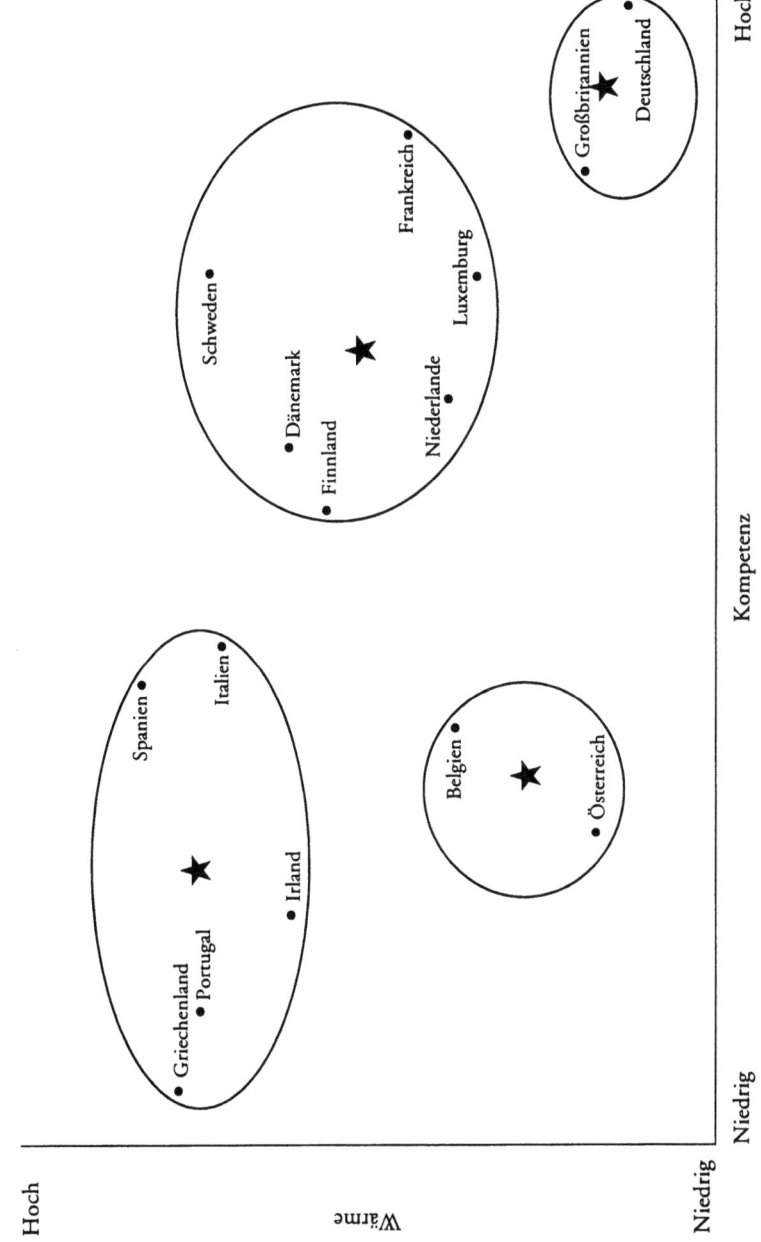

Abbildung 4: Wahrnehmung von Nationalitäten

zu den ersten Zielen von gruppenspezifischer Gewalt werden. Bei den Unruhen in Los Angeles wurden als Erstes die koreanischen Läden attackiert, in Indonesien waren es die chinesischen Läden. Auch bei den historischen Reaktionen auf die Juden in Deutschland mag Ähnliches im Spiel gewesen sein. Wenn also eine wirtschaftlich erfolgreiche Gruppe eine Fremdgruppe ist und das soziale Gefüge ins Wanken gerät, scheint dies ein Anlass zu sein, sie zur Zielscheibe von Massengewalt zu machen.

Im Gegensatz dazu erregen Gruppen mit geringer wahrgenommener Kompetenz und geringer Konkurrenzfähigkeit wie Alte, Hausfrauen oder Behinderte Mitleid und Sympathie. Das Verhalten, in dem sich die diesen Gruppen entgegengebrachte Diskriminierung äußert, besteht eher in individueller Vernachlässigung als in Gewalt, wobei allerdings auch ein gewisses Maß an häuslicher Gewalt vorkommt. Vernachlässigung und Gewalt spielen sich hier aber eher zwischen einzelnen Personen als zwischen Gruppen ab.

Diskriminierung von Gruppen mit niedrigem Status, die als konkurrierend oder ausbeuterisch gelten – in Deutschland zum Beispiel Immigranten, in den USA Sozialhilfeempfänger, die weder als kompetent noch als warm angesehen werden – äußert sich in Gefühlen wie Verachtung oder Abscheu. Meines Erachtens haben wir es bei den Aggressionen, die diese Gruppen zu spüren bekommen, zum Teil mit einer Art staatlich geförderter Aggression zu tun, so als wollte man sagen: Statt ihnen immer noch mehr Geld zu geben, sollten wir ihnen alle Privilegien, die sie bei uns hatten, wieder wegnehmen und sie nach Hause schicken, falls wir ein Zuhause finden, wo man sie hinschicken kann, aber auf jeden Fall: weg.

Was nun lässt sich anhand der subtilen Vorurteile allgemein vorhersagen? Auf der Ebene des Umgangs zwischen Einzelpersonen können Interaktionen vorhergesagt werden, die von *Angst und Unbehagen* und, wenn im Hinblick auf Häufigkeit und Dauer von Kontakten Entscheidungsspielräume bestehen, von *Vermeidung* geprägt sind. Mitglieder von Fremdgruppen werden tendenziell gemieden. Vorhersagbar ist allgemein ein Verhalten, das sich selbst erfüllende Prophezeiungen produziert: Etwa wenn man sich kalt und distanziert verhält und im Gegenzug ebenfalls kalt und distanziert behandelt wird.

Vorhersagbar sind weiterhin bestimmte *Präferenzen* für politische Maßnahmen und politische Einstellungen gegenüber Fremdgruppen, bei

Abbildung 5: Drei Vorurteilstypen und Einstellungen zu Rechten von Immigranten

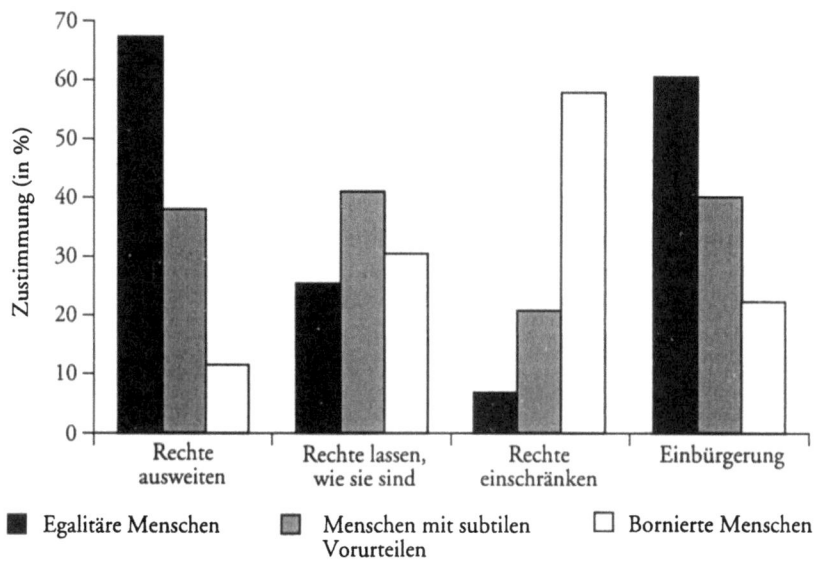

Quelle: Meertens & Pettigrew (1997).

denen man sich auf einen angeblich nicht auf Vorurteilen beruhenden Beweggrund herausreden kann. Viele verschiedene Untersuchungen in den Vereinigten Staaten wie in Europa haben ergeben, dass sich anhand von subtilen Vorurteilen bestimmte politische Präferenzen vorhersagen lassen, die sich gegen Fremdgruppen richten, sowie individuelle Entscheidungen, etwa in Bezug auf Beschäftigung, Wohnung und Bildung, die die Eigengruppe begünstigen und nebenbei die Fremdgruppe benachteiligen.

Abbildung 5 gibt die Zustimmung zu verschiedenen politischen Einstellungen wieder. Die dunklen Balken sind die Angaben von Menschen, die egalitär denken und für gleiche Rechte für Immigranten eintreten. Ihre Raten der Zustimmung nehmen von der Aussage „Rechte ausweiten" bis zu „Rechte einschränken" deutlich ab. Bornierte, rigide Menschen dagegen haben ihre höchsten Zustimmungswerte bei „Rechte einschränken" und ihre deutlich niedrigsten Werte bei „Rechte erweitern". Menschen mit subtilen Vorurteilen spalten sich dagegen in diejenigen auf, die die Rechte erweitern wollen, und in diejenigen, die die Verhältnisse lassen wollen, wie sie sind. Für eine Einschränkung der Rechte sprechen sie sich seltener aus. Ihre Vorurteile sind subtil, sie denken nicht wirklich egalitär. Bei einer ganzen Reihe von Maßen zeigt sich, dass sie sich von wirklich egalitär denkenden Personen unterscheiden.

Wo kommen die subtilen Vorurteile her? Sie entspringen *inneren Konflikten*, aus der Spannung zwischen dem Wunsch, den eigenen, gegen Vorurteile gerichteten Idealen zu entsprechen, und den unbewussten Einflüssen, die die uns umgebende Kultur auf uns hat. Man möchte den Normen entsprechen, nach denen man keine Vorurteile haben soll. Man weiß, dass es diese Normen gibt, sie gehören sogar zu den eigenen Wertvorstellungen, und man will nicht wahrhaben, dass man sich in seinen Reaktionen, seinen Gefühlen oder in seinem Verhalten eben doch von Vorurteilen leiten lässt. Wie vorhin bereits angedeutet, haben viele Menschen automatische Assoziationen, die auf die Medien und die sonstigen kulturellen Einflüsse oder auch auf mangelnde Erfahrungen im Umgang mit Fremdgruppen zurückzuführen sind, auf mangelnde Kontakte mit Menschen, die auf irgendeine Weise anders sind als man selbst, sodass man über die relativ stereotypen Assoziationen nicht hinauskommt. Diese automatischen stereotypen Gedanken stehen in Widerspruch zu den Normen und Werten, die sich gegen Vorurteile richten, was wiederum zu einem inneren Konflikt führt, der durch subtilere Formen von Vorurteilen gewissermaßen gelöst wird.

Subtile Vorurteile also funktionieren, kurz gefasst, folgendermaßen: Sie verstecken sich; sie führen zu Vorwürfen an die Fremdgruppe; sie übertreiben die Andersartigkeit der Fremdgruppe; sie treten automatisch auf, unbeabsichtigt; sie begünstigen die Eigengruppe und enthalten der Fremdgruppe etwas vor; sie sind ambivalent im Hinblick auf Zuneigung und Achtung; sie entstehen aus einem echten inneren Konflikt; und man kann vorhersagen, dass sie zu Diskriminierung im Alltag führen.

Egalitäre Einstellungen

Zum Schluss nur ein paar kurze Anmerkungen zu den egalitär Denkenden, die ja eigentlich kein Problem darstellen. Für die Überzeugungen, die bei ihnen anzutreffen sind, sind meist zwei Dimensionen kennzeichnend. Die eine ist eine Konstellation von Überzeugungen, denen zufolge man offen, liberal, unabhängig und frei sein, egalitär und humanistisch denken und handeln sowie sozialstaatlich orientiert sein sollte. Wirklich egalitäre Einstellungen korrelieren meist damit, dass die betreffenden Personen viel Kontakt mit Fremdgruppen haben, mindestens fünf Freunde aus Fremdgruppen nennen können (nicht nur einen, einer ist zu wenig) und echtes Engagement für multikulturelle Erfahrungen an den Tag legen.

Interventionen

Welche Ansätze zur Veränderung lassen sich von alledem ableiten? *Offene Vorurteile* entstehen aus einer Bedrohung bzw. einer wahrgenommenen Bedrohung des ökonomischen Status der eigenen Gruppe. Es gibt mehrere mögliche Ansatzpunkte, um diese Wahrnehmung zu verändern. Der eine ist die Betonung *gemeinsamer ökonomischer Ziele*. Dies kann zum Beispiel in Form einer veränderten Sicht der Rolle von Immigranten geschehen. Aus „Die nehmen uns die Arbeitsplätze weg" wird „Die gründen Firmen und schaffen damit Arbeitsplätze" oder „Die zahlen ihre Rentenbeiträge auch für *eure* und *meine* Rente".

Offene Vorurteile entstehen auch aus der wahrgenommenen Bedrohung von traditionellen Werten und korrelieren mit dem Bildungsstand: Je umfassender die Bildung einer Person ist, desto größer ist die Zahl der unterschiedlichen Werte, mit denen sie schon einmal zu tun gehabt hat. Manche Wissenschaftler empfehlen, die Menschen mit Unstimmigkeiten innerhalb ihrer eigenen Wertvorstellungen zu konfrontieren. So kann es zum Beispiel eine Unstimmigkeit zwischen dem Glauben an Gleichheit und dem Glauben an Freiheit geben. Auf diese Weise können die Menschen dazu gebracht werden, über die eigenen Wertvorstellungen nachzudenken.

Man kann *neue Normen* und *neue Autoritäten* schaffen, die egalitäre Herangehensweisen wertschätzen und sich für diese einsetzen. In dem

Maße, wie sich Menschen an Autoritäten orientieren, lassen sich ihre Ansichten durch Meinungsführer verändern. Außerdem könnten sich diese Personen für vermehrte konstruktive *Kontakte* zwischen Gruppen einsetzen (darauf werde ich noch zurückkommen).

Subtile Vorurteile resultieren im Wesentlichen aus Gedankenlosigkeit. Sie können verändert werden, indem man die Menschen über ihre unbeabsichtigten Vorurteile *informiert* und sie *motiviert*, ihren egalitären Zielen und Werten zu folgen. In den letzten Jahren – diese Forschung ist wirklich ganz neu – wurden einige Einschränkungen in Bezug auf den absoluten Automatismus der Eigengruppen-Begünstigung identifiziert (also positive Reaktionen auf Eigengruppenmitglieder und weniger positive Reaktionen auf Fremdgruppenmitglieder). Wie sich herausgestellt hat, kommt es vor, dass bei Menschen mit sehr ausgeprägten und beständigen egalitären Zielen, die leidenschaftlich für den Egalitarismus eintreten, diese automatischen Reaktionen nicht auftreten (Moskowitz u.a., 1999).

Motivation ist insbesondere für die Schaffung beständiger Wertorientierungen eine wichtige Voraussetzung. Der Versuch, die eigenen Reaktionen auf ein Fremdgruppenmitglied kurzfristig zu unterdrücken, führt meist zum Gegenteil (Wenzlaff & Wegner, 2000). Wenn Menschen versuchen, einen Gedanken zu unterdrücken, kehrt er wieder – er kehrt sogar *stärker* wieder, als wenn sie gar nicht erst versucht hätten, ihn zu unterdrücken. Wenn man sich also beispielsweise sagt: „Ich will nicht sexistisch sein, ich will nicht daran denken, dass diese Person eine Frau ist, ich will nicht daran denken, dass sie eine Frau ist", dann hat man die Vorstellung „Frau" oder „Schwarz" oder „Jude" oder „Asiat" oder was es auch immer ist, woran man nicht zu denken versucht, schon so stark aktiviert, dass man sich kontrollieren muss, um nur ja nicht das Falsche zu sagen, und dann passiert es erst recht: Man sagt noch viel eher das Falsche, als wenn man gar nicht erst versucht hätte, es zu unterdrücken. Deshalb ist es nicht realistisch, farbenblind oder geschlechterblind oder im Hinblick auf soziale Kategorien überhaupt blind sein zu wollen, denn wir sehen nun einmal, was wir sehen, und eine Vermeidungshaltung nützt da gar nichts. Viel besser ist eine Annäherungshaltung. Wenn man das Ziel oder die generelle Haltung hat, sich auch mit den anderen Merkmalen der Person zu befassen, dann hat man etwas zu *tun;* und etwas zu haben, das zu *tun* ist, ist unter allen Umständen besser, als etwas zu haben, das *nicht* zu tun ist. Das

Fremdenfeindlichkeit aus sozialpsychologischer Sicht 85

Ziel zu verfolgen, mehr über die andere Person oder die Situation zu erfahren, scheint im Gegensatz zu dem Ziel, etwas zu unterdrücken, tatsächlich die erwünschte Wirkung zu haben.

Wenden wir uns nun noch einmal den vermehrten konstruktiven Kontakten zwischen Gruppen zu (Pettigrew, 1998a). Was ist darunter zu verstehen? Konstruktive Kontakte zwischen Gruppen sind eine Lösung, die sich bei allen Formen von Vorurteilen bewährt und als richtig erwiesen hat. Allerdings sind sie schwer herbeizuführen; sie müssen genau richtig angelegt sein, sonst geht es schief. Das heißt, bei Kontakten zwischen Mitgliedern zweier Gruppen müssen die Beteiligten den gleichen Status haben. Die verantwortlichen Stellen und Personen müssen den Kontakt zwischen den Gruppen billigen, von ihm überzeugt sein und ihn fördern. Die Interaktionen müssen signifikant sein, nicht trivial oder oberflächlich; es muss dabei wirklich um etwas gehen. Sie müssen allen Beteiligten die Chance geben, den anderen als Mensch zu sehen. Die Beteiligten müssen gemeinsame Ziele haben, etwa ein Nachbarschaftsprojekt zur Schaffung neuer, allgemein zugänglicher Grünflächen. Ein solches Projekt erfüllt schon von seiner Anlage her alle Voraussetzungen für konstruktiven Kontakt: Alle Beteiligten haben den gleichen Status, denn alle sind Anwohner und wollen die Grünflächen oder Kinderspielplätze, und auch die Behörden können die Kontakte unterstützen. Die Interaktionen sind signifikant, denn alle Beteiligten versuchen, für gemeinsame Ziele gemeinsam Probleme zu lösen. Aus psychologischer Sicht ist dabei entscheidend, dass auf diese Weise der Boden für *mögliche Freundschaften* bereitet wird. Freundschaft erweist sich nämlich als das Mittel, Vorurteile wirklich und wahrhaftig abzubauen, und zwar Freundschaft nicht nur mit einem Mitglied einer Fremdgruppe, sondern mit vielen verschiedenen Personen aus vielen verschiedenen Gruppen.

Schlussfolgerungen

Vorurteile, so der Schluss aus dieser Betrachtung zur Psychologie der Fremdenfeindlichkeit, gibt es auf verschiedenen Ebenen, und diese Ebenen – offene Vorurteile, subtile Vorurteile und egalitäre Standpunkte – bestimmen die möglichen Ansatzpunkte für Veränderungen. Für alle Ebenen aber gilt, dass es vor allem auf die konstruktiven Kontakte zwischen den Gruppen und auf die daraus potenziell entstehenden Freundschaften ankommt.

Seit mindestens 50 Jahren haben zahlreiche Untersuchungen gezeigt, dass es nichts nützt, Gruppen bloß zusammenzubringen und einen Dialog um des Dialogs willen zu beginnen. Auch die multikulturelle Bildungsarbeit ist weniger erfolgreich, als man einmal dachte. Es hilft nicht viel, den Menschen nur etwas über andere Gruppen zu erzählen. Es hilft nicht einmal ein Dialog, bei dem der eine sagt: „Das sind meine Werte" und der andere: „Und das sind meine Werte". Und wenn in der multikulturellen Bildungsarbeit Festivals oder Feste der Kulturen oder dergleichen veranstaltet werden, merkt man schon an den Namen, dass dies nur oberflächlich sein kann.

Wenn Menschen einander bloß ihre Werte verkünden, ist es immer noch viel zu einfach, die andere Person weiter nur unter bestimmten Kategorien zu betrachten: „Aha, das denken also die Araber; und das denken die Juden." Das funktioniert so nicht: Es wird weiterhin in Kategorien gedacht. Nicht, dass die Menschen die Zugehörigkeit der anderen Person zu einer Kategorie vergessen sollten – das ist weder realistisch noch wünschenswert, denn den Menschen sind ihre Identitäten wichtig, zum Guten wie zum Schlechten. Sie wollen nicht, dass andere so tun, als bemerkten sie nicht oder als würde von ihnen vergessen, dass sie Frauen, Moslems, alt oder was auch immer sind. All dies sind wichtige Teile ihrer Identität, trotz der zumindest in den Vereinigten Staaten vorherrschenden Überzeugung, dass es *gut* ist, farbenblind zu sein. Auf der anderen Seite wollen sie aber auch, dass die anderen noch weitere Dinge über sie wissen und sich nicht einfach auf der Grundlage von Kategorien verhalten. Erst wenn Menschen in Situationen zusammenarbeiten, in denen mehr geschieht als eine bloße Gegenüberstellung von Werten, lernen sie einander als Individuen kennen, und wenn sich diese Kontakte zwischen Gruppen häufig wiederholen, dann lernen sie, dass es auch in der anderen Gruppe Unterschiede gibt, dass dort manche das eine für richtig halten und manche das andere und alle zusammen im Durchschnitt etwas Drittes. Dann erst können die Menschen sehen, dass es innerhalb der Gruppe ungeheuer viel Variabilität gibt und dass sie genau hinschauen müssen, wenn sie einer Person aus dieser Gruppe begegnen, denn nur wenn sie diese Person als

Individuum sehen, können sie sie wirklich kennen lernen. Wenn sich Menschen dies zu Eigen machen, werden die anderen menschlicher.

Der entscheidende Faktor bei solchen Kontakten ist also, dass die Beteiligten zusammen an einer gemeinsamen Aufgabe arbeiten (Fiske, 2000a). Wenn Menschen eine echte Aufgabe und ein reales Ziel haben, das beide Gruppen erreichen wollen, dann konzentrieren sie sich – so zeigen es unsere Forschungsergebnisse – auf solche Informationen über die andere Person, die ihren stereotypen Vorstellungen widersprechen. In diesen Situationen kommt es ihnen auf das Ziel an. Sie wollen das Ziel verwirklichen, und selbst wenn sie dazu mit einer Person zusammenarbeiten müssen, die sie sich nicht ausgesucht hätten, so *brauchen* sie diese Person doch, um ihrem Ziel näher zu kommen. Und wenn sie diese Person *brauchen*, müssen sie sich mit der Situation auseinander setzen. Sie achten auf diese andere Person als Individuum, da diese teilweise auch ihr Schicksal in den Händen hält, und sie achten besonders auf Informationen, die nicht den Stereotypen entsprechen. In ihren Köpfen entsteht ein Persönlichkeitsbild, das individuell ist und kein Gruppenbild. Wenn Menschen zusammen arbeiten, gelangen sie also zu einer Gesamteinschätzung der anderen Person, die auf deren individuierenden Merkmalen beruht. Dies ist der Schlüssel zur Veränderung: der konstruktive Kontakt, der die Möglichkeit zu mehreren Freundschaften mit Mitgliedern der Fremdgruppe bietet.

Solche Freundschaften müssen generalisiert werden, eine Erkenntnis, die in der Vorurteilsforschung schon lange bekannt ist. In Deutschland sagt man manchmal: „Skinheads hassen die Türken, außer denen, die sie persönlich kennen", und in den Vereinigten Staaten sagen Menschen mit Vorurteilen gelegentlich: „Einige meiner besten Freunde sind Juden." Menschen mit Vorurteilen – wie wir alle – sind sehr geschickt darin, sich selbst vor dem Eindruck zu schützen, sie hätten Vorurteile. Zu sagen, *bestimmte* Leute sind Ausnahmen, heißt aber immer noch, dass alle anderen eben doch so sind, wie es unsere Vorurteile wollen. Das Problem ist hier, dass die positiven Erfahrungen aus einer bestimmten Interaktion zwischen Eigengruppe und Fremdgruppe nicht auch auf andere Interaktionen verallgemeinert werden. Es gibt verschiedene Theorien darüber, wie dies am besten zu verändern wäre. Die Diskussion darüber ist noch nicht abgeschlossen, aber schon jetzt spricht vieles dafür, dass es wichtig ist, die Zugehörigkeit der anderen Person zu einer Fremdgruppe nicht herunterzuspielen, nicht so zu tun, als hätte sie dieses Merkmal nicht. Auch die Zahl der eigenen Freunde aus Fremdgruppen ist wichtig. Je mehr Menschen aus Fremdgruppen man kennt und je mehr Kontakte man zu solchen Gruppen hat, desto schwerer wird es, positive Erfahrungen nicht zu generalisieren. Wenn man nur eine oder zwei Personen kennt, ist es immer noch möglich, sie in einer bestimmten Subkategorie abzugrenzen, aber je mehr Fremdgruppenmitglieder man kennt, desto eher erfolgt eine Verallgemeinerung. Dies bedeutet, dass möglichst viele Gelegenheiten zu Kontakten zwischen Gruppen geschaffen werden müssen, abhängig natürlich von der Zusammensetzung der Bevölkerung im Wohnumfeld der Beteiligten, ihrer Arbeitssituation, ihrem Bildungsstand usw. Je mehr Gelegenheiten es gibt, Freundschaften zu schließen, desto eher werden positive Erfahrungen verallgemeinert.

Wichtig ist auch, dass die Kontakte über bestimmte engere Kontexte hinausgehen (Pettigrew, 1998a). Untersuchungen in Unternehmen haben gezeigt, dass Menschen in stark integrierten Arbeitskontexten sehr gut miteinander auskommen, weil das den in diesem Kontext geltenden Normen entspricht, weil der Arbeitskontext darauf ausgerichtet ist, weil der Chef sagt, dass es so zu sein hat, weil es im Interesse der Firma ist usw. Wenn diese Menschen dann aber in ihre segregierten Wohnumgebungen zurückkehren, kann es durchaus sein, dass sie versuchen, diese selben Kollegen aus ihrer Umgebung herauszuhalten, sodass das Problem an dieser Stelle dann trotzdem auftritt. Aber auch hier wieder kann man Eigengruppen bilden, die Fremdgruppenmitglieder einschließen und auf diese Weise die Eigengruppe neu definieren, wie etwa im folgenden Szenario: Die Innenstadt ist heruntergekommen und zur Problemzone geworden, aber wir haben alle ein Interesse daran, dass sich das ändert, wir brauchen alle eine gesunde Innenstadt, denn wir brauchen den Tourismus, damit die Wirtschaft wieder in Schwung kommt – und das betrifft alle ethnischen Gruppen. Also sollten wir uns zusammentun, und der Bürgermeister soll eine Task Force einsetzen, in der verschiedene ethnische Gruppen vertreten sind. All das ist möglich, wenn man eine Veränderung will und sich aktiv an ihr beteiligt. Nur müssen die Ziele real sein, denn die Menschen sind nicht dumm, sie wissen, wenn sie in künstliche „Arbeitskontexte" oder Dialoge einbezogen werden sollen, bei denen es ganz egal ist, ob sie konstruktiv sind oder nicht, weil es dabei nicht um die Dinge geht, die ihnen wirklich am Herzen liegen – ihre Kinder, ihr Wohnumfeld, die Kriminalität, die ökonomische Situation der Gruppe. Es gibt verschiedene Ansatzpunkte, aber die Ziele müssen real sein, und die Leute, die das Sagen haben, müssen wirklich hinter ihnen stehen und sie unterstützen.

Untersuchungen haben gezeigt, dass Unternehmen, wenn sie begriffen haben, dass ihre Kundenbasis zum Beispiel multikulturell ist oder aus Männern *und* Frauen besteht, dann auch einsehen, dass ihr Verkaufspersonal ebenfalls multikulturell bzw. aus Männern *und* Frauen zusammengesetzt sein sollte. Dies ist dann eine geschäftliche Notwendigkeit, und ein gemeinsames Geschäftsinteresse kann durchaus ein Ziel sein, das eine Erweiterung der Gruppenkonzeption nach sich zieht: Es entsteht eine Gruppe, die die verschiedenen Untergruppen einschließt (Gaertner u.a., 1989).

Ein anderer Ansatzpunkt, der effektiv zu sein scheint, sind Gruppenmitgliedschaften, die quer zu den üblichen Aufteilungen verlaufen (Marcus-Newhall u.a., 1993). Zum Beispiel kann eine Person im Hinblick auf ihre Rasse und ihre Sozialschichtzugehörigkeit widersprüchliche Gruppenmitgliedschaften auf sich vereinen. Je häufiger die in einer bestimmten Situation relevanten, scheinbar festen Kategorien aufgebrochen werden können, desto weniger werden sich die Menschen ausschließlich auf diese beziehen. Die Kategorien soziale Schicht und Bildung etwa verlaufen quer zu so manchen anderen Kategorien, und je mehr verschiedene Dimensionen die Menschen aneinander wahrnehmen, desto seltener beziehen sie sich auf nur eine einzige Kategorie und desto weniger kommen Vorurteile ins Spiel.

Kurz, die Sozialpsychologie hat über Vorurteile, offene wie subtile, wie auch über die vielen verschiedenen Wege, sie abzubauen, eine Menge gelernt. Und wenn wir erst einmal eine weniger stereotype Vorstellung von einem borniertem Menschen haben, werden wir vielleicht auch besser verstehen, wie man den Frieden zwischen den Ethnien fördert.

Aus dem Englischen übersetzt von Hella Beister

Literatur

Altemeyer, B. (1988). *Enemies of freedom: Understanding right-wing authoritarianism.* San Francisco, CA: Jossey-Bass.

Altemeyer, B. (1996). *The authoritarian spector.* Cambridge, MA: Harvard University Press.

Banaji, M. R. & Hardin, C. (1996). Automatic stereotyping. *Psychological Science, 7,* 136–141.

Bargh, J. A., Chen, M. & Burrows, L. (1996). Automaticity of social behavior: Direct effects of trait construct and stereotype activation on action. *Journal of Personality and Social Psychology, 7,* 230–244.

Brewer, M. B. & Brown, R. J. (1998). Intergroup relations. In D. T. Gilbert, S. T. Fiske & G. Lindzey (Eds.), *The handbook of social psychology* (4th ed., Vol. 2, pp. 554–594). New York: McGraw-Hill.

Dijksterhuis, A., Spears, R. & Lepinasse, V. (2001). Reflecting and deflecting stereotypes: Assimilation and contrast in impression and formation and automatic behavior. *Journal of Experimental and Social Psychology, 37,* 286–299.

Dovidio, J. F. & Gaertner, S. L. (1998). On the nature of contemporary prejudice: The causes, consequences and challenges of aversive racism. In J. L. Eberhardt & S. T. Fiske (Eds.), *Racism: The problem and the response* (pp. 3–32). Thousand Oaks, CA: Sage.

Eckes, T. (2001). *Multiple kinds of prejudice: Testing some predictions of the stereotype content model.* Unpublished manuscript, University of Jena.

Fiske, S. T. (1998). Stereotyping, prejudice, and discrimination. In D. T. Gilbert, S. T. Fiske & G. Lindzey (Eds.), *The handbook of social psychology* (4th ed., Vol. 2, pp. 357–411). New York: McGraw-Hill.

Fiske, S. T. (2000a). Interdependence and the reduction of prejudice. In S. Oskamp (Ed.), *The Claremont symposium on applied social psychology* (p. 353). New Jersey, IL: Erlbaum.

Fiske, S. T. (2000b). Stereotyping, prejudice, and discrimination at the seam between the centuries: Evolution, culture, mind and brain. *European Journal of Social Psychology, 30,* 299–322.

Fiske, S. T., Cuddy, A. J. C. & Glick, P. (in press). Emotions up and down: Intergroup emotions result from perceived status and competition. In D. M. Mackie & E. R. Smith (Eds.), *From prejudice to intergroup emotions: Differentiated reactions to social groups.* Philadelphia: Psychology Press.

Gaertner, S. L., Mann, J., Murrell, A. & Dovidio, J. F. (1989). Reducing intergroup bias: The benefits of recategorization. *Journal of Personality and Social Psychology, 57,* 239–249.

Green, D. P., Abelson, R. P. & Garnett, M. (1999). The distinctive political views of hate-crime perpetrators and white supremacists. In D. A. Prentice & D. T. Miller (Eds.), *Cultural divides: Understanding and overcoming group conflict* (p. 507). New York: Russell Sage Foundation.

Greenwald, A. G., McGhee, D. E. & Schwartz, J. L. K. (1998). Measuring individual differences in implicit cognition: The implicit association test. *Journal of Personality and Social Psychology, 74,* 1464–1480.

Hart, A. J., Whalen, P. J., Shin, L. M., McInerney, S. C., Fischer, H. & Rauch, S. L. (2000). Differential response in the human amygdala to racial outgroup vs. ingroup face stimuli. *Neuroreport: For rapid communication of research, 11*, 2351-2355.
Jackson, J. S., Brown, K. T. & Kirby, D. C. (1998). International perspectives on prejudice and racism. In J. L. Eberhardt & S. T. Fiske (Eds.), *Confronting racism: The problem and the response* (pp. 101-135). Thousand Oaks, CA: Sage.
Katz, I. & Hass, R. G. (1988). Racial ambivalence and value conflict: Correlational and priming studies of dual cognitive structures. *Journal of Personality and Social Psychology, 55*, 893-905.
Kinder, D. R. & Sears, D. O. (1981). Prejudice and politics: Symbolic racism versus racial threats to the good life. *Journal of Personality and Social Psychology, 40*, 414-431.
Macrae, C. N. & Bodenhausen, G. V. (2000). Thinking categorically about others. In S. T. Fiske, D. L. Schacter & C. Zahn-Waxler (Eds.), *Annual Review of Psychology* (Vol. 51, pp. 93-120). Palo Alto, CA: Annual Reviews.
Marcus-Newhall, A., Miller, N., Holtz, R. & Brewer, M. B. (1993). Cross-cutting category membership with role assignment: A means of reducing intergroup bias. *British Journal of Social Psychology, 32*, 125-146.
Meertens, R. W. & Pettigrew, T. F. (1997). Is subtl prejudice really prejudice? *Public Opinion Quaterly, 61* (1), 54-71.
Moskowitz, G. B., Gollwitzer, P. M., Wasel, W. & Schaal, B. (1999). Preconscious control of stereotype activation through chronic egalitarian. *Journal of Personality and Social Psychology, 77*, 167-184.
Pettigrew, T. F. (1998a). Intergroup contact theory. In J. T. Spence, J. M. Darley & D. J. Foss (Eds.), *Annual Review of Psychology* (Vol. 49, pp. 65-85). Palo Alto, CA: Annual Reviews.
Pettigrew, T. F. (1998b). Reactions toward the new minorities of western Europe. In J. Hagan & K. S. Cook (Eds.), *Annual Review of Sociology* (Vol. 24, pp. 77-103). Palo Alto, CA: Annual Reviews.
Pettigrew, T. F. & Meertens, R. W. (1995). Subtle and blatant prejudice in western Europe. *European Journal of Social Psychology, 15*, 57-75.
Phelps, E. A., O'Connor, K. J., Cunningham, W. A., Funayama, E. S., Gatenby, J. C., Gore, J. C. & Banaji, M. R. (2000). Performance on indirect measures of race evaluation predicts amygdala activation. *Journal of Cognitive Neuroscience, 12*, 729-738.
Sidanius, J. & Pratto, F. (1999). *Social dominance: An intergroup theory of social hierarchy and oppression*. New York: Cambridge University Press.
Wagner, U. & Zick, A. (1997). Ausländerfeindlichkeit, Vorurteile und diskriminierendes Verhalten. In H. W. Bierhoff & U. Wagner (Hrsg.), *Aggression und Gewalt* (S. 145-164). Stuttgart: Kohlhammer.
Wenzlaff, R. M. & Wegner, D. M. (2000). Thought suppression. In S. T. Fiske, D. L. Schacter & C. Zahn-Waxler (Eds.), *Annual Review of Psychology* (Vol. 51, pp. 59-91). Palo Alto, CA: Annual Reviews.
Wheeler, M. E. & Fiske, S. T. (2001). *FMRI study of three cognitive tasks that differentially modulate stereotype accessibility and human amygdala response to racial outgroup faces.* Poster presented at the Society for Neuroscience meetings, San Diego, CA.

Gustav Lebhart und Rainer Münz

Determinanten des Rechtsextremismus in Ost- und Westdeutschland

Einleitung

Die Bestimmung des Ausmaßes rechtsextremer Einstellungspotenziale innerhalb einer Gesellschaft stellt für die empirische Fremdenfeindlichkeits- und Rechtsextremismusforschung eine große Herausforderung dar. Hinzu kommt, dass fremdenfeindliche Einstellungsstrukturen nicht automatisch mit rechtsextremen Einstellungen gleichgesetzt werden dürfen. Ziel der sozialwissenschaftlichen Forschung ist es daher zunächst, Ausmaß und Bedingungen fremdenfeindlicher und rechtsextremer Einstellungspotenziale zu erforschen. Dabei zeigt sich, dass die Stärke des messbaren Fremdenfeindlichkeits- und Rechtsextremismuspotenzials von den erhobenen Einstellungsdimensionen und Merkmalsausprägungen abhängt. Unterschiedliche Erhebungskonzepte und Operationalisierungen sind daher mit entscheidend für die Grenzziehung zwischen extremen und nicht extremen Einstellungen und somit für das Ausmaß des gemessenen rechtsextremen Potenzials innerhalb einer Gesellschaft.

Gegenwärtig leben in Westeuropa knapp über 20 Millionen Ausländer, darunter 16,5 Millionen (80 %), die nicht aus einem anderen EU-/EWR-Staat (Drittstaaten) stammen. Europa ist durch diese Zuwanderung ethnisch und sprachlich heterogener geworden. Im günstigsten Fall verläuft Zuwanderung als positiver Prozess, der sowohl den Gesellschaften der Zielländer als auch den Zuwanderern Vorteile bringt. Somit können sich unter Umständen positive Einstellungen gegenüber den „Fremden" verstärken und mögliche Konfliktpotenziale entschärfen. Im ungünstigsten Fall wird Zuwanderung als Belastung für das soziale und kulturelle System angesehen und so zum Ausgangspunkt von Konflikten zwischen

„Einheimischen" und „Fremden". Fremdenfeindlichkeit und Rechtsextremismus sind nur einige der damit verbundenen Manifestationen dieses gesellschaftlichen Konflikts.

Aspekte rechtsextremer und rechtsradikaler Orientierungen[1]

Die Begriffe „rechtsextrem" und „rechtsradikal" werden in Zusammenhängen verwendet, die oft ähnliche Sachverhalte beschreiben. Dabei besteht ein wesentlicher rechtlicher Unterschied, da zum Beispiel rechtsextreme Parteien und Gruppierungen regelmäßig im Verdacht stehen, verfassungswidrige Ziele zu verfolgen, wogegen einige weit rechts stehende Parteien und Gruppierungen durchaus als verfassungskonform gelten. Extremismus ist dabei kein ausschließlich juristischer Begriff, aus dem sich unmittelbare Konsequenzen ableiten ließen. Der juristische Extremismusbegriff zielt nur auf politische Programme und Handlungen ab, die sich gegen die demokratische Grundordnung richten. In den sozialwissenschaftlichen Analysen ist Rechtsextremismus dagegen ein „amorpher" Begriff, der auch zu Grunde liegende Sozialisationsprozesse berücksichtigt. Der Begriff „Rechtsextremismus" umfasst daher verschiedene gesellschaftliche und ideologische Erscheinungsformen, die als „rechtsgerichtet, undemokratisch und inhuman" gelten[2]. Dass Rechtsextremismus keine einheitliche Ideologie darstellt, sondern das Resultat aus heterogenen Einstellungsdimensionen[3] ist, zeigt sich unter anderem auch an den diversen Gruppierungen der extremen Rechten in Deutschland, die zum Teil ganz

---

[1] Mit Rechtsextremismus bezeichnen wir Formen des Extremismus, die auf unterschiedliche Dimensionsmerkmale mit bestimmten politischen Prinzipien und Zielen sowie Persönlichkeitsmerkmalen basieren. Sie betonen spezifische Einstellungen von Personen, die nach Reichweite und Grad der Interdependenz und der Zentralität bestimmter Merkmalsausprägung variieren. Die Wahrnehmung von Rechtsextremismus in der Öffentlichkeit beschränkt sich auf die manifesten fremdenfeindlichen Erscheinungsformen, wobei eine systematische Hinterfragung der Ursachen zumeist ausbleibt. Begriffe, Ursachen und Auswirkungen von Rechtsextremismus werden in vielen wissenschaftlichen Publikationen nicht eindeutig differenziert, und eine allgemeine umfassende Theorie des Rechtsextremismus fehlt bislang.

unterschiedliche bzw. konkurrierende Konzeptionen und Ziele verfolgen (Stöss, 1999).

Die Komplexität des Phänomens zeigt sich in den verschiedenen Erscheinungsformen des Alltags. Dabei unterscheiden wir zwischen rechtsextremen Einstellungen bzw. Orientierungen – also einem latenten Rechtsextremismus – und dem rechtsextremen Verhalten selbst. Letzteres reicht vom Engagement in einschlägigen Organisationen bis zu politischen Aktionen und Straftaten. Diese Unterscheidung ist analytisch notwendig, da Einstellungen dem Verhalten zumeist vorgelagert sind. Aber nur ein kleinerer Teil der eindeutig rechts eingestellten Bevölkerung wird tatsächlich „handlungsaktiv". Das heißt, das rechtsextreme Verhaltenspotenzial ist stets kleiner als das Einstellungspotenzial rechtsextremer Orientierungen.

Durch die unterschiedlichen theoretischen Bezugsrahmen und methodischen Ansätze sind Vergleiche zwischen einzelnen Studien zum Thema „Fremdenfeindlichkeit" nur bedingt möglich. Auch sind die Zusammenhänge zwischen den unterschiedlichen Erklärungsfaktoren sowie die Relation zwischen den erklärungsrelevanten Aspekten des „Rechtsextremismus" bisher nur zum Teil erforscht (Winkler, 2001). Dennoch lassen sich im Wesentlichen vier zentrale Dimensionen der Entstehung von Rechtsextremismus identifizieren:

(1) Das theoretische Konstrukt des „Autoritarismus" geht davon aus, dass sich hinter den messbaren oder manifesten Einstellungen bestimmte

---

[2] Rechtsextremismus liegt dann vor, wenn die beiden Grundelemente der „Ungleichwertigkeit von Menschen" und die der „Gewaltakzeptanz" zusammenfließen. Der Ungleichwertigkeit von Menschen als zentralem, integrierendem Kernstück rechtsextremistischer Ideologien entsprechen etwa folgende Facetten: nationalistische bzw. „völkische" Selbstübersteigerung, rassistische und xenophobe Tendenzen, Unterscheidung von „lebenswertem" und „unwertem" Leben (etwa durch Eugenik), Behauptung „natürlicher" Hierarchien (über Soziobiologie), Betonung des „Rechtes des Stärkeren" (Sozialdarwinismus), totalitäres „Norm"-Verständnis, das heißt Ausgrenzung des „Andersseins".

[3] Der Begriff der Einstellung bezieht sich auf psychische Reaktionsmuster, die durch die Internalisierung soziokultureller Werte sowie durch spezielle Sozialisations- und andere Lernerfahrungen entstanden sind und einen prägenden Einfluss auf das Verhalten des Individuums ausüben. Der allgemeine Begriff der Einstellung wird im Sinne einer relativ stabilen Disposition verwendet und schließt Überzeugungen sowie über eine bestimmte Verhaltensbereitschaft auch Handlungskomponenten mit ein.

Persönlichkeitsmerkmale verbergen, die rechtsextreme Orientierung begünstigen. Autoritäre Persönlichkeitsstrukturen weisen eine geschlossene rechtsextreme Ideologie auf, die unter anderem durch familiäre Sozialisationsprozesse bedingt sein kann. Das autoritäre Persönlichkeitssyndrom ist durch eine Unterwerfung unter „starke" Autoritäten einerseits und durch die Abwertung von vermeintlich oder tatsächlich schwächeren Bevölkerungsgruppen andererseits charakterisiert. In Kombination mit dem Dogmatismuskonzept kann ein enger Zusammenhang zwischen frühkindlicher Sozialisation und Ausbildung von Persönlichkeitsmerkmalen angenommen werden, wobei Konzepte der kognitiven Psychologie die erklärenden Variablen darstellen (Rokeach, 1960), während sich die traditionelle Autoritarismustheorie auf psychoanalytische Konzepte stützt. Ebenso können Dimensionen der autoritären Persönlichkeit durch Wertorientierungen und -prioritäten verstärkt werden, die dem Einfluss von sozioökonomischen Faktoren auf die einzelnen Individuen unterliegen (Inglehart, 1989). Keinesfalls lässt sich aus diesen psychologischen und sozialpsychologischen Konzepten ein Automatismus ableiten, wonach eine bestimmte familiäre Konstellation und damit zusammenhängende Sozialisationsbedingungen auf jeden Fall zu einer autoritären Persönlichkeitsstruktur führen, die Individuen anfällig für rechtsextreme Orientierungen macht.

(2) Rechtsextreme Einstellungen können auch durch starke ökonomische und soziale Asymmetrien sowie durch damit enttäuschte Zukunftserwartungen verstärkt werden. Entscheidend dabei ist das Konzept der „relativen Deprivation". Darin werden Erwartungshaltungen und die Kluft zwischen dem Ist- und dem erwarteten Soll-Zustand beschrieben. Die relative Deprivation führt unter Umständen dazu, dass Personen, die einer ethnischen oder sozialen Minderheit angehören, abgewertet und negativ stereotypisiert werden. Gleichzeitig wird die eigene Position in der Gesellschaft als bedroht angesehen. Einschränkend ist zu bemerken, dass sozioökonomische Asymmetrien und relative Deprivation ganz unterschiedliche Konsequenzen für individuelles Handeln und kollektive Mobilisierung haben können (Bell, 1964). Rechtsextreme Positionen sind keineswegs zwingend.

(3) Die Folgen des sozialen Wandels stehen im Zentrum von vielen soziologischen und sozialpsychologischen Krisentheorien, die anhand von

individuellen Statuszuständen und gesellschaftlichen Veränderungen unterschiedliche Einstellungsdimensionen untersuchen. Dabei wird unterstellt, Modernisierung löse traditionale Beziehungen zwischen Individuen und gesellschaftlichen Institutionen auf. Dadurch reduzierten sich auch die gesellschaftlichen Steuerungsmöglichkeiten durch individuelle Verbindlichkeiten und die Formulierung normativer Erwartungen (Durkheim, 1973). Im Zuge des Schwindens verbindlicher Normen können Identitätsprobleme und Handlungsunsicherheiten entstehen. Die Folgen dieser individuellen Orientierungslosigkeit nehmen mit dem Grad des gesellschaftlichen Wandels zu und bedingen die Erosion von gesellschaftlichen Werten und Normen, was unter Umständen zu rechtsextremen Einstellungen führen kann (Heitmeyer, 1994). Auch das Erklärungspotenzial dieser Hypothese ist eingeschränkt, da rechtsextreme Orientierungen jedenfalls keine logische Konsequenz von Desintegrations- und Individualisierungsprozessen sein müssen. Rückblickend lässt sich sogar sagen, dass Individualisierungsprozesse im 20. Jahrhundert der Ausbreitung rechtsextremer und fremdenfeindlicher Positionen eher entgegenwirkten.

(4) Eine weitere zentrale Dimension stellen jene kulturellen und politischen Rahmenbedingungen dar, die Einfluss auf politische Einstellungen, Wahlentscheidungen und bis zu einem gewissen Grad auch auf das sonstige politisch-praktische Verhalten von Individuen haben. Die politische Kultur beeinflusst auch die Sozialisation und somit die Herausbildung bestimmter Persönlichkeitsmerkmale. Sie kann also autoritäre und ethnisch-nativistische Wertvorstellungen in einer Gesellschaft transportieren und damit rechtsextreme Orientierungen begünstigen (Almond & Verba, 1963). Während soziale Spannungen durch das Dysfunktional-Werden traditioneller Strukturen hervorgerufen werden, basiert der Kulturkonflikt auf konkurrierenden normativen und hegemonialen Vorstellungen insbesondere von Eliten, die auch von anderen Gruppen innerhalb der Gesellschaft übernommen werden. Inwiefern damit rechtsextreme Ideologieelemente transportiert werden, hängt somit nicht nur von der jeweiligen historisch-politischen Konstellation, sondern auch von den relevanten Bezugsgruppen des Individuums ab.

Operationalisierung rechtsextremer Orientierungen in Ost- und Westdeutschland

Als Datengrundlage für die Abschätzung des rechtsextremen Potenzials in Deutschland wurde von uns die Allgemeine Bevölkerungsumfrage der Sozialwissenschaften (ALLBUS) von 1996[4] herangezogen, dessen zentrale Erhebungsschwerpunkte Fremdenfeindlichkeit und Rechtsextremismus waren. Für die Erfassung der latenten Bestandteile rechtsextremer Orientierungen können aus dem ALLBUS 1996 vier Itemgruppen untersucht werden, die die Dimensionen Fremdenfeindlichkeit, Nationalismus, Antisemitismus und Autoritarismus abdecken[5]. Aus diesem repräsentativen Datensatz mit einer Stichprobengröße von etwa 3.500 Personen (Inländer und legal in Deutschland lebende Ausländer), haben wir für die folgenden Analysen nur Personen mit ausschließlich deutscher Staatsbürgerschaft berücksichtigt (3.250 Personen nach Gewichtung)[6].

(1) Tendenzen zur Fremdenfeindlichkeit
Zur Messung von fremdenfeindlichen Einstellungstendenzen können insgesamt elf Merkmalsausprägungen[7] aus dem ALLBUS 1996 herangezogen werden (Alba & Johnson, 2000). Viele dieser Items beinhalten Dimensionen der subjektiven Wahrnehmung von Ausländern sowie der Einstellung zur Anwesenheit von Ausländern in Deutschland. Die Ergebnisse zeigen eine auffallend höhere fremdenfeindliche Tendenz in Ostdeutschland (Lebhart & Münz, 2000) als in Westdeutschland. Dennoch bedarf die Zustimmung zu einer oder mehreren der

---

[4] Die Allgemeine Bevölkerungsumfrage der Sozialwissenschaften (ALLBUS) aus dem Jahr 1996 widmete sich dem Thema „Einstellungen gegenüber ethnischen Gruppen" und wird vom Zentrum für Umfragen, Methoden und Analysen (ZUMA) in Mannheim und dem Zentralarchiv für empirische Sozialforschung (ZA) in Köln betreut.

[5] Merkmalsausprägungen zu antidemokratischen und antipluralistischen sowie explizit pronationalsozialistischen Einstellungen konnten nicht mit einbezogen werden, da diese Kategorien rechtsextremer Orientierungen im ALLBUS 1996 nicht erhoben wurden.

[6] Westdeutschland: 2.578 Personen mit deutscher Staatsangehörigkeit; Ostdeutschland: 672 Personen mit deutscher Staatsangehörigkeit. Alle Angaben sind zum Ausgleich der Disproportionalität der Stichproben in Ost- und Westdeutschland mit Gewichtungsvariablen berechnet.

Abbildung 1: Fremdenfeindlichkeitsindex

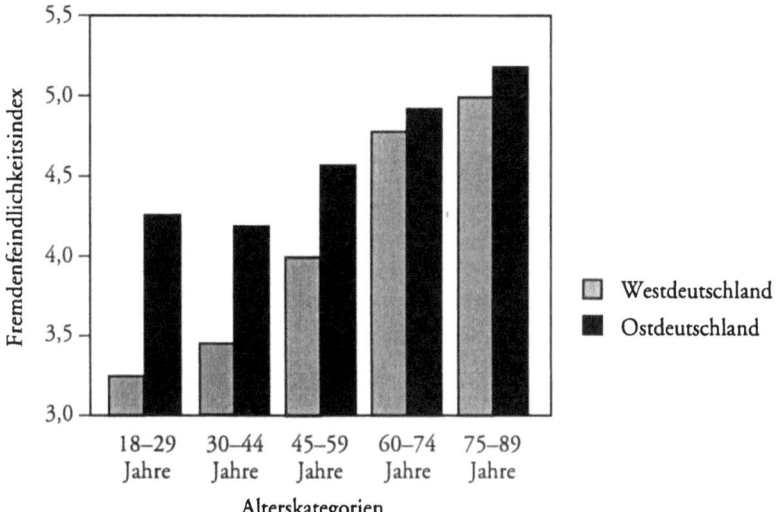

vorformulierten xenophoben Aussagen einer weiteren Interpretation. Denn wir müssen davon ausgehen, dass gerade einem Teil der ostdeutschen Befragten zu einzelnen der erfragten Items relevante Informationen fehlen[8].

---

[7] Items: (a) Ausländer sollten ihren Lebensstil an den der Deutschen anpassen; (b) Wenn Arbeitsplätze knapp werden, sollten Ausländer in ihre Heimat geschickt werden; (c) Ausländern sollte jede politische Betätigung untersagt werden; (d) Ausländer sind eine Belastung für das soziale Netz; (e) Ausländer sind eine Bereicherung für die Kultur in Deutschland; (f) Ausländer nehmen den Deutschen die Arbeitsplätze weg; (g) Ausländer begehen häufiger Straftaten als die Deutschen; (h) Anwesenheit von Ausländern führt zu Problemen auf dem Wohnungsmarkt; (i) Ausländer tragen zur Sicherung der Renten bei; (j) Ausländer machen die Arbeit, die die Deutschen nicht erledigen wollen; (k) Ausländer sollten unter sich heiraten.

[8] Ein Antwortmuster der Befragten über alle ausgewählten Items kann auf das Einstellungspotenzial gegenüber Ausländern hinweisen und Rückschlüsse über mögliche fremdenfeindliche Tendenzen geben. Mithilfe eines Summenindex aus allen Statements wurde der Fremdenfeindlichkeitsindex erstellt. Cronbachs α beträgt .84 und indiziert damit eine ausreichende Reliabilität.

Nur ein mehr oder weniger konsistentes Antwortmuster über alle ausgewählten Items kann einen Hinweis auf die Einstellungen der Befragten zu Ausländern und somit einen groben Überblick über die fremdenfeindlichen Orientierungsmuster geben. Dabei zeigt sich, dass fremdenfeindliche Einstellungen in Ostdeutschland insgesamt deutlich häufiger sind als in Westdeutschland. In beiden Teilen Deutschlands zeigt sich in den älteren Altersgruppen ein höheres Maß an Xenophobie. In Westdeutschland ist jedoch ein deutlich stärkerer Anstieg der Fremdenfeindlichkeit mit dem Alter zu erkennen als in Ostdeutschland. Dies hat damit zu tun, dass insbesondere bei der jüngeren Generation in Ostdeutschland ein deutlich höheres Potenzial an Fremdenfeindlichkeit zu beobachten ist.

(2) Antisemitismus

Einen gesonderten Aspekt fremdenfeindlicher und rechtsextremer Einstellungen stellt der Antisemitismus dar. Antisemitismus wurde in Deutschland nach 1945 zuerst tabuisiert und später vor allem in Westdeutschland öffentlich stark thematisiert und im Kontext der

Abbildung 2: Antisemitismusindex

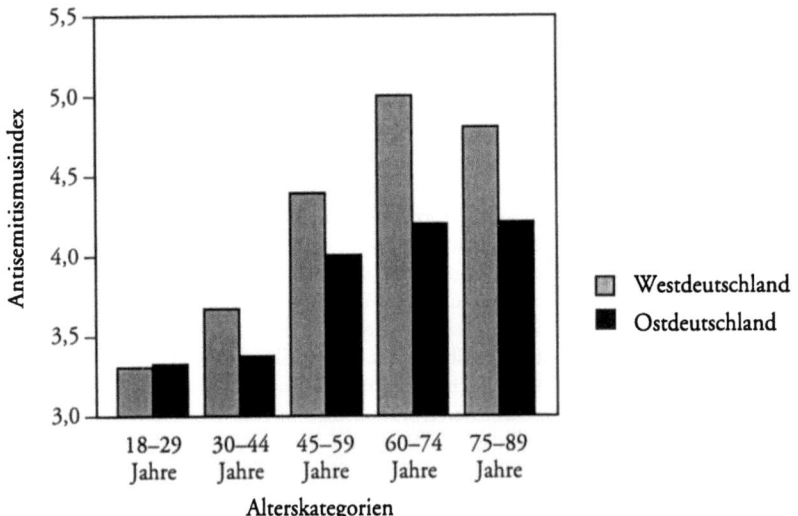

Darstellung und Analyse des Nationalsozialismus, insbesondere des Holocaust, aufgearbeitet, während das Problem in der DDR offiziell mit der Entwicklung einer sozialistischen Gesellschaft als „gelöst" galt (Bergmann & Erb, 2000). Auch heute zeigt sich ein Zusammenhang zwischen antisemitischen und fremdenfeindlichen Einstellungen (Alba & Johnson, 2000). Zur Erfassung der Einstellung gegenüber der jüdischen Bevölkerung wurden insgesamt drei Items berücksichtigt[9]. Die Ergebnisse zeigen, dass bei der jüngeren Bevölkerung – insbesondere bei den unter 30-Jährigen – im Niveau des Antisemitismus keine Unterschiede zwischen Ost- und Westdeutschland erkennbar sind. Auch der Antisemitismusindex zeigt mit zunehmendem Alter der Befragten eine steigende Tendenz, wobei der Anstieg in Westdeutschland etwas stärker ausgeprägt ist. Es kann angenommen werden, dass die Beantwortung der gestellten Fragen bei etlichen Befragten im Sinne der vermuteten „sozialen Erwünschtheit" erfolgt. Der latente Antisemitismus lässt sich somit durch die gewählte Erhebungsmethode nur zum Teil erfassen (Schmidt & Heyder, 2000). Trotz der öffentlichen Stigmatisierung des Antisemitismus stimmt eine Minderheit von beträchtlicher Größe den antisemitisch formulierten Statements zu. In dieselbe Richtung weist auch der überdurchschnittlich hohe Prozentsatz fehlender Werte (8 %).

(3) Nationalismus und Autoritarismus
Als ein zentrales Element rechtsextremer Einstellungen gilt ein übersteigerter, ethnisch fundierter Nationalismus. Der ALLBUS 1996 weist in diesem Zusammenhang nur ein Item auf, das als Indikator für eine nationalistische Haltung verwendet werden kann[10]. Die Ergebnisse zeigen auch hier, dass der Nationalstolz mit zunehmendem Alter

---

[9] Item 1: „Juden haben heute auf der Welt zu viel Einfluss." Item 2: „Viele Juden versuchen, aus der Vergangenheit des Dritten Reichs heute ihren Vorteil zu ziehen und die Deutschen dafür zahlen zu lassen." Item 3: „Durch ihr Verhalten sind die Juden an ihren Verfolgungen nicht ganz unschuldig." Ein weiteres Item – „Mich beschämt, dass Deutsche so viele Verbrechen an den Juden begangen haben." – ist negativ im Sinne einer antisemitischen Einstellung formuliert und nicht für die vorliegende Messung berücksichtigt.
[10] Item: „Ich bin generell stolz, Deutscher zu sein."

Abbildung 3: Nationalismusindex

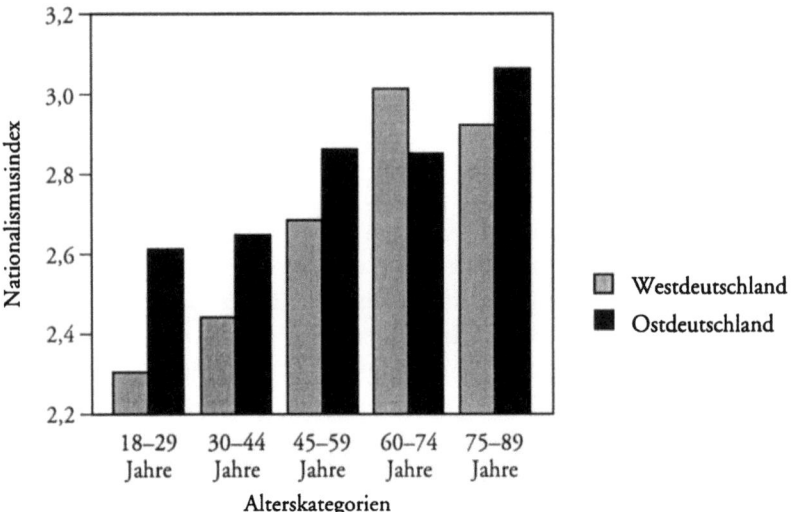

Abbildung 4: Autoritarismusindex

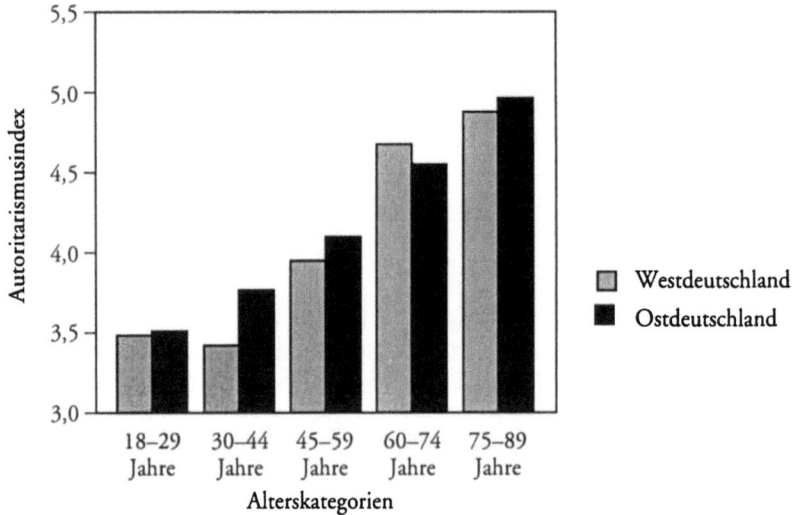

der Befragten stärker ausgeprägt ist. Auch bei dieser Dimension ist der Alterseffekt in Westdeutschland stärker ausgeprägt. Dabei zeigen ältere Westdeutsche ein höheres Maß an Nationalstolz als gleichaltrige Ostdeutsche. Bei den Jüngeren ist es umgekehrt. Sie zeigen in Ostdeutschland eine generell höhere nationalistische Einstellungstendenz.

Um das Ausmaß autoritärer Einstellungen zu erfassen, wird anhand zweier Items ein Index erstellt, der auf einer siebenstufigen Antwortskala abgebildet wird[11]. Es zeigt sich, dass für Ost- und Westdeutschland kaum Unterschiede zwischen den autoritären Einstellungen bestehen. Auch hier zeigt der Index einen Zusammenhang zwischen wachsender Stärke der autoritären Einstellung und dem zunehmenden Alter der Befragten.

Obwohl das Rechtsextremismuspotenzial auf Basis der analysierten Daten nicht zur Gänze erfasst und erklärt werden kann, ermöglicht die Daten-

Tabelle 1: Dimensionen des Rechtsextremismusindex

	Fremden-feindlichkeits-index	Antisemitismus-index	Nationalismus-index	Autoritarismus-index
Fremdenfeind-lichkeitsindex	1	0,458**	0,317**	0,280**
Antisemitismus-index	0,458**	1	0,243**	0,190**
Nationalismus-index	0,317**	0,243**	1	0,276**
Autoritarismus-index	0,280**	0,190**	0,276**	1

** Die Korrelation (nach Pearson) ist auf dem Niveau von 0,01 (2-seitig) signifikant.
Quellen: ALLBUS 1996; eigene Berechnungen.

---

[11] Item 1: „Wir sollten dankbar sein für führende Köpfe, die uns genau sagen können, was wir tun sollen und wie." Item 2: „Im Allgemeinen ist es einem Kind im späteren Leben nützlich, wenn es gezwungen wird, sich den Vorstellungen seiner Eltern anzupassen."

grundlage des ALLBUS 1996 die Erstellung einer Skala zur Messung des tendenziellen Rechtsextremismus. Auf Basis der oben angeführten Einstellungsdimensionen können anhand von Korrelationsmaßen die Zusammenhänge zwischen den einzelnen Determinanten dargelegt werden. Die Ergebnisse der Faktorenanalyse bestätigen zudem, dass die erfassten Einstellungen zu einer Einstellungsdimension zusammengefasst werden können. Diese erklärt in Ostdeutschland etwa 43,4 Prozent und in Westdeutschland rund 48,6 Prozent der Gesamtvarianz. Die Faktorenladungen weisen zudem hohe, kaum abweichende Werte auf.

Die Abbildung des tendenziellen Rechtsextremismus in Ost- und Westdeutschland kann auf der Basis dieser vier Indexdimensionen erfasst werden. Das Rechtsextremismuspotenzial ist im Wesentlichen ein relatives Maß, da die Grenze zwischen Personen mit extremer und solchen mit nicht extremer Einstellung aufgrund der vorhandenen Merkmalsausprägungen nicht eindeutig gezogen werden kann. Die Bandbreite des tendenziellen Rechtsextremismuspotenzials kann unter anderem mithilfe von Wertdefinitionen der rechtsextremen Einstellungsdimension vorgenommen werden[12].

Es ergibt sich nach unseren Berechnungen in Deutschland je nach Definitionsbandbreite ein Rechtsextremismuspotenzial, das sich zwischen 16 Prozent („stark ausgeprägtes Rechtsextremismuspotenzial") und 23 Prozent („stark und tendenziell ausgeprägtes Rechtsextremismuspotenzial") der erwachsenen inländischen Bevölkerung bewegt. Auch hier zeigt sich, dass die rechtsextreme Orientierung mit zunehmendem Alter zunimmt. Interessant ist jedoch, dass in Ostdeutschland das gemessene Potenzial an Rechtsextremismus bei der jüngeren Bevölkerung etwa doppelt so hoch ist wie in Westdeutschland. In den höheren Alterskohorten gleicht sich das Rechtsextremismusniveau zwischen Ost- und Westdeutschland zuerst an. Und bei den über 60-Jährigen ist der Rechtsextremismus in Westdeutschland stärker ausgeprägt als in Ostdeutschland. Zu-

---

12 Der Begriff des „stark ausgeprägten Rechtsextremismuspotenzials" wird definiert durch eine stark rechtsextreme Einstellung, wobei die Antworten der Befragten einen Wertebereich von mindestens 6 bei einer Skala von 1 bis 7 aufweisen. Der Indikator für das „starke und tendenzielle Rechtsextremismuspotenzial" liegt im oberen Fünftel des Wertebereichs.

Tabelle 2: Rechtsextremismuspotenziale in Ost- und Westdeutschland

	Alterskategorien					Gesamt
	18–29	30–44	45–59	60–74	75–89	
	Stark ausgeprägtes Rechtsextremismuspotenzial (in % aller Befragten gleichen Alters)					
Westdeutschland	4,0	9,9	17,2	32,3	33,8	16,3
Ostdeutschland	8,7	9,6	17,6	26,7	28,9	16,2
	Stark und tendenziell ausgeprägtes Rechtsextremismuspotenzial (in % aller Befragten gleichen Alters)					
Westdeutschland	7,4	13,6	25,1	43,4	46,3	22,8
Ostdeutschland	15,2	14,4	24,6	34,4	38,5	22,7

Quellen: ALLBUS 1996; eigene Berechnungen.

sammenfassend lässt sich sagen: Sowohl die „enge" wie auch die „breite" Rechtsextremismusdimension zeigen analoge Tendenzen in Ost- und Westdeutschland. Dieselben strukturellen Effekte zeigen sich somit bei beiden Definitionen des Rechtsextremismuspotenzials.

Determinanten rechtsextremer Orientierungspotenziale in Ost- und Westdeutschland

Ursachen und Auswirkungen rechtsextremer Strömungen wurden in den letzten Jahren in vielen Studien empirisch und theoretisch analysiert[13]. Diese zeigen, dass rechtsextreme Orientierungen nicht auf einzelne Ursachen zurückzuführen sind, sondern jeweils von einer Reihe von Faktoren beeinflusst werden. Statistisch von Einfluss sind die demographischen

---

[13] Zum Beispiel: Institut für Sozialforschung (Hrsg.): Rechtsextremismus und Fremdenfeindlichkeit, 1994; Forschungsinstitut der Friedrich-Ebert-Stiftung (Hrsg.): Fremdenfeindlichkeit und Gewalt (Nr. 15), 1993; Ursachen und Formen der Fremdenfeindlichkeit in der Bundesrepublik Deutschland, 1998; Rechtsextremismus und Fremdenfeindlichkeit im vereinten Deutschland: Erscheinungsformen und Gegenstrategien (Nr. 90), 1999.

Abbildung 5: Stark ausgeprägtes Rechtsextremismuspotenzial

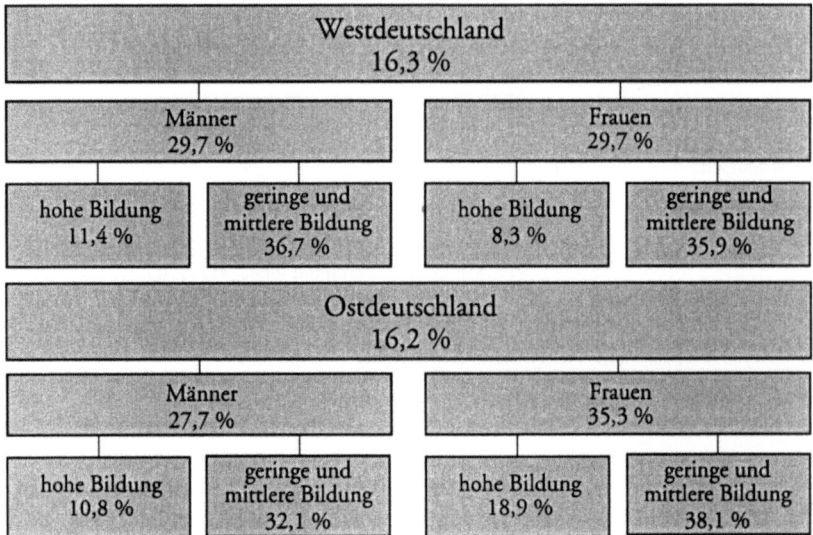

Quellen: ALLBUS 1996; eigene Berechnungen.

Komponenten Alter und Geschlecht, die regionale Zugehörigkeit, das Bildungsniveau sowie messbare relative Deprivation und gesellschaftliche Desintegration.

Im Folgenden werden einige dieser Determinanten anhand des ALLBUS 1996 geprüft. Berücksichtigt werden die demographischen Variablen Alter und Geschlecht, wobei der Einfluss des Alters bereits in der vorangegangenen Analyse deutlich wurde. Ferner werden der Einfluss des Bildungsniveaus, die relative Deprivation und der Indikator „eigene Arbeitslosigkeit" mit einbezogen. Der Einfluss der „sozialen Desintegration" wurde anhand mehrerer Items gemessen[14]. Die Ergebnisse der Regres-

---

[14] Der Index wurde aus mehreren Items gemessen, und zwar durch die Zustimmung zu den Aussagen, dass man bei dieser Zukunft keine Kinder mehr in die Welt setzen könne, Politiker uninteressiert an den einfachen Leuten seien, auch die Mehrheit der Deutschen kein Interesse an ihren Mitmenschen habe und mit einer Lageverschlechterung für einfache Leute zu rechnen sei.

sionsanalyse[15] zeigen, dass für Ost- und Westdeutschland insbesondere das Alter und das Bildungsniveau Einfluss ausüben. Der Indikator für relative Deprivation spielt dagegen nur in Westdeutschland eine bedeutende Rolle, wogegen der Indikator der sozialen Desintegration eher einen Einfluss auf das rechtsextreme Potenzial in Ostdeutschland hat. Das Geschlecht hat nur in Ostdeutschland einen leicht signifikanten Einfluss auf das Rechtsextremismuspotenzial. Widerlegt wird dagegen die oft aufgestellte Behauptung, dass individuelle Arbeitslosigkeit direkten Einfluss auf die rechtsextreme Orientierung hätte.

Die Ergebnisse zeigen, dass das Rechtsextremismusniveau in Westdeutschland zwischen Männern und Frauen keine wesentlichen Unterschiede aufweist. In Ostdeutschland dagegen sieht man eine deutlich stärkere Rechtsextremismustendenz bei den Frauen. Dieses Ergebnis widerspricht somit der Annahme, dass aufgrund geschlechtsspezifischer Sozialisation Männer eine stärkere Affinität zu rechtsextremen Positionen haben als Frauen. Vermutlich sind bei Frauen die rechtsextremen Tendenzen erst auf der Ebene der Handlungsaktivität geringer (Rommelspacher, 2001).

Der Einfluss des Bildungsniveaus wird ebenfalls deutlich sichtbar. Es zeigt sich, dass in den neuen Bundesländern beinahe jede fünfte Frau mit hohem Bildungsniveau (19 %) eine stark rechtsextreme Einstellung aufweist, was deutlich über dem Westniveau (8 %) liegt. Die rechtsextreme Orientierung bei den Männern mit hohem Bildungsabschluss (mindestens [Fach-]Abiturabschluss) in Ost- und Westdeutschland liegt dagegen deutlich unter dem Gesamtdurchschnitt (16 %). Ein wesentlich höheres rechtsextremes Niveau zeigt sich bei Personen in Westdeutschland mit niedrigem bzw. mittlerem Bildungsabschluss (höchstens Realschulab-

---

[15] Die standardisierten β-Koeffizienten für den Einfluss der Variablen auf das rechtsextreme Einstellungspotenzial betragen für das Alter in Westdeutschland .307 und in Ostdeutschland .215. und für das Bildungsniveau .258 bzw. .203. Die Koeffizienten für die relative Deprivation betragen im Westdeutschland dagegen .119 (Ostdeutschland: .050) und für den Index der sozialen Desintegration in Ostdeutschland .119 (Westdeutschland: .030). In den alten Bundesländern beträgt der Koeffizient für das Geschlecht –0.71 und in den neuen Bundesländern .047. Die individuelle Arbeitslosigkeit zeigt dagegen in beiden Teilen Deutschlands keine signifikanten Werte auf (Ostdeutschland: .010; Westdeutschland: .062).

Abbildung 6: Einfluss von relativer Deprivation auf rechtsextreme Einstellungen

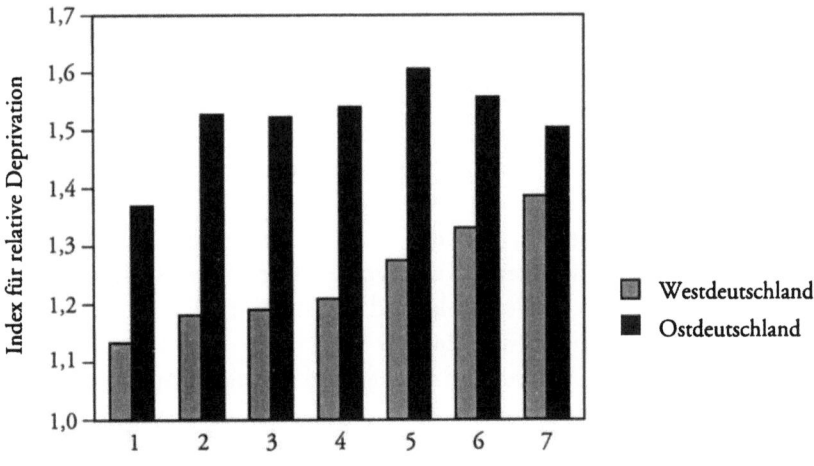

Index für stark ausgeprägtes Rechtsextremismuspotenzial

schluss), von denen etwa ein Drittel (36 %) eine rechtsextreme Einstellung aufweist. In dieser Gruppe haben die Männer aus Ostdeutschland ein geringeres Rechtsextremismuspotenzial (32 %) als westdeutsche Männer (37 %). Die Ergebnisse zeigen, dass der Anteil von Personen mit rechtsextremer Einstellung mit steigendem Bildungsgrad abnimmt.

Mit zunehmendem Alter steigt die rechtsextreme Einstellung in beiden Teilen Deutschlands deutlich an. Deutlich höher ist das rechtsextreme Niveau in Ostdeutschland nur bei den jüngeren Erwachsenen (unter 30-Jährige), wogegen in allen höheren Altersgruppen das Niveau des rechtsextremen Potenzials in Westdeutschland über jenem in Ostdeutschland liegt.

Die relative Deprivation ist in Ostdeutschland im Durchschnitt wesentlich höher als im alten Bundesgebiet. In Ostdeutschland hat sie keinen nennenswert steigernden Einfluss auf das rechtsextreme Potenzial. Die Deprivation ist im Schnitt bei den Befragten in Ostdeutschland, die sich im unteren Bereich des Rechtsextremismusindex befinden, ähnlich hoch wie bei jenen Befragten mit starker Tendenz zu rechtsextremen Ein-

Abbildung 7: Einfluss von sozialer Desintegration auf rechtsextreme Einstellungen

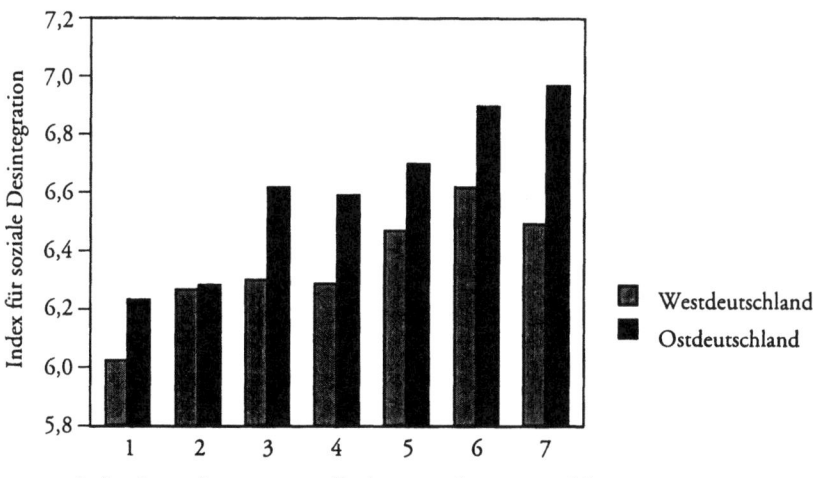

stellungen. Für Westdeutschland lässt sich hingegen ein klarer Zusammenhang zwischen relativer Deprivation und Rechtsextremismusindex feststellen. Je stärker die Westdeutschen das Gefühl der Benachteiligung empfinden, desto wahrscheinlicher ist bei ihnen die Tendenz zum Rechtsextremismus.

Die gemessene soziale Desintegration zeigt einen schwach positiven Einfluss auf die Einstellung der Befragten. In Ostdeutschland ist zu beobachten, dass die Neigung zu rechtsextremen Orientierungen mit wachsender sozialer Verunsicherung der Befragten zunimmt.

Das Alter der Befragten und der Wohnort (Ost/West) haben in Deutschland den stärksten Einfluss auf rechtsextreme Einstellungen. In Ost- und Westdeutschland nimmt mit zunehmendem Alter das Rechtsextremismuspotenzial zu. In den neuen Bundesländern zeigt sich allerdings bei den Befragten zwischen 18 und 29 Jahren ein doppelt so hohes Rechtsextremismusniveau wie in der entsprechenden Altersgruppe in Westdeutschland. Trotzdem weisen jüngere Personen insgesamt eine deutlich geringere rechtsextreme Tendenz auf als ältere. Sowohl der Alterseffekt als auch die Ost-West-Unterschiede lassen sich zum Teil mit den unterschiedlichen Sozialisationsbedingungen der verschiedenen Altersgruppen erklären, unter denen sich die jeweiligen Einstellungsmuster herausgebildet haben. Eine Erklärung für diese Unterschiede könnte in den unterschiedlichen Effekten des Alters und der Bildung liegen. Es wäre daher falsch, von einem reinen Alterseffekt zu sprechen. Vielmehr spielen hier Generationeneffekte bzw. Kohorteneffekte eine nicht zu unterschätzende Rolle.

Die demographische Variable „Geschlecht" zeigt dagegen nur in Ostdeutschland einen gewissen Einfluss auf rechtsextreme Einstellungen. Der Einfluss des Bildungsniveaus lässt dagegen vermuten, dass kognitive und soziale Kompetenz sowie politische und historische Informationen bei einem kürzeren Bildungsweg in geringerem Maße vermittelt werden. Hohes Bildungsniveau lässt dagegen nicht nur einen besseren Informationsstand und eine höhere soziale Stellung der Befragten, sondern möglicherweise auch eine Tendenz zur besseren Einschätzung sozial erwünschter Antworten vermuten. Bei Ostdeutschen zeigt sich ein gewisser Zusammenhang zwischen sozialer Verunsicherung und der Tendenz zu Rechtsextremismus. Vermutlich lässt sich dieser Zusammenhang dadurch erklären, dass der gesellschaftliche Umbruch auch soziale Unsicherheiten geschaffen hat und die konkrete Unzufriedenheit und Unsicherheit der Befragten darin ein Ventil finden. Dennoch zeigt sich ganz klar: Arbeitslosigkeit selbst hat keinen direkten Einfluss auf das Ausmaß rechtsextremer Orientierungen. Die relative Deprivation zeigt dagegen in Westdeutschland einen Einfluss auf das Rechtsextremismuspotenzial. Für das Rechtsextremismusniveau in den neuen Bundesländern werden bisweilen Defizite der politischen Kultur angeführt, deren Ursachen in der ehemaligen DDR liegen. Die Nachwirkungen autoritärer Einstellungsmuster in der DDR-Gesellschaft sind als Begründung jedoch nicht haltbar. Wie die Ergebnisse zeigen, unterscheidet sich das Niveau autoritärer Einstellungen in Ost- und Westdeutschland kaum.

Einstellungen zur Zuwanderung in europäischen Staaten

In den letzten Jahrzehnten hat die Zuwanderung nach Europa zugenommen. Aus ehemaligen Auswanderungsländern wurden Einwanderungsländer. Damit wurden die neuen Aufnahmegesellschaften ethnisch und religiös heterogener. Innerhalb Deutschlands gilt diese Diagnose allerdings nur für das alte Bundesgebiet, während es kaum Zuwanderung in die DDR gab und die Ausländeranteile in den neuen Bundesländern bis heute zu den niedrigsten im EU-Raum gehören. Zur Diagnose wachsender Heterogenität der neuen Einwanderungsgesellschaften gehört die Annahme, dass es neben den nationalen und ethnischen Abgrenzungen auch deutliche Hierarchisierungen zwischen den einzelnen Migrantengruppen gibt. Während die Abgrenzungskriterien primär über die ethnischen Merkmale (Herkunft, Kultur und Religion) erfolgen, lassen sich Hierarchisierungen über sozioökonomische Komponenten festmachen, die über den Status einer Bevölkerungsgruppe entscheiden.

Die EU-Beobachtungsstelle zu Rassismus und Fremdenfeindlichkeit (EUMC) präsentierte Mitte des Jahres 2001 eine Studie zur Einstellung gegenüber Zuwanderern und Minderheiten in Europa. Der Schwerpunkt der Eurobarometer-Umfrage lag auf dem internationalen Vergleich sowie dem Zeitvergleich zwischen 1997 und 2000 und zeigt, wie widersprüchlich die Einstellungen von EU-Bürgern gegenüber Migranten sind. Die Ergebnisse der Studie belegen, dass sich die Einstellung gegenüber Minderheiten und Zuwanderern in vielen EU-Mitgliedstaaten etwas zum Positiven verändert hat. So steigt die Zahl der Befragten, die politische Maßnahmen zur Verbesserung des Zusammenlebens von Mehrheiten und Minderheiten befürworten, zwischen 1997 und 2000 von 17 auf 21 Prozent an. Die Ergebnisse weisen aber auch auf eine negative Entwicklung hin: Eine im Anstieg begriffene Mehrheit der Europäer befürchtet, dass Minderheiten eine Bedrohung für den sozialen Frieden und für das gesellschaftliche Wohlergehen darstellen (1997: 37 %; 2000: 42 %). Minderheiten und Einwanderer werden als Ursachen gesehen, wenn es um Erklärungen für den Verlust von Arbeitsplätzen, den Abbau von sozialen Leistungen oder die Minderung von Bildungschancen geht. Sie erfüllen dabei eher die Rolle von Sündenböcken, als dass sie mit solchen Entwicklungen ursächlich verbunden sind. Eine Minderheit von Europäern (14 %) fühlt sich durch die Existenz von Minderheiten persönlich gestört (Talhammer u.a., 2001).

Mit Blick auf das Spektrum und die Herkunft zukünftiger Migranten zeigen die Ergebnisse, wie der Zuzug von Asylsuchenden, von EU-Bürgern und von Personen aus den Nicht-EU-Ländern in EU-Staaten nach Ansicht der Befragten zukünftig geregelt werden sollte. Nur ein Fünftel der EU-Bevölkerung vertritt einen uneingeschränkten Zuzug von Personen aus islamischen Staaten (19 %) sowie aus Ostmitteleuropa (22 %). Dabei zeigt sich, dass die Zustimmung in Italien (31 %) und Spanien (32 %) sowie in den nordeuropäischen Staaten Dänemark (29 %) und Schweden (38 %) für Zuwanderung aus islamischen Staaten deutlich über dem EU-Durchschnitt liegt. Ebenso deutlich wird die Zuwanderung aus Ostmitteleuropa akzeptiert. Viel stärker zeigt sich die Ablehnung beim Zuzug aus islamischen Staaten, wo etwa ein Drittel der belgischen Bevölkerung (32 %) und der deutschen Bevölkerung (32 %) einen Zuzug aus diesen Ländern kategorisch ablehnt. In den Niederlanden (72 %) und in Österreich (71%) ist die Mehrheit der Bevölkerung ebenfalls für einen Zuzug aus islamischen Staaten, jedoch mit Beschränkung.

Obwohl es im Prinzip für alle Bürger der Europäischen Union in jedem der derzeit 15 Mitgliedstaaten Niederlassungsfreiheit und einen freien Zugang zum EU-Arbeitsmarkt gibt, akzeptieren nur vier von zehn Befragten (42 %) in der Europäischen Union den Zuzug von Bürgern anderer EU-Staaten. Derzeit plädiert jeder zweite EU-Bürger (50 %) für Zuwanderungsbegrenzung auch für Personen aus anderen EU-Staaten. In Österreich (63 %), den Niederlanden (62 %) sowie in Irland (57 %) und Deutschland (57 %) liegt der Anteil jener Personen, die für eingeschränkte Binnenmobilität in der Europäischen Union eintreten, über dem EU-Durchschnitt. Am stärksten ist der Wunsch nach einem Zuwanderungsstopp für EU-Bürger in Deutschland (15 %) und Großbritannien (15 %). Die größte Zustimmung zur rechtlich verankerten Freizügigkeit in Europa lässt sich wiederum in jenen Staaten beobachten, in denen sich auch ein größerer Teil der Bevölkerung für einen Zuzug aus Drittstaaten ausspricht.

Eine gesonderte Auswertung für Ost- und Westdeutschland zeigt, dass die Bereitschaft zur vorbehaltlosen Aufnahme von Zuwanderern aus anderen EU-Staaten in Ostdeutschland noch etwas geringer ist als in Westdeutschland (Ost: 21 %; West: 32 %). Menschen aus moslemischen Län-

Tabelle 3: Einstellungen zur Zuwanderung in die Europäische Union (in %)

Staaten	Islamische Staaten*			Osteuropa**			Europäische Union***		
	A	AB	KA	A	AB	KA	A	AB	KA
Belgien	12	56	32	13	59	28	40	47	13
Dänemark	29	63	8	36	59	5	62	37	1
Deutschland	6	61	32	10	67	23	28	57	15
West	*8*	*63*	*31*	*11*	*65*	*23*	*33*	*52*	*14*
Ost	*4*	*62*	*34*	*9*	*70*	*22*	*23*	*62*	*16*
Finnland	22	66	12	24	67	8	49	46	5
Frankreich	14	64	22	18	69	13	40	54	7
Griechenland	10	70	20	13	71	15	40	54	6
Großbritannien	19	62	18	20	64	17	31	54	15
Irland	18	68	14	18	71	11	38	57	5
Italien	31	58	10	33	58	9	57	40	4
Luxemburg	9	63	27	12	67	21	39	55	6
Niederlande	11	72	17	12	74	14	27	62	11
Österreich	15	71	14	15	75	11	29	63	8
Portugal	21	58	21	24	59	17	45	48	7
Schweden	38	54	8	47	49	4	61	36	2
Spanien	32	62	6	37	60	3	60	39	1
EU-15 (N = 14.932)	19	63	18	22	65	14	42	50	8

A = Akzeptanz, AB = Akzeptanz mit Beschränkung, KA = Keine Akzeptanz.
* If people from Muslim countries wish to work here in the European Union, do you think they should: (a) be accepted without restrictions, (b) be accepted, but with restrictions, (c) not be accepted.
** And what about people coming from Eastern Europe who wish to work in the West?
*** And what about citizens of other countries of the European Union, who wish to settle in (our country)?
Quellen: EUMC; eigene Berechnungen.

dern werden am wenigsten vorbehaltlos akzeptiert. 8 Prozent der befragten Westdeutschen und nur 4 Prozent der Ostdeutschen befürworten eine Aufnahme dieser Zuwanderungsgruppe. Die Repatriierung von Zuwanderern wird in Deutschland zudem stärker befürwortet als in anderen EU-Staaten (Deutschland: 25 %; EU-15: 20 %). Gesetzliche Regelungen gegen Diskriminierung von Minderheitengruppen treffen in Ostdeutschland (38 %) auf stärkere Befürwortung als in Westdeutschland (30 %). Zusammenfassend belegt die Studie, dass Intoleranz im Wesentlichen ein Phänomen der jungen Generation in Ostdeutschland und der älteren Generation in Westdeutschland ist (Lebhart, 2001b; Talhammer, 2001).

Skepsis gegenüber Ausländern und zukünftigen Immigranten oder die offene Ablehnung dieser Personengruppen sind in der Regel mit Fragen der eigenen Identität verbunden. Hinter der Abwertung der „Fremden" verbergen sich zum Teil Abgrenzungsversuche zwecks Definition des „Eigenen". Zugleich scheint das Schlagwort „Zuwanderung" bei vielen die Befürchtung auszulösen, die eigene Kultur und somit einen Teil der eigenen Identität zu verlieren. Aber Ausländer und potenzielle Zuwanderer werden auch als Konkurrenten um Arbeitsplätze angesehen. Restriktive Asyl- und Zuwanderungsgesetze, verschärfte arbeitsmarktrechtliche Bestimmungen sowie fehlende Integrationskonzepte erzeugen überdies ein Klima, das Integration erschwert und ausländische Zuwanderer als Gruppe erscheinen lässt, die auch einem Teil der staatlichen Institutionen als „gefährlich" oder besonders „kontrollbedürftig" erscheint. Die Ergebnisse machen deutlich, dass Zuwanderung nach Europa und die Integration von Zuwanderern in Europa insgesamt zwei politische Konfliktfelder darstellen. Diese Konfliktfelder gewinnen zu Beginn des 21. Jahrhunderts eine zusätzliche Dimension: Denn es geht zukünftig nicht mehr um mehr oder weniger Abschottung, sondern verstärkt um die Organisation geregelter Zuwanderung und Integration im nationalen Eigeninteresse der Zielländer – eine Wende, die auch mit der demographischen Alterung und Schrumpfung der europäischen Bevölkerung sowie mit der ungedeckten Nachfrage auf nationalen Arbeitsmärkten zu tun hat.

Fazit

Um Fremdenfeindlichkeit und Rechtsextremismus präventiv entgegenzutreten, sind Konzepte auf der gesellschaftspolitischen Ebene notwendig. Die Politik ist gefordert, durch Aufklärung und Integrationsangebote die Ethnisierung sozialer Probleme zu verhindern und durch eine entsprechende Sozial- und Wirtschaftspolitik soziale Konfliktpotenziale zu ver-

Rechtsextremismus in Ost- und Westdeutschland 115

mindern, um möglichen Nährboden für Fremdenfeindlichkeit und Rechtsextremismus zurückzudrängen. Mit Sicherheit gibt es keine Patentrezepte gegen Rechtsextremismus, aber eine Investition in die Umsetzung und Weiterentwicklung bereits vorhandener Gegenstrategien ist zur Stärkung der demokratischen Kultur Deutschlands notwendig.

Fremdenfeindlichkeit und Rechtsextremismus sind in den 1990er Jahren in vielen europäischen Staaten zu einem politischen und gesellschaftlichen Problem geworden. Dies ist nicht nur auf den Fall des Eisernen Vorhangs, die Öffnung der Grenzen gegenüber Ostmitteleuropa und den Anstieg der Zuwanderung von Arbeitsmigranten, Asylbewerbern, Bürgerkriegsflüchtlingen – sowie im Falle Deutschlands auch von Aussiedlern – aus Ostmittel- und Osteuropa zurückzuführen. Fremdenfeindlichkeit und Rechtsextremismus hatten auch in allgemeiner Desorientierung, Ratlosigkeit und Perspektivlosigkeit ihre Ursachen. Sie waren Ausdruck in einer seit Jahrzehnten in Teilen Westeuropas vorhandenen und von der Politik über Jahre hinweg dementierten Einwanderungssituation. Seit den 1970er Jahren ertönte periodisch der Ruf nach besserer Abschottung, die jedoch nicht zur Gänze eingelöst werden konnte. Rechtsradikale und fremdenfeindliche Tendenzen waren deshalb nicht bloß unvermeidliche Begleiterscheinungen von Zuwanderung und Eingliederung, sondern auch eine Folge dessen, was als Hilflosigkeit oder Versagen von Politik wahrgenommen wurde. Die gegenüber Migranten skeptische bis ablehnende Rhetorik eines Teils der tonangebenden Politiker schien xenophobe Haltungen zu legitimieren. Und so mancher Rechtsradikale hatte den Eindruck, durch fremdenfeindliche Übergriffe eine harte Linie gegenüber Ausländern durchzusetzen, zu der die Politik zwar bereit, aber nicht in der Lage wäre.

Die Gestaltung von Zuwanderung und die Integration von Migranten sind heute keine marginalen, sondern zentrale Gestaltungsaufgaben. Denn durch die zukünftige Entwicklung von Bevölkerung und Arbeitsmarkt wird Zuwanderung in ihrer Bedeutung noch zunehmen. Migrationspolitik kann zudem nur erfolgreich sein, wenn sie sich auf einen möglichst breiten Grundkonsens stützen kann. Sie kann und soll in einer freiheitlichen Demokratie nicht gegen die einheimische Mehrheit durchgesetzt werden. Für die Akzeptanz der zugewanderten Minderheiten muss aber bei den Einheimischen um eine Mehrheit geworben werden.

Literatur

Alba, Richard & Johnson, Michelle. (2000). Zur Messung aktueller Einstellungsmuster gegenüber Ausländern in Deutschland. In Richard Alba, Peter Schmidt & Martina Wasmer (Hrsg.), *Deutsche und Ausländer. Freunde, Fremde oder Feinde?* (S. 229–254). Wiesbaden: Westdeutscher Verlag.

Almond, Gabriel & Verba, Sidney. (1963). *The civic culture. Political attitudes and democracy in five nations.* Princeton: Princeton University Press.

Bell, Daniel. (1964). *The radical right. The new American right expanded and updated.* New York: Garden City.

Bergmann, Werner & Erb, Rainer. (2000). Antisemitismus in Deutschland. In Richard Alba, Peter Schmidt & Martina Wasmer (Hrsg.), *Deutsche und Ausländer. Freunde, Fremde oder Feinde?* (S. 401–438). Wiesbaden: Westdeutscher Verlag.

Durkheim, Emile. (1973). *Der Selbstmord.* Darmstadt: Luchterhand. (Nachdruck: Frankfurt a.M.: Suhrkamp)

Friedrich, Walter. (2001). Ist der Rechtsextremismus im Osten ein Produkt der autoritären DDR? *Aus Politik und Zeitgeschichte. Das Parlament,* B46, 16–23.

Heitmeyer, Wilhelm (Hrsg.). (1994). *Das Gewalt-Dilemma. Gesellschaftliche Reaktionen auf fremdenfeindliche Gewalt und Rechtsextremismus.* Frankfurt a.M.: Suhrkamp.

Inglehart, Ronald. (1989). *Kultureller Umbruch. Wertewandel in der westlichen Welt.* Frankfurt a.M.: Campus.

Lebhart, Gustav. (2001a). *Anstieg von Fremdenfeindlichkeit und Rechtsextremismus.* Berlin: Humboldt-Universität zu Berlin, Bevölkerungswissenschaft (Newsletter Migration und Bevölkerung, Ausgabe 2).

Lebhart, Gustav. (2001b). *Einstellungen gegenüber Minderheiten und Zuwanderern.* Berlin: Humboldt-Universität zu Berlin, Bevölkerungswissenschaft (Newsletter Migration und Bevölkerung, Ausgabe 3).

Lebhart, Gustav & Münz, Rainer. (2000). Fremdenfeindlichkeit und Einstellung zu Migration in Deutschland und Österreich. *Journal für Konflikt- und Gewaltforschung, 2* (2), 147–162.

Pfahl-Traughber, Armin. (2000). Die Entwicklung des Rechtsextremismus in Ost- und Westdeutschland. *Aus Politik und Zeitgeschichte. Das Parlament,* B39, 3–14.

Rokeach, Milton. (1960). *The open and closed mind.* New York: Basic Books.

Rommelspacher, Birgit. (2001). Das Geschlechterverhältnis im Rechtsextremismus. In Wilfried Schubart & Richard Stöss (Hrsg.), *Rechtsextremismus in der Bundesrepublik Deutschland. Eine Bilanz* (S. 199–219). Opladen: Leske + Budrich.

Schmidt, Peter & Heyder, Aribert. (2000). Wer neigt eher zu autoritärer Einstellung und Ethnozentrismus, die Ost- oder die Westdeutschen? Eine Analyse mit Strukturgleichungsmodellen. In Richard Alba, Peter Schmidt & Martina Wasmer (Hrsg.), *Deutsche und Ausländer. Freunde, Fremde oder Feinde?* (S. 439–484). Wiesbaden: Westdeutscher Verlag.

Stöss, Richard. (1999). *Rechtsextremismus im vereinten Deutschland.* Bonn: Friedrich-Ebert-Stiftung.

Talhammer, Eva. (2001). Einstellungen gegenüber Minderheitengruppen in West- und Ostdeutschland. Eine Analyse der Eurobarometer 2000 Erhebung im Auftrag der Europäischen Stelle zur Beobachtung von Rassismus und Fremdenfeindlichkeit (EUMC). Wien: SORA.

Talhammer, Eva, Zucha, Vlasta, Enzenhofer, Edith, Salfinger, Brigitte & Ogris, Günther. (2001). *Attitudes towards minority groups in the European Union. A special analysis of the Eurobarometer 2000 survey on behalf of the European Monitoring Centre on Racism and Xenophobia by SORA*. Wien: SORA.

Winkler, Jürgen. (2001). Rechtsextremismus. Gegenstand, Erklärungsansätze, Grundprobleme. In Wilfried Schubart & Richard Stöss (Hrsg.), *Rechtsextremismus in der Bundesrepublik Deutschland* (S. 38–68). Opladen: Leske + Budrich.

Klaus F. Zimmermann
Fremdenfeindlichkeit, Zuwanderung und Ökonomie

Fremdenfeindlichkeit – ein beunruhigendes Phänomen

Fremdenfeindlichkeit und Rechtsextremismus sind ein beunruhigendes und komplexes Thema. Richtigerweise muss deshalb die Auseinandersetzung mit diesem Phänomen über verkürzte Erklärungsansätze hinausgehen und der Komplexität der Wirkungszusammenhänge Rechnung tragen. Nun ist Fremdenfeindlichkeit beileibe kein neues Phänomen. So müssen wir uns durchaus selbstkritisch befragen, warum wir uns immer noch vor allem im Stadium der Diagnose befinden, aber noch nicht zu den überzeugenden Handlungsstrategien gefunden haben, die notwendig sind, um dem Problem Herr zu werden.

Ich glaube nicht, dass daher eine Überprüfung des strafrechtlichen Instrumentariums, das Verbot von Parteien oder Appelle zu mehr Toleranz wirklich weiterhelfen. Die Reform des Staatsangehörigkeitsrechts, vor allem aber der unter dem Stichwort „Greencard" endlich gelungene Einstieg in eine halbwegs sachliche Diskussion um den ökonomischen Nutzen von Zuwanderung scheinen mir die wichtigeren Etappen zu sein.

Und dennoch: Gegenwärtig spricht wenig dafür, dass Fremdenfeindlichkeit und Rechtsextremismus auf dem Rückzug wären. Die Zahlen der Statistik sprechen eine ganz andere Sprache. Dass das Thema derzeit nicht die Schlagzeilen beherrscht, liegt im Wesentlichen wohl daran, dass zurzeit keine schweren Straftaten mit Todesfolge zu verzeichnen sind. Zur Entwarnung ist das kein Anlass, sondern vielmehr dazu, eine systematische Bekämpfungsstrategie zu entwickeln.

Dazu gehört aus ökonomischer Sicht dreierlei: zum einen eine kritische Beleuchtung der wirtschaftlichen *Ursachen* von Gewalt und Extremismus, zum anderen die Analyse der ökonomischen *Folgen* von Intoleranz und Ausländerfeindlichkeit – und schließlich ein ökonomisch motivierter Vorschlag, mit welchen *politischen Maßnahmen* die Eindämmung der Xenophobie gelingen könnte.

Wirtschaftliche Not und Fremdenfeindlichkeit

Immer wieder ist die Behauptung zu hören, vor allem in wirtschaftlich weniger prosperierenden Zeiten sei Fremdenfeindlichkeit auf dem Vormarsch, während sozialer Wohlstand weitgehend immun mache gegen dieses Gift. Dahinter verbirgt sich allerdings eine sehr vereinfachende Wahrnehmung der Dinge.

Die Rädelsführer von Gewalt und Extremismus sind in sehr vielen Fällen gerade nicht diejenigen, die man als „Opfer des Fortschritts" bezeichnen könnte. Auch die Anhänger rekrutieren sich längst nicht nur aus einem bestimmten sozialen Milieu. Im Übrigen belegt die Statistik, dass gerade die ökonomische Boomphase in der ersten Zeit nach der deutschen Vereinigung auch zu einem neuen Höchststand an fremdenfeindlichen oder rechtsextremistischen Übergriffen geführt hat.

Fremdenfeindlichkeit und Rechtsextremismus sind tatsächlich, darauf ist oft schon hingewiesen worden, ein gesamtgesellschaftliches Phänomen, dessen Ursachen kaum entwirrbar miteinander verwoben sind. Diffuse Stimmungsströmungen wirken zumeist weitaus stärker darauf ein als die subjektive Einschätzung der eigenen materiellen Situation.

Aber es gilt auch: Überforderung durch den rasanten Strukturwandel, anhaltende hohe Arbeitslosigkeit (vor allem unter Jugendlichen), Orientierungs- und Perspektivlosigkeit, politisch instrumentalisierte Befürchtungen gegenüber Asylsuchenden und Migranten, aufkeimende nationalistische Bestrebungen nach der Wiedervereinigung – die Liste von Erklärungsansätzen ließe sich fortsetzen und bliebe wahrscheinlich dennoch unvollständig.

Ausländerfeindlichkeit hat es in Deutschland und anderswo auch in Zeiten wirtschaftlicher Blüte gegeben, und sie tritt beinahe traditionell dort besonders in Erscheinung, wo kaum oder gar keine Ausländer leben, die vermeintlich Arbeitsplätze wegnehmen oder finanzielle Leistungen aus den öffentlichen Kassen erhalten könnten.

Auch das spricht dafür, dass es vor allem die eigene „Unsicherheit in der Unübersichtlichkeit" ist, wie es die ehemalige Ausländerbeauftragte der Bundesregierung einmal formuliert hat, die labil macht für die Einflüsterungen der rechten Gaukler und Hetzer. Der rasche Wandel, in dem wir uns befinden und der durch den immer rasanteren technischen Fortschritt noch dynamisiert wird, verändert das Gesicht unserer Gesellschaft und erfordert immer neue Anpassungsprozesse. Das ist unbequem und lässt manche Menschen mit ihren Sorgen allein. Doch das darf nicht als Rechtfertigung herhalten für Gewalt und Intoleranz.

Die wirtschaftliche Lage wie die Arbeitslosigkeit selbst ist ganz offensichtlich nicht der ausschlaggebende Impuls für Fremdenfeindlichkeit, auch wenn rechtsextreme Gruppierungen Strukturwandel und Arbeitslosigkeit in ihrer Propaganda immer wieder instrumentalisieren. Die Sorge um den eigenen Arbeitsplatz oder gar die eigene Arbeitslosigkeit kann eine vorhandene Grundtendenz zwar verstärken, es muss aber schon vorher ein Bodensatz an Vorurteilen und Unsicherheiten vorhanden sein.

Dies führt zu der Überlegung, dass es offenbar bislang nicht gelungen ist, den erheblichen Beitrag von Ausländern zu unserem Wohlstand nachhaltig zu verdeutlichen. Ebenso wirkt sich an dieser Stelle negativ aus, dass Deutschland zwar über ein gerüttelt Maß an Zuwanderung verfügt, sie aber wenig transparent organisiert. Auch das kann Überforderungsgefühle provozieren. Unberechenbarkeit der Zuwanderung ist ein Haupteinfallstor für ausländerfeindliche Tendenzen. Darüber hinaus mangelt es aber zweifellos auch an einer in sich schlüssigen Integrationspolitik, die klare „Spielregeln" vorgibt und die Befürchtungen zerstreut, als Einheimischer zum Fremden im eigenen Land zu werden. Ich komme auf diese Gesichtspunkte noch einmal zurück.

Ausländerfeindlichkeit und Investitionen

Es gehört zu den Eigenheiten des Medienzeitalters, dass Informationen überall auf dem Erdball in „Echtzeit" präsent sind und Netzwerke in großer Geschwindigkeit miteinander kommunizieren. Rechtsextreme Gruppierungen nutzen das Internet immer unverhohlener und verbreiten ihre ausländerfeindliche Propaganda weltweit. Aber auch Meldungen über rassistische Straftaten in Deutschland finden heute eine weit größere und raschere Verbreitung, als dies früher der Fall war. Das Echo auf solche Vorkommnisse ist heute weniger kalkulierbar denn je.

Das heißt aber auch, dass der Erwartungsdruck auf Politik und Gesellschaft größer geworden ist. Die Globalisierung erfordert auch in dieser Hinsicht kürzere Reaktionszeiten. Dessen muss man sich bewusst sein.

Nach der Welle von Gewalt gegen Ausländer vor rund einem Jahrzehnt dürfen wir uns über die große Aufmerksamkeit aus dem Ausland ohnehin nicht wundern, selbst wenn dort durchaus ähnliche Probleme auftreten.

Die Folgen von Fremdenfeindlichkeit und Gewalttaten gegen Ausländer erfassen auch die Wirtschaft. Anderes zu erwarten wäre naiv. Immens sind allein schon die volkswirtschaftlichen Ressourcen, die durch Beobachtung und Bekämpfung, Strafverfolgung, Rechtsprechung und Strafvollzug, Aufklärungskampagnen und Sozialarbeit gebunden sind. Die Gefahr des Imageverlustes – besser des Verlustes an Glaubwürdigkeit –, von der die Wirtschaftsverbände sprechen, ist nicht von der Hand zu weisen. Im Gegenteil: Er dürfte längst eingetreten sein.

Genaue Bewertungen dazu gibt es allerdings nicht. Niemand kann exakt angeben, wie groß der eingetretene Flurschaden tatsächlich ist. Nach dem gegenwärtigen Stand ist gar nicht einmal davon auszugehen, dass das Interesse ausländischer Investoren am Standort Deutschland hiervon entscheidend beeinflusst worden wäre. Die Auslandsdirektinvestitionen jedenfalls sind in den letzten Jahren kontinuierlich gestiegen. Davon hat gerade auch Ostdeutschland in hohem Maße profitiert. Schwerer zu beantworten ist die Frage, ob der Anstieg der ausländischen Investitionen ohne fremdenfeindliche Vorfälle nicht noch höher hätte ausfallen können. Die Antwort lautet vermutlich „Ja" – seriöse Informationen dazu gibt es aber nicht.

Bei Entscheidungen größerer Investoren für oder gegen den Standort Deutschland spielen andere Faktoren – wie strukturelle Bedingungen, steuerliche Regelungen und Investitionsanreize oder aber die Verfügbarkeit qualifizierten Personals und die politische Berechenbarkeit – sicherlich eine gewichtigere Rolle. Das Beispiel des japanischen Automobilbauers Toyota, der nach anfänglichen Investitionsplanungen für einen Standort in Brandenburg letztlich in Sachsen investiert hat und dies nicht zuletzt mit der Gewalt gegen Ausländer in Brandenburg begründet hat, ist

Fremdenfeindlichkeit, Zuwanderung und Ökonomie

letztlich atypisch. Einzelne Umfrageergebnisse, wonach Investoren ihr Interesse von Ost- nach Westdeutschland verlagert hätten, können ebenfalls keine allgemeine Tendenz belegen.

Die Investitionen aus dem Ausland scheinen insgesamt nur begrenzt unter fremdenfeindlichen Exzessen zu leiden. Es fehlen allerdings verlässliche Untersuchungen darüber, sodass ein Fragezeichen sehr wohl bleibt. Und die Vorfälle in Ostdeutschland schaden zweifellos der Gesundung der wirtschaftlichen Strukturen dort.

Unterhalb der unternehmerischen Ebene ergibt sich ein klareres Bild. Man braucht kein Hellseher zu sein, um zu vermuten, dass der sprichwörtliche indische IT-Spezialist, der sich für eine deutsche Greencard interessiert, fremdenfeindliche Gewalt in Deutschland aufmerksam registriert und in seine Entscheidungsfindung einfließen lässt.

Das nicht gerade überwältigende Interesse an den Greencards vor allem hierauf zurückzuführen, wäre gewiss falsch. Auch hier spielen andere Motive wie die hohe Steuerlast in Deutschland, das nur befristete Aufenthaltsangebot, die Sprachbarriere sowie fehlende ethnische Netzwerke wohl eine wichtigere Rolle. Aber wer sich wie der sprichwörtliche indische Programmierer den Luxus erlauben kann zu wählen, wo er seine begehrte Arbeitskraft anbietet, der wird neben rationalen Argumenten ohne Frage auch emotionale Aspekte bei seiner Entscheidung berücksichtigen. Insofern können Nachrichten über rechtsextreme Gewalt oder ein vermeintlich fremdenfeindliches Klima in Deutschland fatale Wirkungen entfalten und die Bemühungen um ausländische Spitzenkräfte konterkarieren. Unsere Wettbewerbsposition auf dem Weltmarkt für Arbeit ist weder gefestigt, noch wird sie durch solche Erfahrungen gestärkt.

Berichte über die Weigerung ausländischer Arbeitnehmer, in Ostdeutschland für ihren Arbeitgeber tätig zu werden, dokumentieren vielleicht nur Einzelfälle, bedeuten aber letztlich jeweils einen Rückschlag für den ostdeutschen Aufholprozess. Wenn in strukturschwachen Regionen wie etwa in Brandenburg das Engagement eines ausländischen Investors durch brutale Übergriffe auf sein ausländisches Personal oder dessen Kinder mittelfristig gefährdet wird, dann zeugt das von fataler Ignoranz und Selbstzerstörung.

Gegenwärtig sind nur wenig mehr als 100.000 ausländische Arbeitnehmer in den neuen Bundesländern tätig. Es könnten wohl mehr sein, und ihre Beschäftigung würde aufgrund von Komplementaritätseffekten auch neue Jobchancen für einheimische Geringqualifizierte mit sich bringen.

Im Übrigen können gerade die ostdeutschen Universitäten ein Lied davon singen, wie schwierig es werden kann, ausländische Gastwissenschaftler für einen Forschungs- und Lehraufenthalt zu gewinnen. Hier haben wir es mit einem geradezu klassischen Beispiel der Auswirkungen des Informationszeitalters zu tun. Wissenschaftler forschen und kommunizieren in Netzwerken. Das heißt, die eventuellen schlechten Erfahrungen des einen werden möglicherweise zum Entscheidungskriterium einer ganzen „scientific community". Auch dieses Beispiel zeigt, wie weiträumig die Folgen von Ausländerfeindlichkeit ausstrahlen und wie dringend noch konsequenter gegengesteuert werden muss.

Die Tatsache, dass Deutschland zuletzt einen negativen Wanderungssaldo aufwies und mehr Ausländer Deutschland verlassen haben als neu eingereist sind, könnte auf den ersten Blick ebenfalls ein Indiz für entsprechende Vorbehalte oder Ängste sein. In Wirklichkeit geht dieser Trend allerdings auf eine Fülle von Ursachen zurück. Sie reichen von der Verschärfung asyl- und aufenthaltsrechtlicher Bestimmungen bis hin zu veränderten politischen und wirtschaftlichen Gegebenheiten in den Herkunftsländern. Natürlich spielt auch die nur mäßige wirtschaftliche Entwicklung Deutschlands eine Rolle.

Dass gegenwärtig beispielsweise eine Tendenz zur Rückwanderung nach Polen zu beobachten ist, hat wesentlich mit den verbesserten Lebensperspektiven dort zu tun. Eine Reaktion auf Ausländerfeindlichkeit ist dies wohl nur im Einzelfall.

Jeder Einzelfall ist jedoch auch aus ökonomischer Sicht einer zuviel. Humankapital geht verloren, neues wird möglicherweise abgeschreckt. Deshalb sind gerade auch Initiativen der Unternehmen, mit denen gegen potenzielle Fremdenfeindlichkeit im eigenen Betrieb vorgegangen wird, von großer Wichtigkeit. Zu fragen ist dabei, ob das arbeitsrechtliche Instrumentarium in Bezug auf rechtsextreme und fremdenfeindliche Aktivitäten von Beschäftigten ausreicht oder modifiziert werden muss.

Der deutliche Rückgang der Zahl von Asylbewerbern und Spätaussiedlern kann wohl nur zum geringsten Teil auf Nachrichten über fremdenfeindliche Gewalt in Deutschland zurückgeführt werden. Ausschlaggebend hierfür sind in allererster Linie rechtliche Modifizierungen, wie sie

Fremdenfeindlichkeit, Zuwanderung und Ökonomie

bei der Einreise von Aussiedlern etwa durch eine Halbierung der Quote auf 100.000 und die Einführung von Sprachtests vorgenommen worden sind.

Das Interesse ausländischer Studierender an einem Hochschulstudium in Deutschland ist bei weitem nicht so groß, wie es wünschenswert wäre. Allerdings sind die Zahlen trotz der fremdenfeindlichen Vorfälle in den letzten fünf Jahren um rund 20 Prozent gestiegen. Bereinigt man die Zahlen aber um die so genannten „Bildungsinländer", die schon länger in Deutschland leben oder hier geboren sind, rangieren die Zahlen ausländischer Studenten auf denkbar niedrigem Niveau.

Befürchtungen hinsichtlich Ausländerfeindlichkeit könnten eine Ursache hierfür sein. Vermutlich aber sind in erster Linie übertrieben hohe ausländerrechtliche und andere Hürden dafür verantwortlich zu machen. Wir haben uns zum Beispiel jahrelang den Luxus geleistet, hoch qualifizierte Absolventen nach Beendigung des Studiums postwendend außer Landes zu schaffen – darunter genau diejenigen, um die wir jetzt mit der Greencard werben. Wie groß die Zahl von Studierenden aus dem Ausland ohne Fremdenfeindlichkeit gewesen wäre, darüber kann nur spekuliert werden – denn zu der mangelnden Attraktivität des deutschen Hochschulsystems tragen natürlich viele andere interne Defizite bei.

Es ist jedenfalls dringend an der Zeit, hieran durch eine neue Anwerbestrategie von Politik und Hochschulen etwas zu ändern. Alles was wir in eine solche Strategie investieren, macht Werbung für den Standort Deutschland und erzeugt ein internationaleres Klima an unseren Hochschulen, das nur gut sein kann.

Ein weiteres Indiz für die ökonomischen Folgen von Fremdenfeindlichkeit könnte die Entwicklung des Gästeaufkommens in Deutschland sein. Bemerkenswerterweise hat es sich sehr positiv entwickelt. Ostdeutschland macht dabei keine Ausnahme. Zu Beginn der 1990er Jahre, in der Hochphase rassistischer Gewalt, war dies allerdings noch anders. Der Tourismus ist ein recht empfindlicher Seismograph für Erschütterungen im Zielland, er schlägt aber offenbar nur kurzzeitig aus. Es scheint so, als ob Ausländerfeindlichkeit keinen nachhaltigen Einfluss auf die günstige Entwicklung des ausländischen Tourismusaufkommens genommen hat. Doch es liegt auf der Hand, dass das nächste Verbrechen an Leib und Leben den Seismographen jederzeit aufs Neue aktivieren kann.

Eine offene Gesellschaft

Dass in einer Gesellschaft wie der deutschen, die wie kaum eine andere in Europa seit jeher von Zuwanderung, von offenen Grenzen und vom Export profitiert hat, Ausländerfeindlichkeit überhaupt einen solchen offenkundigen Nährboden vorfindet, ist erschreckend und beschämend zugleich. Dabei fällt zweierlei auf: Zum einen mangelt es in unserer Gesellschaft nach wie vor am Bewusstsein darüber, welche ganz handfesten gesellschaftlichen und ökonomischen Vorteile durch Zuwanderung und Ausländerbeschäftigung entstehen. Politik und Gesellschaft, Wirtschaft und Wissenschaft haben es bislang nur bedingt verstanden, einen Argumentekanon zu entwickeln und überzeugend vorzutragen, der die bekannten Unterstellungen und Verleumdungen entlarvt.

Wohl gibt es Momentaufnahmen, gut gemeinte Rundschreiben aus Kirchenkreisen, belehrende Zeigefinger der Politik, einzelne Positionspapiere aus der Wirtschaft, komplizierte Rechenwerke der Ökonomen, Informationsveranstaltungen von Verbänden, Stiftungen oder Volkshochschulen. Was fehlt, ist der dauerhafte Schulterschluss aller Beteiligten, was fehlt, ist vor allem ein noch vernehmlicheres Auftreten der Arbeitgeber. Und ich füge durchaus ernsthaft hinzu: Was fehlt, ist auch die Evaluation der eingeleiteten Maßnahmen.

In Deutschland tun wir uns nicht nur schwer damit, Aktionsprogramme für den Arbeitsmarkt einer strengen wissenschaftlichen Ergebniskontrolle zu unterwerfen. Es wird auch viel Energie auf Aufklärungsmaßnahmen gegen Fremdenfeindlichkeit verwandt, deren Erfolg jedoch dahinsteht. Dabei gibt es allen Anlass, auf die „Erfolgsgeschichte Zuwanderung" hinzuweisen. Zuwanderung hat in Deutschland und anderswo, das zeigen auch Studien für benachbarte europäische Länder, in der Vergangenheit kaum die Arbeitsmarkterfolge der einheimischen Bevölkerung behindert. Im Gegenteil, Ausländer leisteten und leisten ganz erhebliche Beiträge zu unserer Prosperität.

Dass sich die gegenwärtige Debatte um Zuwanderung unter Vorzeichen vollzieht, die mit denen der Vergangenheit kaum noch etwas zu tun haben, könnte Anlass zu der Hoffnung geben, dass die stillschweigende Zustimmung nennenswerter Bevölkerungsteile zu ausländerablehnenden Parolen alsbald in sich zusammenbricht. War noch vor wenigen Jahren das

Fremdenfeindlichkeit, Zuwanderung und Ökonomie 127

„volle Boot" in aller Munde, so geht es jetzt vorrangig um den offenkundig gewordenen Mangel an qualifizierten Fachkräften, der auch durch Einwanderung gedeckt werden soll. Mit der Greencard-Initiative wurde das Eis gebrochen, das jahrelang einen sachlichen Zugang zum Für und Wider einer Zuwanderung unter ökonomischen Vorzeichen verhindert hat.

Eine von der Bundesregierung eingesetzte Expertenkommission hatte im Juli 2001 Vorschläge zur Reform der Zuwanderung nach Deutschland vorgelegt, die Regierung entwickelte im Sommer einen Gesetzesentwurf, der auch aufgrund der schrecklichen Ereignisse am 11. September in New York und des aufziehenden Wahlkampfes gegen Jahresende in schwieriges Gewässer geriet. Vor der Verschiebung einer gesetzlichen Regelung ist nachdrücklich zu warnen. Nichts ist gewonnen, wenn der argumentativen Klärung der positiven Impulse aus Zuwanderung ausgewichen wird. Es wird wertvolle Zeit verloren, dem deutschen Arbeitsmarkt belebende Impulse zu gewähren. Auch muss die Gunst der Stunde für Reformen genutzt werden. Denn lange hat es gebraucht, bis es im Frühjahr 2001 zum Paradigmenwechsel kam. Und der 11. September zeigt, wie schnell sich der Wind drehen kann. Die Zuwanderungsregelungen in Deutschland müssen also wetterfest gemacht werden.

Vorsicht ist tatsächlich am Platze. Denn was jahrelang mit einem Tabu belegt war, kann nicht gewissermaßen über Nacht konzipiert und realisiert werden, ohne dass auch daraus neue Unsicherheit, neue Überforderung, neue Ablehnung entstehen kann. Das Konzept muss Berechenbarkeit vermitteln, es muss auch klare Vorgaben für die Integration machen und darf die Bürger damit nicht allein lassen. Es bedarf auch zwingend einer umfassenden Überzeugungsarbeit, die den unmittelbaren ökonomischen Vorteil aus Zuwanderung offensiv verdeutlicht.

Die Grundaussage, dass die Beschäftigung von Ausländern positive gesamtwirtschaftliche Effekte nach sich zieht, war natürlich auch vor dem jüngsten Paradigmenwechsel zutreffend. Jedoch war ganz offensichtlich eine entschlossene politische Initiative notwendig, um das Bewusstsein darüber zu schärfen, dass Zuwanderung keineswegs eine Last ist. Sie stellt einen Gewinn an gesellschaftlicher Wohlfahrt da, der noch gesteigert werden kann, wenn Deutschland im weltweiten Wettbewerb um das qualifizierte Humankapital seine Hände nicht untätig in den Schoß legt, sondern nach der Strategie verfährt, die Besten anzuwerben.

Zuwanderung wirkt im Grundsatz wie eine angebotsorientierte Wirtschaftspolitik. Dadurch entstehen neue Gestaltungsspielräume für die wirtschaftliche Entwicklung. Gelingt die Auswahl besonders qualifizierter Zuwanderer, dann steigt in Zeiten knapper Fachkräfte auch der Wohlfahrtsgewinn durch Zuwanderung, der auf alle Mitglieder der Gesellschaft verteilt werden kann. Die Gesellschaft insgesamt profitiert davon. Geringer qualifizierte Arbeitslose finden auf diese Weise neue Beschäftigung. Je erfolgreicher die Auswahl, umso weniger sind Verdrängungsängste Einheimischer berechtigt.

Der Umkehrschluss gilt allerdings auch: Findet Zuwanderung in das Segment geringer Qualifikation statt, in dem wir bereits eine dramatisch hohe Arbeitslosigkeit zu verzeichnen haben, dann wird diese durch die neuen Arbeitskräfte potenziell weiter erhöht. Aufgrund der direkten Wettbewerbsbeziehung zwischen einheimischen und ausländischen Geringqualifizierten auf einem knapper werdenden Stellenmarkt treten Substitutionseffekte und Einkommensverluste ein. Hinzu kommt angesichts des erhöhten Arbeitslosigkeitsrisikos eine potenzielle Inanspruchnahme öffentlicher Leistungen. Dagegen stehen allerdings, so die volkswirtschaftliche Rechnung, Gewinne bei Kapitaleignern und qualifizierten Beschäftigten.

Dennoch muss eine verantwortliche Zuwanderungspolitik, die auch der Fremdenfeindlichkeit das Fundament entziehen will, diese Konstellation berücksichtigen und Sorge dafür tragen, dass das gravierende Problem der Unterbeschäftigung von geringer Qualifizierten durch Zuwanderung nicht noch verschärft wird.

Das Ziel einer Steigerung der gesamtgesellschaftlichen Wohlfahrt wäre langfristig gefährdet, würde die Zuwanderung Qualifizierter durch rigide Vorschriften gehindert, die Zuwanderung von geringer Qualifizierten jedoch ungesteuert erfolgen – und sei es auch nur durch illegale Zuwanderung. Während die einen im Zweifelsfall die Zuwanderungsangebote anderer Einwanderungsländer annehmen dürften, würden sich die Beschäftigungschancen der geringer Qualifizierten gerade dadurch, dass die Qualifizierten ausbleiben, weiter verschlechtern.

Es ist dieser Kausalzusammenhang, den die deutsche Zuwanderungspolitik bislang noch nicht berücksichtigt und der auch in der Argumentation gegen Rechts zu kurz kommt. Dabei fehlt es einer ökonomisch orien-

Fremdenfeindlichkeit, Zuwanderung und Ökonomie

tierten Zuwanderungspolitik keineswegs an stichhaltigen Argumenten. Dass viele ausländische Zuwanderer sich ihren Arbeitsplatz gewissermaßen „selbst schaffen", indem sie dort aktiv werden, wohin es inländische Arbeitskräfte nicht zieht, ist eine Binsenweisheit, die auch durch verschärfte Zumutbarkeitsvorschriften für inländische Arbeitslose nicht grundsätzlich widerlegt werden kann: Welches libanesische Spezialitätenrestaurant wird einen deutschen Koch beschäftigen, welche türkische Bank allein auf nichttürkische Finanzberater setzen, welches multinational agierende Unternehmen nicht auch Manager mit entsprechender Kultur- und Sprachkenntnis benötigen?

Über die rund zwei Millionen sozialversicherungspflichtig beschäftigten Ausländer hinaus sind in Deutschland derzeit rund 280.000 ausländische Selbstständige in Industrie, Handel und Handwerk tätig und schaffen dort im Durchschnitt drei bis vier Arbeitsplätze (Statistisches Bundesamt). Ihr Anteil an allen Selbstständigen in Deutschland ist zuletzt stetig gewachsen. Das ist ein gutes Zeichen für die wirtschaftliche Produktivität der ausländischen Wohnbevölkerung. Ein Substitutionseffekt ist an dieser Stelle kaum zu erwarten. Die meisten dieser Arbeitsplätze wären ohne das Engagement der ausländischen Unternehmer und Investoren gar nicht da.

Niemand darf verschweigen, dass die hohe Ausländerarbeitslosigkeit von etwa 20 Prozent ein massives Problem darstellt. Sie ist aber vor allem eine Folge verfehlter Zuwanderungs- und Integrationspolitik und insofern „hausgemacht". Wäre die Zuwanderung schon in der Vergangenheit gezielt gesteuert und ein substanzielleres Integrationsangebot vorhanden gewesen, das insbesondere die Ausbildungsnachteile gelindert hätte, dann sähe es heute wohl ganz anders aus.

In den Augen derer, die nach Argumenten für ihre fremdenfeindliche Einstellung suchen, ist das natürlich nicht stichhaltig. Deshalb will ich an dieser Stelle auch ganz ausdrücklich betonen, dass wir bei aller Diskussion um die Reform der Zuwanderung nach Deutschland nicht vergessen dürfen, dass es auch darauf ankommt, die Integration der schon hier lebenden Immigranten weiter zu verbessern.

Nicht nur durch ein gezieltes Einwanderungskonzept, sondern auch durch eine systematischere Integration kann der volkswirtschaftliche Nutzen von Zuwanderung weiter erhöht und den rechten Rattenfängern das Wasser abgegraben werden. Ökonomische Analysen haben ergeben, dass der Beitrag von Ausländern zum deutschen Bruttoinlandsprodukt zurzeit bei etwa 5 Prozent liegt – bei einem Bevölkerungsanteil von rund 9 Prozent. Würden ausländische Zuwanderer besser in Ausbildung und Arbeitsmarkt integriert, könnte dieser Beitrag von zurzeit etwa 200 Milliarden DM auf bis zu 280 Milliarden DM steigen (Loeffelholz, 2001). Natürlich kann man über solche Rechenergebnisse im Einzelnen immer streiten, doch ihre Tendenz ist ganz eindeutig.

Die notwendigen bildungs- und arbeitsmarktpolitischen Investitionen würden sich in jedem Fall „rechnen". Selbst unter Berücksichtigung der damit verbundenen Kosten und der Kosten, die durch Arbeitslosigkeit von Ausländern entstehen, verbleibt ein ganz erheblicher „Nettogewinn" aus Zuwanderung. Eine bessere Integration – und die fängt beim Spracherwerb an – beeinflusst auch den Arbeitsmarkterfolg positiv. Kommt eine umfassende Einwanderungsgesetzgebung mit Auswahlkriterien hinzu, sind die zu erwartenden Nettogewinne aus Zuwanderung noch weitaus höher anzusetzen.

Hinter diesen Überlegungen steckt nicht nur ein ökonomisches Kalkül, das es für legitim hält, die eigenen Arbeitsmarktinteressen in den Mittelpunkt der Zuwanderungspolitik zu stellen. Je deutlicher es wird – so meine These –, dass Deutschland Zuwanderung und Integration *aktiv* unter auch ökonomischen Gesichtspunkten gestaltet, umso mehr wird auch der Fremdenfeindlichkeit der Boden entzogen.

Deutschland steht in Wirklichkeit ohnehin nicht vor der Alternative, Zuwanderung zuzulassen oder nicht. Die Veränderungen, insbesondere demographischer Natur, werden in Zukunft derart einschneidend sein, dass ein umfangreicher „Politik-Mix" notwendig werden wird, um den Wandel ökonomisch und gesellschaftlich zu bewältigen. Zuwanderung wird unweigerlich dazugehören müssen, denn mit den anderen Lenkungsinstrumenten wird es bestenfalls gelingen, einen Teil der demographischen Umwälzungen aufzufangen und die neuen nachgefragten Qualifikationen bereitzustellen.

Umso notwendiger wird eine selektive Politik, die sich zum einen an langfristigen Notwendigkeiten, zum anderen an kurzfristig erkannten Arbeitsmarktbedarfen orientiert. Kann der wachsende Fachkräftemangel durch ausländische Qualifizierte gedeckt werden, entstehen neue Arbeitsplätze auch für weniger gut Ausgebildete. Kann der demographische Wan-

Fremdenfeindlichkeit, Zuwanderung und Ökonomie

del auch durch eine weitsichtig agierende Politik dosierter und selektiver Zuwanderung abgefedert werden, brauchen andere unverzichtbare Politikmaßnahmen weniger schmerzhaft auszufallen. All dies tangiert bestehende Einreiserechtsansprüche für Zuwanderer in keiner Weise, sondern ergänzt sie um eine ökonomische Komponente, der es gelingen kann, den „Zuwanderungsgewinn" durch eine gezielte Steuerung zum Vorteil aller zu vergrößern.

Dass in Verbindung mit der Osterweiterung der Europäischen Union gelegentlich von Massenzuwanderung gesprochen wird, obwohl zahlreiche wissenschaftliche Untersuchungen, darunter die des Deutschen Instituts für Wirtschaftsforschung (DIW) für die EU-Kommission (Boeri, Brücker u.a., 2001) und die des Instituts zur Zukunft der Arbeit (IZA) für die britische Regierung (Bauer & Zimmermann, 1999), das genaue Gegenteil prognostizieren, ist mit Blick auf Unsicherheitsgefühle und Empfänglichkeiten gegenüber rechten Parolen ausgesprochen schädlich. In der Tat: Das wäre ein Szenario, das den Überlegungen zur Aussetzung der Arbeitnehmerfreizügigkeit eine Berechtigung gäbe. Denn natürlich bedarf die Erweiterung der öffentlichen Akzeptanz. Das zeigt, auf welch schwierigem Gebiet wir uns bei der Prognose von Zuwanderung bewegen.

In Wirklichkeit geht das IZA allerdings von einer ganz anderen Größenordnung aus: Wir erwarten in der gesamten alten EU innerhalb von 15 Jahren nach dem EU-Beitritt lediglich zwei bis drei Millionen Zuwanderer. Etwa zwei Drittel davon, maximal also rund zwei Millionen Menschen, dürften nach Deutschland einreisen, und wiederum rund 30 bis 40 Prozent von diesen werden auf dem Arbeitsmarkt aktiv werden wollen. Mit anderen Worten: Zu erwarten ist nach unserer Schätzung eine zusätzliche Zuwanderung von weniger als 140.000 Menschen jährlich in diesem Zeitraum von 15 Jahren. Zu Beginn werden es etwas mehr sein, später werden die Zahlen voraussichtlich auf weit unter 100.000 zurückgehen. Das IZA hat übrigens nur die so genannte Bruttozuwanderung geschätzt. Nicht berücksichtigt ist dabei also, dass ein hoher Prozentsatz der Migranten Deutschland nach einiger Zeit wieder verlässt. Zum Beispiel, um nach Amerika weiterzuwandern oder in das Heimatland zurückzukehren.

Statt aus Furcht vor angeblichen Völkerwanderungen auf Zeit zu spielen, sollten wir uns lieber darum kümmern, dass mehr von ihnen bei uns bleiben. Der Wettbewerb um die besten Köpfe hat nämlich gerade erst begonnen, und Deutschland steht dabei keineswegs als strahlender Magnet dar.

Alle seriösen Untersuchungen bestätigen im Wesentlichen den Trend einer durchaus überschaubaren Zuwanderung. Auch hier gilt es darauf hinzuweisen, dass die zu erwartende Zuwanderung einen durchaus positiven Arbeitsmarkteffekt auslösen dürfte – der uns meiner Auffassung nach sogar dazu bringen sollte, die leidige Diskussion um eine vorläufige Aussetzung der Arbeitnehmerfreizügigkeit endlich zu beenden.

Würde die Arbeitnehmerfreizügigkeit unmittelbar nach dem ab 2003 zu erwartenden EU-Beitritt gewährt, träfe die entstehende Zuwanderung bei uns auf einen besonders großen Arbeitskräftebedarf. Der demographische Kurvenverlauf sieht so aus, dass um das Jahr 2010 herum dieser Bedarf vorübergehend stark auf nahezu Null zurückgehen wird. Kommt die Zuwanderung aus Osteuropa erst dann in Gang, weil bis dahin eine fünf oder sieben Jahre lange Übergangsfrist greift, sind die zu erwartenden volkswirtschaftlichen Effekte jedenfalls deutlich geringer.

Es ist nicht auszuschließen, dass sich diese unerfreuliche Debatte lähmend auch auf die übergeordnete Diskussion um die Neuregelung der Zuwanderung nach Deutschland legen wird und den Verantwortlichen etwas von ihrem Mut nehmen könnte. Das wäre ausgesprochen bedauerlich, denn aus meiner Sicht ist heute die Gelegenheit so günstig wie noch nie zuvor, Zuwanderung nicht mehr als „Bedrohung", sondern als Chance zu begreifen und politisch entsprechend zu handeln. Dazu gehört vor allem eine nüchterne Bestandsaufnahme der ökonomischen Bedarfe. Die von mir geführten Wirtschaftsinstitute, DIW Berlin und IZA Bonn, aber auch manch andere Institutionen, haben sich längst sehr eindeutig zu Zuwanderungsfragen geäußert und wiederholt Empfehlungen für eine zeitgemäße deutsche Zuwanderungspolitik abgegeben. Eine systematische Bedarfsanalyse, die nur in enger Zusammenarbeit mit den Wirtschaftsverbänden erfolgen kann und natürlich regelmäßig fortgeschrieben werden muss, fehlt allerdings noch.

Untersuchungen des IZA zufolge ist in Staaten, die eine aktive, auch ökonomisch motivierte Zuwanderungspolitik betreiben, das Verständnis dafür groß, dass sich diese Zuwanderung auch günstig auf die Volkswirtschaft auswirkt. In der Folge ist auch die ablehnende Haltung gegenüber Migranten geringer, die Akzeptanz entscheidend größer.

Fremdenfeindlichkeit, Zuwanderung und Ökonomie

Dagegen ist in solchen Staaten, die keine Zuwanderungspolitik betreiben und starken Zuzugsschwankungen unterliegen, das Verständnis für den ökonomischen Nutzen von Zuwanderung kaum entwickelt. Neben der Sorge um einen Verlust des Arbeitsplatzes werden hier verstärkt Vorurteile gemessen, wie etwa ein pauschaler Kriminalitätsvorwurf. Offene Ausländerfeindlichkeit ist in diesen Ländern mit höherer Wahrscheinlichkeit anzutreffen (Bauer, Lofstrom & Zimmermann, 2000).

Wenn es noch eines Hinweises auf die Plausibilität zuwanderungsgesetzlicher Maßnahmen auch im Hinblick auf die Eindämmung von Fremdenfeindlichkeit bedürfte, so wäre er damit erbracht. Eine aktive Zuwanderungspolitik, verknüpft mit Quoten und Auswahlkriterien, verbunden aber ebenso mit klaren Spielregeln für Integration und Einbürgerung, kann eben auch zu einem „Erfolg gegen Rechts" beitragen.

Demographischer Wandel und Zuwanderungsbedarf

Ich komme noch einmal auf das Thema Zuwanderungsbedarf zurück. Hier steckt meines Erachtens ein wichtiger Schlüssel zur Entzauberung rechtsradikaler, ausländerfeindlicher Parolen. Der Zuwanderungsbedarf ist ganz erheblich, wie nicht nur das Beispiel der Computerbranche zeigt. Der akute Personalbedarf in der IT-Branche, den die Greencards lindern helfen sollen, ist nur die Spitze des Eisbergs. Auch andere Branchen und Berufsgruppen, von der Biotechnologie und Chemie bis hin zum Maschinenbau und zum Gesundheitswesen, klagen über Fachkräftemangel.

Zugleich steht unsere Altersversorgung vor gigantischen Herausforderungen, da der Prozess der Überalterung sich nicht aufhalten lässt. Selbst bei einem angenommenen jährlichen Zuwanderungsdurchschnitt von 200.000 Erwerbspersonen in den nächsten 20 Jahren wird die Zahl der Erwerbspersonen in Deutschland von derzeit rund 41 Millionen auf knapp 38 Millionen zurückgehen. Ganz ohne Zuwanderung ginge sie auf rund 34 Millionen zurück (Zimmermann u.a., 2002).

Natürlich kann die Wirkung dieses Rückgangs aus Unternehmenssicht durch Rationalisierung, eine Verlängerung der Lebensarbeitszeiten oder durch mehr Frauenerwerbstätigkeit gemildert werden. Ein Arbeitsplatzimport kann allerdings auch über das Internet stattfinden. Diese virtuelle Migration ist dann freilich folgenschwer: Sie entzieht Deutschland Kaufkraft, sie durchlöchert nationale Tarif-, Steuer-, Arbeitsrecht- und Arbeitsschutzbestimmungen, und sie entführt Arbeitsplätze dorthin, wo die Arbeitskräfte sind, die wir nicht ins Land lassen. Die Konsequenzen auch für unser System der sozialen Sicherung sind offenkundig.

Der Rückgang der Zahl der einheimischen Erwerbspersonen ist unaufhaltsam. Um die entstehende gravierende Erwerbspersonenlücke ohne Zuwanderung aufzufangen, müsste rein rechnerisch die Erwerbsbeteiligung von heute etwa 73 Prozent auf rund 84 Prozent im Jahr 2020 steigen (Zimmermann u.a., 2002). Dies erscheint unrealistisch.

Zuwanderung kann dennoch nur ein Baustein sein, um den demographischen Wandel zu lindern. Eine grundlegende Reform unserer sozialen Sicherung muss hinzukommen. Es wäre auch zu kurz gedacht, die Engpässe am Arbeitsmarkt allein durch Zuwanderung ausgleichen zu wollen. Auch auf dem Ausbildungsmarkt muss mehr geschehen. Es ist ein besonderes Phänomen, dass im Informationszeitalter immer noch viel zu viele Menschen keinen Ausbildungsabschluss erreichen oder in perspektivlosen Branchen einen Beruf erlernen. Dieses Thema ist im Hinblick auf Rechtsextremismus und Fremdenfeindlichkeit von einiger Bedeutung und darf auch durch die Diskussion um ein Zuwanderungsgesetz nicht verdrängt werden.

Deutschland am Weltmarkt für Zuwanderung

Letztlich wird Deutschland den aktuellen und zukünftigen Zuwanderungsbedarf – noch dazu im Wettbewerb mit anderen Staaten, die vor ähnlichen demographischen Umbrüchen stehen – nur dann adäquat decken können, wenn es regelrecht um Zuwanderer wirbt. Dazu müssen wir gehörig umdenken. Deutschlands „Ausländerfreundlichkeit" muss außerhalb jeder Diskussion stehen, und schon im Vorfeld sind rechtliche Veränderungen nötig – von einem Zuwanderungs- und Integrationsgesetz bis hin zu einer Werbeoffensive für den Studienstandort Deutschland. Hinzukommen müssen aber eben auch Bewusstseinsänderungen. Deutschland muss sich endlich offen zu seinem Status als Einwanderungsland bekennen und danach handeln. Dazu gehört nicht zuletzt auch, die

Erwartungen zu formulieren, die unsere Gesellschaft in Sachen Integration an Zuwanderer richtet.

Hier wäre beispielsweise ein System positiver Anreize zum Erwerb der Sprache wichtig, denn oft ist es die Sprachbarriere, die Vorbehalte weckt und Distanz schafft. Gute Sprachkenntnisse sind ein Garant für eine erfolgreiche Integration in Arbeitsmarkt und Gesellschaft.

Ich halte allerdings wenig davon, den fehlenden Spracherwerb rigoros zu sanktionieren, etwa indem Sozialhilfeansprüche reduziert werden. Erfahrungsgemäß ist ein System positiver Anreize das erfolgreichere. Sprachkenntnisse sollten in jedem Fall im Rahmen eines Punktesystems bei der Auswahl von Zuwanderern berücksichtigt werden. „Nachgeholfen" werden könnte durch ein Kautionsprinzip, wie es zum Beispiel in Australien erfolgreich praktiziert wird. Werden Mindestanforderungen an die Sprachkenntnisse nicht erfüllt, wird eine Kaution fällig, die vom Staat zurückgezahlt wird, sobald der Spracherwerb erfolgt ist. Vorstellbar wäre auch, das Erlernen der deutschen Sprache dadurch zu beschleunigen, dass eine raschere Einbürgerung angeboten wird. Der Kreativität ist hier im Grunde keine Grenze gesetzt. Abschreckend wirken darf eine Spracherwerbsstrategie jedoch nicht – das können wir uns im Wettbewerb um die besten Köpfe nicht leisten.

Ein in sich schlüssiges Konzept zur Gestaltung von Immigration und Integration, das sich der dargelegten ökonomischen Instrumentarien bedient, ist aus meiner Sicht ein nicht zu unterschätzender Aktivposten bei der Bekämpfung von Ausländerfeindlichkeit.

Literatur

Bauer, T. K., Lofstrom, M. & Zimmermann, K. F. (2000). Immigration policy, assimilation of immigrants and natives' sentiments towards immigrants: Evidence from 12 OECD-countries. *Swedish Economic Policy Review, 7,* 11–53.

Bauer, T. & Zimmermann, K. F. (1999). *Assessment of possible migration pressure and its labour market impact following EU enlargement. A Study for the Department for Education and Employment of the United Kingdom.* Bonn: IZA (Research Report No. 3).

Boeri, T., Brücker, H., et al. (2001). *The impact of Eastern enlargement on employment and labour markets in the EU member states.* Brussels: European Commission, Directorate General Employment and Social Affairs.

Fertig, M. & Schmidt, C. M. (2001). *First- and second-generation migrants in Germany – What do we know and what do people think?* Bonn: IZA (Discussion Paper 286).

Gang, I. N. & Rivera-Batiz, F. L. (1994). Unemployment and attitudes towards foreigners in Germany. In G. Steinmann & R. E. Ulrich (Eds.), *The economic consequences of immigration to Germany* (pp. 121–154). Heidelberg: Physica-Verlag.

Loeffelholz, H. D. von (2001). Kosten der Nichtintegration ausländischer Zuwanderer. *Beihefte zur Konjunkturpolitik, 52*, 191–212.

Pischke, J.-S. & Krueger, A. (1997). A statistical analysis of crime against foreigners in unified Germany. *Journal of Human Resources, 32*, 182–209.

Riphahn, R. T. (1998). Immigrant participation in the German welfare program. *Finanzarchiv, 55*, 163–185.

Zimmermann, K. F. (1995). Tackling the European migration problem. *Journal of Economic Perspectives, 9*, 45–62.

Zimmermann, K. F., Bauer, T. K., Bonin, H., Fahr, R. & Hinte, H. (2002). *Arbeitskräftebedarf bei hoher Arbeitslosigkeit. Ein ökonomisches Zuwanderungskonzept für Deutschland.* Berlin: Springer.

Kay Hailbronner
Rassische Diskriminierung in der Europäischen Union*

Einleitung

Was kann die Rechtsordnung zur Bekämpfung von Rechtsextremismus und Fremdenfeindlichkeit beitragen? Die alljährlichen Bekanntmachungen über die Zahl der bei der Polizei und den Staatsanwaltschaften registrierten fremdenfeindlichen Straftaten werden regelmäßig in den Medien von Bekenntnissen begleitet, die Rechtsordnung stärker zur Bekämpfung von Rechtsextremismus und Fremdenfeindlichkeit nutzen zu wollen. Neben dem Appell an die Bürger wird verlangt, gegen rechtsextremistische Straftäter müsse eine härtere Gangart eingeschlagen werden. Die Vorschläge, die in diesem Zusammenhang gemacht werden, reichen von der Einführung neuer Straftatbestände, zum Beispiel bei der Bekanntmachung rechtsextremistischen Gedankenguts über das Internet, über eine schärfere Praxis der Anwendung der Strafgesetze bis zu beschleunigten Strafverfahren als zeitnahe Reaktion auf rechtsextremistische Gewalttaten. Vorgeschlagen werden aber auch sonstige Maßnahmen, wie zum Beispiel Verbote gegenüber Wissenschaftlern, die bereits im Ausland rechtsextreme Vorstellungen publiziert haben, an akademischen Austauschprogrammen des Bundes teilzunehmen, sowie ein Ausschluss von Zuschüssen an Einrichtungen, Stiftungen und Verlage, die rechtsextremes Gedankengut fördern oder verbreiten[1].

---

* Dieser Beitrag beruht auf einer Veröffentlichung des Autors in der *Zeitschrift für Ausländerrecht und Ausländerpolitik*, 2001, S. 254–259. Wir danken dem Nomos Verlagsgesellschaft für die Abdruckgenehmigung.
1 Vgl. Gemeinsamer Antrag der SPD-Fraktion und der Fraktion Bündnis 90/Die Grünen, Bundestagsdrucksache 14/3516.

Nicht alle diese Vorschläge sind rechtlich ganz unproblematisch. Bei den auf das Strafrecht zielenden Vorschlägen fällt auf, dass sich hier auch politische Gruppierungen beteiligen, die ansonsten regelmäßig Forderungen nach einer „härteren Praxis" und „Schnellverfahren" als populistisch zurückweisen. Regelmäßig liegt dem Appell, mit der ganzen Härte des Gesetzes vorzugehen, die kaum hinreichend fundierte Annahme zu Grunde, die Strafrichter würden die geltenden Gesetze nicht richtig anwenden. Es liegt in der Verantwortung der in richterlicher Unabhängigkeit handelnden Gerichte, nicht in derjenigen der Politiker, das geltende Strafrecht anzuwenden.

Die nachfolgenden Überlegungen befassen sich freilich nicht mit den strafrechtlichen Reaktionen auf Fremdenfeindlichkeit und rassische Diskriminierung, sondern mit der Frage, auf welche Weise Diskriminierung und Fremdenfeindlichkeit mit öffentlich-rechtlichen Mitteln bekämpft werden können. In der Bundesrepublik Deutschland gibt es – anders als zum Beispiel in den Niederlanden oder in Großbritannien – keine spezielle Gesetzgebung über rassische Diskriminierung. Derartige Gesetze sind in ganz unterschiedlichen Formen denkbar. So kann beispielsweise der Gesetzgeber ein Instrumentarium einführen, um rassische Diskriminierung durch Arbeitgeber in der Form von besonderen Beschwerdeverfahren, Quoten oder Schadensersatzansprüchen zu bekämpfen. In anderen Staaten wie den USA sind zur Herstellung tatsächlicher Gleichberechtigung Gesetze erlassen worden, die eine bevorzugte Behandlung der schwarzen Bevölkerung Amerikas ermöglicht haben. Eine gewisse Analogie zu diesen „affirmative action-Programmen" findet sich bei der Herstellung der Gleichberechtigung von Mann und Frau in Art. 3 Abs. 2 Satz 2 GG, wonach der Staat die tatsächliche Durchsetzung der Gleichberechtigung von Frauen und Männern fördert und auf die Beseitigung bestehender Nachteile hinwirkt.

In Deutschland gibt es bislang kein Gesetz, das Rassendiskriminierung und Fremdenfeindlichkeit in seinen verschiedenen Aspekten umfassend in einem Gesetz erfassen würde. Dies ist offenbar auch zukünftig nicht beabsichtigt. Vielmehr soll es bereits spezifische Regelungen geben. Geplant ist ein zivilrechtliches und ein arbeitsrechtliches Antidiskriminierungsgesetz. Das bedeutet allerdings nicht, dass es in Deutschland keinerlei Vorschriften gegen rassische Diskriminierung und Fremdenfeindlich-

Rassische Diskriminierung in der EU

keit gäbe. Das Grundgesetz enthält bereits in Art. 3 Abs. 3 das absolute Verbot, niemanden wegen seines Geschlechts, seiner Abstammung, seiner Rasse, seiner Sprache, seiner Heimat und Herkunft, seines Glaubens, seiner religiösen oder politischen Anschauungen zu benachteiligen oder zu bevorzugen. Allerdings ist diese Vorschrift wegen ihres Grundrechtscharakters grundsätzlich auf das Verhältnis Staat–Bürger ausgerichtet. Dies beruht darauf, dass eine zentrale Funktion der Grundrechte, wenn auch nicht die einzige, darin besteht, die Freiheitssphäre des Bürgers gegenüber der staatlichen Macht abzugrenzen. Würde man Grundrechte generell auf privatrechtliche Beziehungen ausdehnen, so würde der private Freiheitsbereich erheblich beschränkt. Die Privatautonomie, ein Grundprinzip der Abgrenzung von gesellschaftlicher und privater Sphäre, würde damit erheblich beschränkt.

Nun kann man einwenden, auch im gesellschaftlichen oder im privaten Umgang miteinander könne es keine Freiheit zu Gunsten von Fremdenfeindlichkeit und rassischer Diskriminierung geben. Damit ist aber die Frage noch nicht beantwortet, ob es sinnvoll ist, mit den Mitteln von Verboten und eventuell strafrechtlichen Sanktionen das private Verhalten der Bürger untereinander zu regeln[2], oder ob nicht andere Verfahrensweisen zur Anwendung kommen müssen, um im gesellschaftlichen Bereich Fremdenfeindlichkeit und rassische Diskriminierung erfolgreich bekämpfen zu können. Dies stellt eines der zentralen Probleme der EU-Antidiskriminierungsrichtlinie dar.

Die Nichtexistenz eines besonderen Gesetzes über Fremdenfeindlichkeit und rassische Diskriminierung in Deutschland bedeutet nicht, dass die deutsche Rechtsordnung gegenüber rassisch diskriminierenden und fremdenfeindlichen Handlungen Privater vollkommen handlungsunfähig wäre. Bereits wegen der völkerrechtlichen Verpflichtungen der Bundesrepublik Deutschland aus der Rassendiskriminierungskonvention ergeben sich gewisse Verpflichtungen, bestimmte Verhaltensweisen strafrechtlich oder auch mit den Mitteln des öffentlichen Rechts zu verbieten. So sieht die Rassendiskriminierungskonvention[3] in Art. 4 nicht nur eine Ver-

---

2 Vgl. dazu Wolfgang Mitsch, Das deutsche Strafrecht und die Bekämpfung rassischer Diskriminierung und Gewalttaten, Potsdam, Vortrag September 2000.
3 Bundestagsdrucksache 14/6768.

pflichtung vor, unmittelbare und positive Maßnahmen zu treffen, um bestimmte rassendiskriminierende Handlungen zu verbieten. Darüber hinaus ist in Art. 5 ausdrücklich auch festgelegt, dass die Vertragsstaaten die Rassendiskriminierung in jeder Form verbieten und beseitigen werden und bestimmte Rechte des Einzelnen ohne Unterschied der Rasse, der Hautfarbe, des nationalen Ursprungs oder des Volkstums gewährleistet werden. Neben den typischerweise gegen den Staat gerichteten Rechten, wie Gedanken- und Gewissensfreiheit, ist hier auch das Recht auf Wohnung erwähnt, das Recht auf öffentliche Gesundheitsfürsorge, das Recht auf Erziehung und Ausbildung und spezifisch privatrechtlich das Recht auf Zugang zu jedem Ort oder Dienst, der für die Benutzung durch die Öffentlichkeit vorgesehen ist, wie Verkehrsmittel, Hotels, Gaststätten, Cafés, Theater und Parks.

Die Rassendiskriminierungskonvention gewährt aber keine unmittelbar anwendbaren Rechte, sondern muss durch innerstaatliche Gesetzgebung umgesetzt werden. Das bedeutet, dass für die rechtliche Beurteilung fremdenfeindlicher und rassendiskriminierender Handlungen die im nationalen Recht vorgesehenen Vorschriften gelten. Die sich daraus ergebenden Regeln fassen Rassendiskriminierung und Fremdenfeindlichkeit häufig nur mittelbar über generalklauselartige Vorschriften. So gibt es beispielsweise keine spezifischen Vorschriften im Gewerberecht über rassendiskriminierende Praktiken. Einem Gastwirt, der in seiner Gaststätte Personen schwarzer Hautfarbe nicht zulässt, kann jedoch der Betrieb der Gaststätte wegen gewerberechtlicher Unzuverlässigkeit untersagt werden. Dagegen ist es nicht möglich, gegen einen Hauseigentümer, der Wohnungen an Personen schwarzer Hautfarbe nicht vermietet, vorzugehen, da es grundsätzlich – vorbehaltlich der Strafrechtsordnung – seiner Entscheidung obliegt, ob und an wen er seine Wohnung vermieten möchte.

Bevor im Folgenden die EU-Antidiskriminierungsrichtlinie ins Blickfeld genommen werden soll, empfiehlt es sich, die unterschiedlichen Kategorien diskriminierender und fremdenfeindlicher Praktiken zu rekapitulieren. Zu unterscheiden sind einmal staatliche Handlungen in jedweder Form, das heißt staatliche Gesetzgebung und Verwaltungspraxis in ihrem Verhältnis zum Bürger. Grundsätzlich gilt hier der Nichtdiskriminierungsgrundsatz nach Art. 3 Abs. 3 GG, wonach niemand unter anderem wegen seiner Rasse oder Heimat und Herkunft benachteiligt werden darf.

Rassische Diskriminierung in der EU

Dieses Diskriminierungsverbot gilt für jedes staatliche Handeln, gleichgültig, ob es sich um den gesetzlich geregelten Zugang zur Beamtentätigkeit, um die Gewährung staatlicher Förderleistungen oder um polizeiliche Maßnahmen handelt. Wird zum Beispiel eine Person anderer als weißer Hautfarbe durch Polizeibeamte geduzt oder in irgendeiner Weise einer besonderen Behandlung unterzogen, so liegt *prima facie* ein Grundrechtsverstoß nach Art. 3 Abs. 3 GG vor, der zugleich eine Amtspflichtverletzung beinhaltet. Die Schwierigkeit besteht allerdings darin, dass die unmittelbare gesetzliche oder administrative Diskriminierung eher einen Ausnahmefall darstellt. Das Problem stellt hier die mittelbare Diskriminierung dar, die häufig nur schwer nachweisbar sein wird.

Von der staatlichen Diskriminierung ist die private Diskriminierung zu unterscheiden. So etwa, wenn Arbeitgeber eine Person aus rassischen Gründen nicht in ein Bewerbungsverfahren einbeziehen oder von vornherein solche Personen von der Anstellung, Beförderung usw. ausschließen. Die Rassendiskriminierungskonvention erfasst die Gleichbehandlung im Bereich des Rechts auf Arbeit, der freien Wahl des Arbeitsplatzes, der Arbeitsbedingungen und der Entlohnung sowie hinsichtlich des Rechts, Gewerkschaften zu bilden und diesen beizutreten. Insoweit ist der Gesetzgeber verpflichtet, bei den rechtlichen Rahmenbedingungen für Arbeitsverträge usw. diskriminierende Bestimmungen für unzulässig bzw. sittenwidrig zu erklären. Die Schwierigkeit liegt hier, wie auch sonst im privaten Bereich, eher in den mittelbar diskriminierenden Handlungen, so zum Beispiel, ob bei dem Besuch von Diskotheken ein freier Zugang aller Gäste möglich oder nicht möglich ist. In diesem Bereich kommt den EU-Richtlinien, auf die im Folgenden einzugehen ist, Bedeutung zu.

Der dritte und vielleicht am wenigsten problematische Bereich ist derjenige strafbarer Handlungen, bei denen aus fremdenfeindlichen oder rassendiskriminierenden Gründen Rechtsgüter anderer Personen verletzt werden. Das Problem liegt insoweit darin, ob es sinnvoll ist, über die bereits bestehenden Bestimmungen hinaus mit einem spezifischen Sonderstrafrecht präventiv fremdenfeindlichen und rassendiskriminierenden Verhaltensweisen zu begegnen. Zum Teil wird hier verlangt, dass Straftaten, die aus fremdenfeindlichen Gründen begangen werden, besonders bestraft werden sollen. Zum Teil wird auch die Forderung nach Einführung neuer Tatbestände neben dem bereits existierenden Tatbestand der Volksverhetzung gestellt[4].

Die EU-Richtlinie des Rates vom 29.6.2000

Allgemeine Bemerkungen

Der Rat hat im Juni 2000 die Richtlinie zur Anwendung des Gleichbehandlungsgrundsatzes ohne Unterschied der Rasse oder der ethnischen Herkunft mit Einstimmigkeit gestützt auf Art. 13 EG erlassen[5]. Art. 13 EG enthält eine neue Ermächtigung an die Gemeinschaft, wonach der Rat unbeschadet der sonstigen Bestimmungen dieses Vertrags im Rahmen der durch den Vertrag auf die Gemeinschaft übertragenen Zuständigkeiten einstimmig geeignete Vorkehrungen treffen kann, um Diskriminierungen aus Gründen des Geschlechts, der Rasse, der ethnischen Herkunft, der Religion oder der Weltanschauung, einer Behinderung, des Alters oder der sexuellen Ausrichtung zu bekämpfen.

Die Ermächtigung des Art. 13 EG tritt neben die bereits bestehende Vorschrift des Art. 12 EG, wonach im Anwendungsbereich des Vertrages jede Diskriminierung aus Gründen der Staatsangehörigkeit verboten ist. Zugleich wird aus der Vorschrift auch deutlich, dass es nicht darum geht, jede unterschiedliche Behandlung aus Gründen der Staatsangehörigkeit zu verbieten. Zu unterscheiden sind also strikt unterschiedliche Behandlung aufgrund der Rasse, ethnischer Herkunft oder aufgrund der sonstigen Merkmale in Art. 13 EG und einer ungleichen Behandlung aus Gründen der Staatsangehörigkeit. Der Rat ist nicht der Empfehlung gefolgt, das Verbot der Diskriminierung aus Gründen der Staatsangehörigkeit generell auf alle Personen, insbesondere alle Drittstaatsangehörigen, auszuweiten. Eine derartige Ausweitung wäre für die Mitgliedstaaten schon deshalb nicht akzeptabel gewesen, weil damit eine unübersehbare Ausdehnung des Anwendungsbereichs der Sozialgesetzgebung verbunden gewesen wäre.

---

4 Vgl. dazu Wolfgang Mitsch, Das deutsche Strafrecht und die Bekämpfung rassischer Diskriminierung und Gewalttaten, a.a.O.
5 Richtlinie 2000/43, Amtsblatt EG Nr. L 180/22 v. 19.7.2000.

Art. 13 EG unterscheidet sich noch in einer anderen wichtigen Beziehung von Art. 12 EG. Art. 12 EG gewährleistet ein unmittelbar anwendbares Recht auf Gleichbehandlung. Demgegenüber ist Art. 13 EG eindeutig so formuliert, dass er keine unmittelbare Wirkung in den Rechtsordnungen der Mitgliedstaaten entfaltet. Das bedeutet, Art. 13 muss durch europäische Rechtsakte umgesetzt werden, die dann ihrerseits von den Mitgliedstaaten in das nationale Recht transformiert werden. Die Gleichbehandlungsrichtlinie[6] muss von den Mitgliedstaaten durch Erlass der erforderlichen Rechts- und Verwaltungsvorschriften bis zum 19.7.2003 umgesetzt werden.

Gestützt auf Art. 13 hat der Rat eine weitere Richtlinie erlassen, die Richtlinie Nr. 78/2000 vom 27.11.2000 zur Festlegung eines allgemeinen Rahmens für die Verwirklichung der Gleichbehandlung in Beschäftigung und Beruf[7]. Bei dieser Richtlinie geht es nicht allein um Diskriminierungen wegen der Rasse oder der ethnischen Herkunft. Vielmehr ist erfasst allgemein Diskriminierung wegen der Religion, der Weltanschauung, einer Behinderung des Alters oder der sexuellen Ausrichtung. Andererseits ist die Richtlinie beschränkt auf die Arbeitsbedingungen, einschließlich der Auswahlkriterien und Einstellungsbedingungen, sowie den Zugang zu allen Formen und Ebenen der Berufsberatung und Berufsausbildung und schließlich der Mitgliedschaft und Mitwirkung in Arbeitnehmer- oder Arbeitgeberorganisationen.

Darüber hinaus hat die Kommission im Jahr 2000 Leitlinien für eine Gemeinschaftsinitiative Equal über die transnationale Zusammenarbeit bei der Förderung neuer Methoden zur Bekämpfung von Diskriminierungen und Ungleichheiten jeglicher Art im Zusammenhang mit dem Arbeitsmarkt erlassen[8]. Die Mitteilung hat insbesondere zum Ziel, neue Wege zur Umsetzung der Beschäftigungspolitik zu entwickeln, um Diskriminierungen und Ungleichheiten jeglicher Art zu bekämpfen. Dazu

---

6   ABl EG Nr. L 303, S. 16.
7   Abl C 127/2 v. 5.5.2000.
8   Chopin & Niessen, The Starting Line and the Incorporation of the Racial Equality Directive into the National Laws of the EU Member States and Accession States, Migration Policy Group, March 2001.

sollen Förderprogramme durchgeführt werden und technische Hilfen für neue Verfahrensweisen geleistet werden.

Hinzuweisen ist schließlich noch auf eine weitere Kompetenz, die dem Rat gemäß Art. 137 im Bereich der Sozialpolitik und der allgemeinen und beruflichen Bildung zukommt. So kann der Rat unter anderem Maßnahmen zur Bekämpfung sozialer Ausgrenzung und im Bereich sozialer Sicherheit und sozialem Schutz der Arbeitnehmer ergreifen.

Begriff der Diskriminierung

Ein zentrales Problem der Richtlinie ist die Erfassung mittelbarer Diskriminierung. Diskriminierung wird in Art. 2 dahingehend definiert, dass es keine unmittelbare oder mittelbare Diskriminierung aus Gründen der Rasse oder der ethnischen Herkunft geben darf. Die unmittelbare Diskriminierung ist relativ leicht zu bestimmen. Sie liegt vor, wenn eine Person aufgrund ihrer Rasse oder ethnischen Herkunft in einer vergleichbaren Situation eine weniger günstige Behandlung erfährt als eine andere Person erfährt oder erfahren würde. Schwierig ist die mittelbare Diskriminierung. Die Richtlinie definiert die mittelbare Diskriminierung folgendermaßen:

„(...) wenn dem Anschein nach neutrale Vorschriften, Kriterien oder Verfahren, Personen, die einer Rasse oder ethnischen Gruppe angehören, in besonderer Weise benachteiligen können, es sei denn, die betreffenden Vorschriften, Kriterien oder Verfahren sind durch ein rechtmäßiges Ziel sachlich gerechtfertigt und die Mittel sind zur Erreichung dieses Ziels angemessen und erforderlich".

Die Einbeziehung der mittelbaren Diskriminierung ist an sich keine Neuigkeit. Die Union besitzt aufgrund der Rechtsprechung des Europäischen Gerichtshofs zu den Diskriminierungsverboten aufgrund des Vertrags eine reiche Praxis darüber, unter welchen Voraussetzungen mittelbare oder indirekte Diskriminierung anzunehmen ist[9]. Ein Diskriminierungsverbot wäre häufig wirkungslos, wenn es sich auf die so genannte unmittelbare Diskriminierung beschränken würde. Die wichtigsten Fälle in der Praxis betreffen heute Fälle mittelbarer Diskriminierung. Es ist eher ein Ausnahmefall, dass Mitgliedstaaten in ihrer Gesetzgebung eine unterschiedliche

---

[9] Vgl. Chopin & Niessen, a.a.O., S. 26.

Behandlung nach Staatsangehörigkeit vorsehen und Staatsangehörige anderer EU-Mitgliedstaaten zum Beispiel beim Zugang zu selbstständigen Berufen ausschließen oder benachteiligen. Viel häufiger sind scheinbar neutrale Behinderungen, so zum Beispiel, wenn für die Ausübung beruflicher Tätigkeit ein Wohnsitz im Inland verlangt wird oder wenn bestimmte Sprachkenntnisse verlangt werden, oder wenn gefordert wird, dass bestimmte Prüfungen oder Qualifikationen im Inland erworben sein müssen. Die Rechtsprechung ist hier relativ weit gegangen und hat eine mittelbare Diskriminierung schon dann angenommen, wenn eine Regelung quasi typischerweise Bürger anderer Unionsstaaten stärker trifft als Inländer. Für den Nachweis einer rassisch bedingten Diskriminierung ergeben sich hier noch größere Schwierigkeiten und Probleme. Art. 8 der Richtlinie versucht diese Probleme dadurch in den Griff zu bekommen, dass er eine Beweislastregelung vorsieht. Die Mitgliedstaaten sollen nämlich im Einklang mit ihrem nationalen Gerichtswesen die erforderlichen Maßnahmen ergreifen, um zu gewährleisten, dass immer dann, wenn Personen, die sich durch die Nichtanwendung des Gleichbehandlungsgrundsatzes für verletzt halten und einem Gericht oder einer anderen zuständigen Stelle Tatsachen glaubhaft machen, die das Vorliegen einer unmittelbaren und mittelbaren Diskriminierung vermuten lassen, es den Beklagten obliegt, zu beweisen, dass keine Verletzung des Gleichbehandlungsgrundsatzes vorgelegen hat.

Die Anwendung dieser Bestimmung dürfte in der Praxis noch erhebliche Probleme aufwerfen. Eingeführt wird auf diese Weise eine Art umgekehrte Beweislast. Ein Beklagter, dem rassische Diskriminierung zur Last gelegt wird, muss also beweisen, dass er nicht aus rassischen oder ethnischen Gründen diskriminiert hat. Allerdings setzt dies voraus, dass Tatsachen glaubhaft gemacht werden, die das Vorliegen einer unmittelbaren oder mittelbaren Diskriminierung „vermuten lassen". Hier liegt eine Quelle erheblicher Rechtsunsicherheit. Wann kann man insbesondere bei privaten Verhaltensweisen annehmen, dass eine derartige rassische Diskriminierung vorliegt? Man wird hier auf Kriterien zurückgreifen müssen, wie sie auch für die Anwendung des Grundsatzes der Gleichbehandlung aus Gründen der Staatsangehörigkeit von der Rechtsprechung entwickelt worden sind. Erforderlich ist danach, dass das betreffende Verhalten typischerweise oder überwiegend Personen einer bestimmten Rasse oder ethnischen Herkunft betrifft. Bei strafrechtlichen Sanktionen wäre eine Beweislastumkehr ohnedies verfassungsrechtlich unzulässig.

Die Rassendiskriminierungsrichtlinie erfasst nur eine unterschiedliche Behandlung gegründet auf Rasse oder ethnische Herkunft. Demgegenüber hat die Rahmenrichtlinie über Gleichbehandlung im beruflichen Bereich einen größeren Anwendungsbereich, was die Diskriminierungsgründe betrifft. Erfasst sind hier auch Religion, Weltanschauung, Alter oder sexuelle Ausrichtung. Auf der anderen Seite ist die Rahmenrichtlinie sehr viel enger, was den sachlichen Anwendungsbereich betrifft, da hier nur der Zugang zum Beruf, einschließlich Auswahlkriterien und Einstellungsbedingungen, und Berufsausbildung und Beschäftigungs- und Arbeitsbedingungen erfasst sind. Nicht anwendbar ist die Rahmenrichtlinie in Bezug auf religiös bedingte Diskriminierung in Bereichen wie Erziehung, Gesundheitswesen, Wohnung, Sozialhilfe und Zugang zu sozialen Leistungen.

Nun wird zum Teil argumentiert, dass bestimmte Aspekte religiös bedingter Diskriminierung als indirekte rassische Diskriminierung qualifiziert werden könnten und deshalb unter die Rassendiskriminierungsrichtlinie fallen. Argumentiert wird zum Beispiel, dass das Verbot des Tragens eines Schleiers in Schulen für muslimische Mädchen als indirekte Diskriminierung auf der Grundlage von Rasse oder ethnischer Herkunft qualifiziert werden könne[10].

Mir erscheint diese Argumentation nicht schlüssig. Sicherlich kann im Einzelfall auch eine vordergründig auf religiöse Gebräuche und Verhaltensweisen bezogene Ungleichbehandlung zugleich eine rassische Diskriminierung darstellen. Hierfür wäre aber zumindest erforderlich, dass das betreffende Verhalten, an das die Ungleichbehandlung anknüpft, typischerweise bezogen ist auf ethnische Herkunft oder Rasse. Für das Beispiel des Kopftuchtragens ist dies in keiner Weise hinreichend belegt.

Eine Ausnahme von der Vermutung diskriminierender Verhaltensweisen liegt nach der Richtlinie nach Art. 4 ausnahmsweise dann vor, wenn das betreffende Merkmal, an das die Ungleichbehandlung anknüpft, aufgrund der Art einer bestimmten beruflichen Tätigkeit oder der Rahmen-

---

10 Vgl. Empfehlung der Kommission v. 27.11.1991, Amtsblatt 1992 L/49 1, Annex 2, § 2.

Rassische Diskriminierung in der EU 147

bedingungen ihrer Ausübung eine wesentliche und entscheidende berufliche Voraussetzung darstellt und sofern es sich um einen rechtmäßigen Zweck und eine angemessene Anforderung handelt. So können etwa für eine künstlerische Darstellung afrikanischer Tänze nur afrikanische Tänzerinnen angestellt werden. Auch insoweit stellen sich freilich eine Reihe von Problemen. In einem holländischen Fall wurde eine Frau nicht in eine Bewerbung um Empfangsdamen einbezogen, da sie holländisch mit surinamischem Akzent sprach. Der Arbeitgeber versuchte dies mit dem Argument zu rechtfertigen, dass der surinamische Akzent für das „corporate image" schädlich sei. Die einschlägige holländische Kommission hat das Argument zurückgewiesen und den Ausschluss der Frau als verbotene rassische Diskriminierung angesehen[11].

Die Richtlinie enthält neben dem Verbot der Diskriminierung noch eine Klausel, die den Begriff der Diskriminierung nicht unerheblich durch den Begriff „Belästigung" erweitert. Nach Art. 2 Abs. 3 sind unerwünschte Verhaltensweisen, die im Zusammenhang mit der Rasse oder der ethnischen Herkunft einer Person stehen oder bezwecken oder bewirken, dass die Würde der betreffenden Person verletzt und ein von Einschüchterungen, Anfeindungen, Erniedrigungen, Entwürdigungen oder Beleidigungen gekennzeichnetes Umfeld geschaffen wird, Belästigungen, die als Diskriminierung im Sinne der Richtlinie gelten. Es ist aber aus der Richtlinie ersichtlich, dass diese Definition den Begriff „Belästigung" nicht abschließend umschreibt. Vielmehr können die Mitgliedstaaten den Begriff „im Einklang mit den einzelstaatlichen Rechtsvorschriften und Gepflogenheiten definieren".

Der Begriff der „Belästigung" ist im Zusammenhang mit sexueller Belästigung von der EU-Kommission 1991 definiert worden. Die Kommission hat als Belästigung Verhalten angesehen,

„that is unwanted by the recipient, that it is for each individual to determine what behaviour is acceptable to them and what they regard as offensive. Sexual attention becomes sexual harassment if it is persisted in once it has been made clear that it is regarded by the recipient as offensive."[12]

---

[11] Vgl. EU Council, Outcome of Proceedings of the Social Questions Working Party on May 10 2000, Doc. 8454/00, Brussels, May 16, 2000, siehe Chopin & Niessen, a.a.O., S. 35.
[12] Chopin & Niessen, a.a.O., S. 32.

Das Kriterium des Unerwünschten lässt sich freilich nicht ohne weiteres auf die „Belästigung" im Zusammenhang mit rassischer Diskriminierung übertragen. Unter welchen Voraussetzungen begründet aber ein Verhalten ein von Einschüchterungen, Anfeindungen, Erniedrigungen, Entwürdigungen oder Beleidigungen gekennzeichnetes Umfeld? Jedenfalls wenn es um rechtliche Sanktionierung eines bestimmten Verhaltens, zum Beispiel in der Form eines Disziplinarverfahrens oder arbeitsrechtlicher Sanktionen geht, ist erforderlich, dass die konkreten Verhaltensweisen, an die eine Sanktion anknüpft, hinreichend präzise bezeichnet sind.

Anwendungsbereich der Richtlinie

Die Richtlinie gilt nach ihrem Art. 3 für „alle Personen im öffentlichen und privaten Bereich, einschließlich öffentlicher Stellen in Bezug auf Arbeitsbedingungen, Berufsausbildung, Sozialschutz, soziale Vergünstigungen, Bildung, den Zugang zu und die Versorgung mit Gütern und Dienstleistungen, die der Öffentlichkeit zur Verfügung stehen, einschließlich von Wohnraum".

Die Vorschrift enthält einige Unklarheiten. Insbesondere ist unklar, was unter Zugang zu und der Versorgung mit Gütern und Dienstleistungen, die der Öffentlichkeit zur Verfügung stehen, einschließlich von Wohnraum, genau zu verstehen ist. Die Formulierung dieser Bestimmung geht auf Einwände von Seiten einiger Mitgliedstaaten, insbesondere Deutschland, Österreich, die Niederlande und Irland, zurück, wonach ausschließlich private Transaktionen von der Richtlinie nicht erfasst werden sollten[13]. Dahinter steht, dass ein zu weiter Anwendungsbereich der Richtlinie den Grundsatz der Unantastbarkeit der Privatsphäre beeinträchtigen würde. Erfasst sind daher vorwiegend solche kommerziellen Transaktionen, wie sie mit Bank und Finanzdienstleistungen sowie dem Zugang zu Bars, Restaurants, Hotels, Klubs und Läden verbunden sind. Innerhalb dieses Bereichs können aber Probleme dann auftauchen, wenn argumentiert wird, dass solche Dienstleistungen nicht für die Öffentlichkeit zugänglich sind. So etwa, wenn ein Klubinhaber den Zugang nur für Mitglieder einer privaten Vereinigung öffnet. Ein Abgrenzungskriterium

---

[13] Kalanke gegen Freie Hansestadt Bremen, Rs C-450/93, Slg. 1995 I-3069.

Rassische Diskriminierung in der EU 149

könnte sein, ob es sich in der Tat um eine nicht öffentlich zugängliche Veranstaltung rein privaten Charakters handelt oder ob praktisch ein allgemeiner Zugang eröffnet ist.

Nicht ausdrücklich erfasst von der Rassendiskriminierungsrichtlinie ist das Verbot rassisch bedingter Diskriminierung durch staatliche Behörden, einschließlich Polizei, Ausländerbehörden, sowie Straf- und Ziviljustiz. Der Grund dürfte wohl darin zu sehen sein, dass insoweit bereits aufgrund des ungeschriebenen Gemeinschaftsrechts ein Diskriminierungsverbot gilt. Ausdrücklich erfasst sind nach der Rassendiskriminierungsrichtlinie nur die Beschäftigungs- und Arbeitsbedingungen, gleichgültig, ob es sich insoweit um öffentliche oder private Arbeitgeber handelt.

Was den persönlichen Anwendungsbereich der Richtlinie betrifft, so gilt die Richtlinie für alle Personen in öffentlichen und privaten Bereichen (Art. 3 Abs. 1). Sie erfasst daher auch Drittstaatsangehörige. Die Richtlinie stellt aber ausdrücklich – ebenso wie die Rahmenrichtlinie – klar, dass die Richtlinie nicht unterschiedliche Behandlungen aus Gründen der Staatsangehörigkeit umfasst; nicht berührt sind auch die Vorschriften und Bedingungen für die Einreise von Staatsangehörigen dritter Staaten oder staatenlosen Personen in das Hoheitsgebiet der Mitgliedstaaten oder deren Aufenthalt in diesem Hoheitsgebiet sowie eine Behandlung, die sich aus der Rechtsstellung von Staatsangehörigen dritter Staaten oder staatenlosen Personen ergibt. Der Sinn dieser Bestimmung liegt klar darin, dass die Mitgliedstaaten die Fragen, die im Zusammenhang mit dem aufenthaltsrechtlichen und sozialrechtlichen Status von Drittstaatsangehörigen auftauchen, nicht einbeziehen wollten. Aufgrund von Assoziationsverträgen und Kooperationsverträgen mit Drittstaaten sind zum Teil die Staatsangehörigen dieser Staaten in Bezug auf Leistungen der sozialen Sicherheit und andere Bereiche begünstigt gegenüber sonstigen Drittstaatsangehörigen und genießen eine Gleichbehandlung, deren Reichweite allerdings im Einzelnen umstritten ist. Es ist aber festzuhalten, dass Beschränkungen beim Zugang zur Beschäftigung zum Beispiel als Folge von Arbeitsgenehmigungserfordernissen oder auch aufenthaltsrechtliche Beschränkungen ebenso wie sozialrechtliche Einschränkungen für bestimmte Kategorien von Drittstaatsangehörigen nicht unter die Richtlinie fallen.

Die Formulierung des Art. 3 Abs. 2 wirft dennoch einige ungeklärte Fragen auf. So stellt sich die Frage, unter welchen Voraussetzungen argumentiert werden könnte, dass bestimmte unterschiedliche Behandlungen, die sich auf die Staatsangehörigkeit oder den Aufenthaltsstatus beziehen, eine indirekte Diskriminierung wegen Rasse oder ethnischer Herkunft darstellen. Ob dies im Einzelfall festgestellt werden kann, ist eine Tatfrage. Wenn Arbeitgeber zum Beispiel in den Ausschreibungsbedingungen festlegen, dass sich nur EU-Staatsangehörige bewerben können, so kann darin nicht ohne weiteres eine rassisch bedingte Diskriminierung gesehen werden. Unter bestimmten Umständen könnte aber diese Formulierung dennoch eine rassisch bedingte Diskriminierung darstellen.

Die Richtlinie ist anwendbar sowohl auf natürliche wie auch auf juristische Personen. Dies stellt in gewisser Weise ein Novum dar, da bisher angenommen worden ist, dass Grundrechte oder grundrechtsähnliche Bestimmungen jedenfalls im Allgemeinen nicht über den Kreis natürlicher Personen hinaus auf juristische Personen ausgeweitet werden können. In einigen Mitgliedstaaten ist in dieser Weise auch argumentiert worden[14]. Die Richtlinie hat sich über diese Einwände hinweggesetzt mit dem Argument, dass gerade im Bereich der körperschaftlich begründeten Diskriminierung die Verantwortlichkeit eines Einzelnen nicht immer festgestellt werden kann und es in diesem Fall sinnvoll erscheint, dass eine juristische Person hierfür die rechtliche Verantwortlichkeit zu übernehmen hat.

Positive Maßnahmen

Art. 5 sieht die Möglichkeit von positiven Maßnahmen nach Art von „affirmative actions" vor. Der Gleichbehandlungsgrundsatz hindert danach die Mitgliedstaaten nicht daran, zur Gewährleistung der vollen Gleichstellung in der Praxis spezifische Maßnahmen, mit denen Benachteiligungen aufgrund der Rasse oder ethnischen Herkunft verhindert oder ausgeglichen werden, beizubehalten oder zu beschließen. Die Parallele zur Herstellung gleicher Chancen von Männern und Frauen im Arbeitsleben liegt insoweit auf der Hand. In diesem Zusammenhang wird man aber auch berücksichtigen müssen, dass Gleichbehandlung als ungeschriebener Grundsatz des Verfassungsrechts nicht dazu dienen kann, eine Ungleichbehandlung zu legitimieren. In seiner Rechtsprechung zu Frauenquoten

---

14 Entscheidung v. 28.3.2000, Rs C-158/97, Badeck gegen Hess. Ministerpräsident.

hat der Gerichtshof die bremische Gesetzgebung, die automatische Priorität bei gleicher Qualifikation von Männern und Frauen vorsah, für einen Verstoß gegen den allgemeinen Gleichheitsgrundsatz angesehen[15]. In anderen Fällen hat der Gerichtshof dagegen Quotenregelungen, wonach 50 Prozent für Frauen reserviert worden sind, jedenfalls dann akzeptiert, wenn es sich nicht um eine automatische Vorrangregelung handelt, sondern wenn dadurch Frauen zusätzliche Möglichkeiten eröffnet werden sollten, unter gleichen Chancen ins Berufsleben einzutreten.

Man wird diese Grundsätze wohl auf Art. 5 anwenden können, mit der Folge, dass automatische Vorrangregelungen für Angehörige bestimmter ethnischer Herkunft oder Rasse unzulässig wären, während Maßnahmen, die auf die Gewährleistung der Chancengleichheit von unterprivilegierten Personengruppen, zum Beispiel durch spezifische Förderung der Qualifikation, ausgerichtet sind, im Hinblick auf die Gleichbehandlung gerechtfertigt werden könnten. Der Wortlaut der Richtlinie bestätigt dies insoweit, als darauf abgestellt wird, dass Benachteiligungen verhindert oder ausgeglichen werden sollen.

Ob eine spezielle Gesetzgebung nach Art der amerikanischen Rassengesetzgebung sinnvoll wäre, ist damit freilich noch nicht festgestellt. Erfahrungen mit gesetzlicher Heraushebung bestimmter Kategorien unterprivilegierter Personen im Sinne besonders geschützter Minderheiten werfen die grundsätzliche Problematik auf, dass derartige Privilegierungen die betreffende Personengruppe als besondere Gruppe herausheben; sie laufen damit im Prinzip der gesellschaftlichen Integration tendenziell zuwider.

Rechtsschutzmöglichkeiten

Die Richtlinie sieht ferner vor, dass die Mitgliedstaaten Rechtsschutz gewährleisten, wenn sich Personen durch die Nichtanwendung des Gleichbehandlungsgrundsatzes in ihren Rechten für verletzt halten. Eine Neuerung für das deutsche Recht stellt insoweit die Möglichkeit der Verbandsklage nach Art. 7 Abs. 2 dar. Verbände, Organisationen oder andere juristische Personen, die ein rechtmäßiges Interesse daran haben, für die Einhaltung der Bestimmungen der Richtlinie zu sorgen, können sich ent-

---

[15] EuGH v. 10.4.1984, von Colson & Kamann, Slg. 1984, S. 1891.

weder im Namen der beschwerten Person oder zu deren Unterstützung an die Gerichte und Verwaltungsbehörden wenden.

Ein weiterer Sanktionsmechanismus ist in der Weise vorgesehen, dass die Mitgliedstaaten in regelmäßigen Abständen Berichte über die Durchführung der Richtlinie erstellen müssen. Um eine Verletzung der in der Richtlinie vorgesehenen Verhaltensweisen angemessen zu sanktionieren, ist ferner ausdrücklich vorgesehen, dass die Mitgliedstaaten Sanktionen festlegen, die bei einem Verstoß gegen die Vorschriften zur Anwendung dieser Richtlinie zu verhängen sind, und alle geeigneten Maßnahmen treffen müssen, um deren Durchsetzung zu gewährleisten. Die Sanktionen, die auch Schadensersatzleistungen an die Opfer umfassen können, müssen wirksam, verhältnismäßig und abschreckend sein.

Auch insoweit gibt es Erfahrungen aus der Durchsetzung der Gleichbehandlungsrichtlinie. Die deutsche Rechtslage vor Änderung des § 611a BGB, nach der im Fall einer Verletzung der Richtlinie zur Gleichbehandlung von Mann und Frau beim Zugang zu beruflichen Tätigkeiten lediglich ein Schadensersatz in Form der Kosten der Busfahrkarte für das vergebliche Bewerbungsgespräch vorgesehen war, ist vom Gerichtshof zu Recht als ineffektiv und damit vertragswidrig beanstandet worden. Erforderlich ist also, dass Sanktionen, insbesondere Schadensersatzpflichten, wirksam sind.

Jürgen R. Winkler und Jürgen W. Falter

Fragestellungen, Probleme und Resultate der politikwissenschaftlichen Forschung über Fremdenfeindlichkeit und Rechtsextremismus in Deutschland

Einleitung

Die Wahlerfolge rechtsextremer Parteien und der Anstieg fremdenfeindlicher Gewalthandlungen in der ersten Hälfte der 1990er Jahre haben eine intensive Diskussion über das Ausmaß, die Entwicklung und die Ursachen von Fremdenfeindlichkeit und Rechtsextremismus ausgelöst. Vertreter mehrerer sozialwissenschaftlicher Disziplinen haben sich den Themen zugewandt und eine Diversifikation des Untersuchungsgegenstandes gefördert, indem sie einer großen Anzahl von Fragestellungen unter Heranziehung diverser Begriffe, Konzepte und Theorien nachgegangen sind. Dabei sind zum Teil beachtliche Leistungen erbracht worden. Wegen der Fülle der Veröffentlichungen, der großen Anzahl der betrachteten Objekte und Eigenschaften sowie der vielen Zugangsweisen und Fragestellungen vermag heute jedoch niemand mehr, das Forschungsfeld in seiner gesamten Breite zu überschauen. Auf der anderen Seite bietet nur ein kleiner Teil der Beiträge neue Forschungsergebnisse oder ordnet vorhandene Wissensbestände systematisch, indem gesicherte Erkenntnisse, offene Fragen und Probleme der Forschung über Fremdenfeindlichkeit und Rechtsextremismus dargestellt werden. Auch stößt man auf zahlreiche Gegensätze bezüglich dessen, was unter Fremdenfeindlichkeit und Rechtsextremismus zu verstehen ist und erforscht werden soll, welche theoretischen Begriffe und Methoden dem Gegenstand angemessen sind, wie die Beziehungen sowohl zwischen den Phänomenen, die unter den Begriff des Rechtsextremismus fallen, als auch zwischen Fremdenfeindlichkeit und Rechtsextremismus beschaffen sind und welche Faktoren unterschiedliche Formen von Fremdenfeindlichkeit und Rechtsextremismus beeinflussen.

Wir werden im Folgenden zunächst die Bedeutung von Fremdenfeindlichkeit und Rechtsextremismus klären, indem wir die Objekte und Eigenschaften markieren, auf die die Ausdrücke „Fremdenfeindlichkeit" und „Rechtsextremismus" in der Politikwissenschaft bezogen werden. Dabei werden wir die Position skizzieren, die die Untersuchungen über Fremdenfeindlichkeit und Rechtsextremismus am Institut für Politikwissenschaft der Universität Mainz leitet, wo sich in den 1990er Jahren einer der wenigen kontinuierlich auf dem Gebiet arbeitenden Forschungsschwerpunkte herausgebildet hat. Die Ausführungen dienen der Verständigung und der Ordnung der Objekte und Eigenschaften, die in politikwissenschaftlichen Untersuchungen über Fremdenfeindlichkeit und Rechtsextremismus in Betracht gezogen werden. Wir werden sodann einen kurzen Überblick über verschiedene Erklärungsansätze von Fremdenfeindlichkeit und Rechtsextremismus geben, die in der neueren empirischen Forschung eine größere Rolle spielen. Nachdem die begrifflichen und theoretischen Grundlagen gelegt sind, werden wir einige Vorstellungen über die empirische Bestimmung von Rechtsextremismus diskutieren und den von uns bevorzugten Weg in Kürze darstellen. In zwei weiteren Abschnitten werden wir sodann Ergebnisse eigener Untersuchungen zu einigen wenigen ausgewählten Fragestellungen der politikwissenschaftlichen Forschung darstellen. Wir beginnen mit der Frage nach den Bestimmungsgründen von Fremdenfeindlichkeit und erörtern sodann die Wahl rechtsextremer Parteien. Abschließend zeigen wir einige Perspektiven der politikwissenschaftlichen Forschung über Fremdenfeindlichkeit und Rechtsextremismus auf.

Referenzobjekte von Rechtsextremismus und Fremdenfeindlichkeit

Begriffe korrespondieren mit Sachverhalten, die unabhängig von der benutzten Sprache existieren. Entsprechend sondieren die Begriffe Fremdenfeindlichkeit und Rechtsextremismus aus dem Universum aller möglichen Objekte bzw. Eigenschaften bestimmte Objekte bzw. Eigenschaften aus. Sowohl im Falle von Fremdenfeindlichkeit als auch im Falle von Rechts-

Resultate der politikwissenschaftlichen Forschung 155

extremismus handelt es sich um theoretische Begriffe, die eine Verknüpfung mit manifesten Tatbeständen mittels Zuordnungsregeln erfordern.

Da sich die Bedeutung der Begriffe Fremdenfeindlichkeit und Rechtsextremismus aus ihrer Extension und Intension ergeben, können die Begriffe durch Benennung der Objekte, die unter sie fallen, oder durch eine semantische Analyse des Inhalts der Konzepte definiert werden. Was die Objekte anbelangt, bezieht sich die politikwissenschaftliche Rechtsextremismusforschung auf der Makroebene auf Herrschaftssysteme wie etwa den Nationalsozialismus (vgl. u.a. Bracher, 1969). Auf der Mesoebene beschäftigt sie sich mit Institutionen, die in politischen Systemen im intermediären Bereich an der politischen Willensbildung beteiligt sind (vgl. u.a. Dudek & Jaschke, 1984; Schmollinger, 1983). Auf der Mikroebene beschäftigt sie sich mit der Verankerung politischer Orientierungen und Verhaltensweisen in der Bevölkerung wie zum Beispiel mit der Verbreitung von Ideologieelementen des Rechtsextremismus (vgl. u.a. Arzheimer, Schoen & Falter, 2001; Falter, 2000).

Bei der inhaltlichen Bestimmung des Rechtsextremismusbegriffs bietet es sich an, vom Extremismusbegriff auszugehen. Die beiden Begriffe stehen im Verhältnis der Subordination, da der Anwendungsbereich des Rechtsextremismusbegriffs im Anwendungsbereich des Extremismusbegriffs enthalten ist. Allgemein bezeichnet der Extremismusbegriff Institutionen, Inhalte und Prozesse einschließlich ihrer Wirkungen, die zum äußersten Rand eines in Betracht gezogenen Spektrums zählen.

In der Bundesrepublik wird der Extremismusbegriff häufig verwendet als eine „Sammelbezeichnung für unterschiedliche politische Gesinnungen und Bestrebungen (...) die sich in der Ablehnung des demokratischen Verfassungsstaates und seiner fundamentalen Werte und Spielregeln einig wissen" (Backes & Jesse, 1993, S. 40). Dabei werden zu den Merkmalen liberaldemokratischer Verfassungsstaaten die Gewaltenteilung, die Menschen- und Bürgerrechte, die Anerkennung des Pluralismus- und des Repräsentationsprinzips sowie Toleranz gegenüber anderen verstanden. Verfechter dieses Ansatzes unterscheiden hiervon den Begriff des Radikalismus, der Akteure umfasst, die radikale politische Ziele innerhalb des von der Verfassung vorgegebenen Rahmens verfolgen.

Ein zweiter Zugang setzt bei der Persönlichkeitsstruktur von Individuen an. So zählt Backes (1989, S. 289 ff.) Dogmatismus, Utopismus und kategorischen Utopieverzicht, Freund-Feind-Stereotype, Verschwörungsdenken, Fanatismus und Aktivismus zur Menge der Eigenschaften des Extremismusbegriffs. Ein derartig gefasster Extremismusbegriff kann sich in diversen Begründungszusammenhängen als fruchtbar erweisen. Unfruchtbar ist er allerdings, wenn zur Erklärung des Extremismus wiederum auf geschlossene Überzeugungssysteme verwiesen wird. Zählt man eine dogmatische Persönlichkeitsstruktur zu den Merkmalen des Extremismusbegriffes, kann sie nicht zugleich zur Erklärung des Extremismus herangezogen werden. Ein konzeptionelles Problem entsteht, wenn beide Zugänge zum Extremismusbegriff vermengt werden. Dies ist dann der Fall, wenn dem Extremismusbegriff die Eigenschaft „Ablehnung des demokratischen Verfassungsstaates" und die Eigenschaft „geschlossenes Überzeugungssystem" zugeschrieben werden. Mit Backes und Jesse gehen die meisten Autoren von einem extensional identischen Anwendungsbereich aus. Akteure, die über dogmatische Denkstrukturen verfügten, lehnten den demokratischen Verfassungsstaat ab; und Akteure, die den demokratischen Verfassungsstaat ablehnten, wiesen dogmatische Denkstrukturen auf. Ob dies aber tatsächlich der Fall ist, kann allein empirisch ermittelt werden. Angemessener ist es, von einem Überschneidungsbereich der beiden Begriffe auszugehen und vier Klassen von Akteuren zu unterscheiden: (1) Akteure, die weder dogmatische Denkstrukturen aufweisen noch den demokratischen Verfassungsstaat ablehnen, (2) Akteure, die den demokratischen Verfassungsstaat ablehnen, aber keine dogmatische Denkstruktur aufweisen, (3) Akteure, die dogmatische Denkstrukturen aufweisen, aber den demokratischen Verfassungsstaat befürworten, und (4) Akteure, die dogmatische Denkstrukturen aufweisen und den demokratischen Verfassungsstaat ablehnen. Beharrt man darauf, Akteure, die den demokratischen Verfassungsstaat ablehnen, unter den Begriff des Extremismus zu subsumieren, bleibt nur der Ausweg, die analytische Vermengung der Eigenschaften „Haltung zum demokratischen Verfassungsstaat" und „dogmatische Denkstrukturen" zu verwerfen und „dogmatische Denkstrukturen" als empirische Korrelate der Haltung zum Verfassungsstaat aufzufassen.

Während der zuerst genannte Zugang Extremismus als Antithese zum demokratischen Verfassungsstaat konzeptionalisiert, wird er bei Lipset und Raab (1970) als Antithese zum Pluralismus gefasst. Unter Pluralis-

Resultate der politikwissenschaftlichen Forschung 157

mus werden dabei zum einen die Verfahrensregeln des politischen Prozesses, zum anderen die Anerkennung des Streits von Ideen und Interessen verstanden. Im Gegensatz zum Pluralismus setze der Extremismus das eigene Weltbild absolut und ächte abweichende Vorstellungen. Dagegen gehen Klingemann und Pappi (1972) von der Konzeptionalisierung politischer Orientierungen auf der Links-rechts-Dimension aus, wobei sie „links" mit einer positiven Einstellung gegenüber der Modernisierung der Gesellschaft in Richtung größerer Gleichheit, „rechts" mit der Befürwortung einer traditionellen politischen Ordnung und der Ablehnung größerer sozialer und politischer Gleichheit identifizieren.

Da der Begriff des Rechtsextremismus eine bestimmte Form des Extremismus bezeichnet, grenzt die Konzeptionalisierung des Extremismusbegriffs den Anwendungsbereich des Rechtsextremismusbegriffs ein. Wird Extremismus als Gegensatz zum demokratischen Verfassungsstaat oder als Antithese zum Pluralismus aufgefasst, bezieht sich der Begriff des Rechtsextremismus auf bestimmte politische Prinzipien bzw. Regeln. Bezeichnet er die Links-rechts-Dimension, meint er spezifische politische Ziele und Inhalte. Betont er die psychologische Grundausstattung ihrer Träger, zielt er auf Persönlichkeitsmerkmale.

Nach Herz (1975, S. 29) steht eine bestimmte politische Ideologie im Zentrum des Rechtsextremismusbegriffs, hinsichtlich derer sich Personen und Organisationen unterscheiden. Zu deren Kernelementen zählt Stöss (1989, S. 19) übersteigerten Nationalismus, Negierung der universellen Freiheits- und Gleichheitsrechte der Menschen, Ablehnung parlamentarisch-pluralistischer Systeme und die Idee der Volksgemeinschaft. In einem allgemeinen Sinne wird einem Akteur die Eigenschaft, ein Nationalist zu sein, zugeschrieben, wenn dieser seine Handlungen übermäßig an der Nation ausrichtet. Bei genauer Betrachtung zeigt sich jedoch, dass dem Rechtsextremismus nicht Nationalismus im allgemeinen Sinne, sondern eine bestimmte, aggressive Form davon zugeschrieben wird. Diese liegt dann vor, wenn ein Individuum die eigene Nation anderen Nationen gegenüber als überlegen betrachtet. Die rechtsextreme Ideologie negiert zum Zweiten die universellen Freiheits- und Gleichheitsrechte der Menschen, „insbesondere das Recht auf Leben und körperliche Unversehrtheit, das Recht auf Freiheit, Freizügigkeit und Sicherheit, das Recht auf Gedanken-, Gewissens- und Religionsfreiheit, das Recht auf freie Meinungsäußerung und das Recht auf Versammlungs-, Vereinigungs- und Koalitionsfreiheit" (Stöss, 1989, S. 19).

Werden Ausgrenzung und Ungleichbehandlung von Menschen auf der Basis der Zugehörigkeit zu Gruppen gerechtfertigt, handelt es sich um eine Form von Fremdenfeindlichkeit. Denn Fremdenfeindlichkeit wird auf der einen Seite als eine Dimension sozialen Handelns, auf der anderen als eine strukturelle Gegebenheit konzeptionalisiert. Aus der ersten Perspektive wird Fremdenfeindlichkeit als eine abwertende bzw. negative Einstellung oder Handlungsweise gegenüber Fremden verstanden. Sie bezeichnet eine Eigenschaft, die Menschen mehr oder weniger zukommt. Die zweite Perspektive bezieht sich dagegen auf die tatsächliche Benachteiligung von Fremden. Objekt sind strukturelle Gegebenheiten, die nicht nur negativ auf die Lebenschancen, sondern auch auf die Wahrnehmung von Fremden wirken.

Als ein weiteres rechtsextremes Ideologieelement wird häufig Antipluralismus genannt (vgl. u.a. Backes & Jesse, 1993; Stöss, 1989). Rechtsextremisten richteten sich gegen die pluralistische Demokratie und gegen das Mehrheitsprinzip, der Etablierung einer Einheitspartei, die alle gesellschaftlichen Gruppen umfasse und eine Einheit mit dem Staat bilde, stünden sie dagegen positiv gegenüber. Damit einher gehe eine Zustimmung zur Unterdrückung solcher Bestrebungen, die der eigenen politischen Philosophie widersprechen. Ähnlich wie im Falle des Nationalismus ist es jedoch nicht Antipluralismus im allgemeinen Sinne, der die Akteure, die zur Menge der Rechtsextremisten gezählt werden, von anderen trennt. Vielmehr verschmelzen für Rechtsextremisten Volk und Staat zu einer Einheit mit einer völkisch-ethnozentrischen Ideologie, aus der die Neigung erwächst, sich dem Ganzen unterzuordnen. Endlich stellen positive Einstellungen zu rechtsextremen Regimen, Institutionen und Akteuren ein Element rechtsextremer Orientierungen dar. In diesem Sinne zählt eine positive Einstellung zum Nationalsozialismus und zu Hitler zur Bedeutung von Rechtsextremismus.

Eine analytisch und empirisch fruchtbare Konzeptionalisierung des Rechtsextremismusbegriffs besteht darin, den Überschneidungsbereich der genannten ideologischen Elemente als Rechtsextremismus zu bezeichnen. Das Zusammentreffen der Ideologieelemente markiert dann seinen Anwendungsbereich. Je mehr ideologische Elemente zur Konstruktion des

Resultate der politikwissenschaftlichen Forschung 159

Rechtsextremismusbegriffs verwendet werden, desto enger wird freilich sein Anwendungsbereich. Ob und inwiefern bestimmte Elemente, die dem Ideologiehaushalt des Rechtsextremismus zugeschrieben werden, in der Realität tatsächlich zusammenfallen, und wie sich die Beziehungen zwischen den Eigenschaften entwickeln, ist eine empirisch zu ermittelnde Frage.

Erklärungsmodelle von Fremdenfeindlichkeit und Rechtsextremismus

Seit dem Beginn der systematischen Erforschung von Fremdenfeindlichkeit und Rechtsextremismus steht die Persönlichkeitsstruktur von Menschen im Zentrum zahlreicher Studien. Sie teilen die Vorstellung, dass sich hinter den Einstellungen zu konkreten Objekten eine Eigenschaft der Persönlichkeitsstruktur verberge. Allein nach der Art der stabilen Persönlichkeitsmerkmale können diverse Theorien über Fremdenfeindlichkeit und Rechtsextremismus unterschieden werden. Als exemplarisch für einen persönlichkeitsbezogenen Zugriff kann die Arbeit der Mitarbeiter des Instituts für Sozialforschung in Frankfurt angesehen werden, die nach der Machtergreifung durch die Nationalsozialisten in Berkeley fortgesetzt wurde (vgl. Adorno u.a., 1950). Die Berkeley-Gruppe ging von der Existenz einer tief verankerten autoritären Persönlichkeitsstruktur aus. Deren Träger unterwerfen sich Autoritäten und bezeugen Mächtigen Gehorsam, Schwachen gegenüber gebärden sie sich dagegen als überlegen und aggressiv. In ihrer Wertordnung rangieren Sicherheit, Ordnung und Pflichterfüllung an oberster Stelle. Die autoritäre Persönlichkeitsstruktur bestimme die Einstellungen zu konkreten Objekten wie zum Beispiel die Bewertung von Fremdgruppen und das politische Verhalten wie zum Beispiel die Unterstützung einer rechtsextremen Partei oder Regierung. Der Studie über die autoritäre Persönlichkeit folgte eine große Anzahl von Untersuchungen mit ähnlichen Fragestellungen, wobei die Akzente jedoch verschoben wurden und das Autoritarismuskonzept modifiziert wurde.

Andere Studien richten die Aufmerksamkeit stärker auf die Zugehörigkeit von Individuen zu Kollektiven, deren Wahrnehmung ihrer wirtschaftlichen und sozialen Situation und ihre Befindlichkeiten. Im Mittelpunkt stehen eine Vielzahl von hypothetischen Konstrukten, die zur Erklärung zahlreicher Aspekte von Fremdenfeindlichkeit und Rechtsextremismus verwandt werden. Als besonders einflussreich hat sich die Vorstellung von Hofstadter (1964) und Lipset (1964) gezeigt: Personen, die ihren Status in Gefahr sehen, neigten dazu, rechtsextreme Bewegungen zu unterstützen. Rechtsextreme politische Systeme würden umso leichter errichtet, Organisationen seien erfolgreich und andere Formen rechtsextremer Handlungen seien umso eher anzutreffen, je mehr Personen in einer Gesellschaft einen Status einnehmen, der niedriger ist als der gewünschte oder gewohnte. Am weitesten verbreitet ist jene Form der Statuspolitik, in der die Erfolge rechtsextremer Parteien auf materielle Bedrängnisse, die den Status bedrohen, zurückgeführt werden. Zur Erklärung von Fremdenfeindlichkeit und Rechtsextremismus wird auch der Begriff der relativen Deprivation angeführt. Darunter wird ein Zustand der Enttäuschung und Unzufriedenheit verstanden, dessen Grund in einer Kluft zwischen dem Ist und dem Wunsch liegt. Relative Benachteiligung kann bewirken, dass sich Individuen gegen die wahrgenommenen Verursacher der Benachteiligung zusammenschließen.

Arbeiten, in denen Ausdrücke wie Deprivation und Statuspolitik im Zentrum der Erklärung von Erfolgen rechtsextremer Bewegungen stehen, bleiben allerdings die Antwort auf die Frage schuldig, warum gerade eine rechtsextreme Bewegung und nicht eine andere politische Gruppierung einen Aufschwung erlebt. Ungleichgewichtszustände rufen nicht notwendigerweise bestimmte Handlungen hervor, sondern haben je nach Logik der Situation unterschiedliche Handlungskonsequenzen. Status- und Deprivationstheorien, die die Erfolge rechtsextremer Bewegungen auf eine Form der Unzufriedenheit zurückführen, können daher keinen wesentlichen Erklärungsbeitrag leisten. Zwar lassen sich subjektive Entbehrungen bei den Anhängern rechtsextremer Oppositionsbewegungen nachweisen, doch noch häufiger dürften sie vorliegen, ohne dass rechtsextreme Bewegungen unterstützt werden.

Scheuch und Klingemann (1967) sehen schließlich einen engen Zusammenhang zwischen gesellschaftlicher Modernisierung, Fremdenfeindlichkeit und Rechtsextremismus. Die westlichen Gesellschaften seien einem ständigen Wandel unterworfen, der notwendigerweise Spannungen hervorrufe. Ökonomische Wandlungsprozesse erforderten ständige An-

Resultate der politikwissenschaftlichen Forschung 161

passungen und funktionale Veränderungen an Arbeitsstätten, die in Konflikt stünden mit den sich nur langsam verändernden Werthaltungen. Diese widersprüchlichen Anforderungen verursachten Spannungen, die wiederum Unsicherheiten bedingten. Desorientierte Personen würden den bestehenden Widersprüchlichkeiten ausweichen und ein starres Wert- und Orientierungssystem herausbilden. Das Auseinanderklaffen von ökonomischen und technischen Wandlungsprozessen auf der einen und dem Hinterherhinken des soziokulturellen Wandels auf der anderen Seite bedinge eine „pathologische" Persönlichkeitsstruktur. Träger einer derartigen Verhaltensdisposition seien von politischen Bewegungen mobilisierbar, die eine Verminderung von Spannungen versprechen.

Wahrscheinlich befinden sich alle Personen mehr oder weniger in Ungleichgewichtszuständen im genannten Sinne, und wahrscheinlich ist ein beträchtlicher Bevölkerungsteil der modernen Gesellschaften mehr oder weniger desintegriert. Dennoch weist nur ein kleiner Teil der Bevölkerung eine „pathologische" Persönlichkeitsstruktur auf und beteiligt sich an rechtsextremen Handlungsformen. Selbst wenn man nur die Gruppe der stark desintegrierten und deprivierten Personen betrachtet, wird man feststellen, dass nur ein geringer Teil von ihnen rechtsextreme Orientierungen oder Handlungsweisen zeigt. Derartige Beobachtungen schränken die Darstellungs- und Erklärungsleistungen auch dieser Erklärungsansätze von Fremdenfeindlichkeit und Rechtsextremismus erheblich ein.

Probleme der empirischen Bestimmung von Fremdenfeindlichkeit und Rechtsextremismus

Die Politikwissenschaft hat sich am Ende des 20. Jahrhunderts stärker als früher mit rechtsextremen politischen Orientierungen beschäftigt. Da es sich bei Merkmalen wie Fremdenfeindlichkeit und Rechtsextremismus um nicht direkt beobachtbare analytische Konstrukte handelt, kommt der theoretischen Fundierung eine große Bedeutung zu. Ein Hauptproblem besteht darin, Wege anzugeben, wie man zu gültigen Aussagen über die Verbreitung und Entwicklungstendenzen von Fremdenfeindlichkeit und Rechtsextremismus gelangen kann.

Eine weit verbreitete Methode besteht darin, Wahlresultate oder in Umfragen ermittelte Anteile rechtsextremer Parteien als Maßstab für das Ausmaß von Rechtsextremismus in einer Gesellschaft heranzuziehen. Ebenso wird nicht selten das Ausmaß registrierter Gewalt gegen Angehörige ethnischer Minderheiten als Maßstab für die Verbreitung von Fremdenfeindlichkeit benutzt. So stützten Beobachter Anfang der 1990er Jahre ihre These, rechtsextreme Denkhaltungen nähmen unter Jugendlichen zu, mit den teilweisen Erfolgen der Republikaner bei männlichen Jungwählern. Dabei wird übersehen, dass das Rechtsextremismuspotenzial gleich geblieben oder sogar abgenommen, die Ausschöpfung desselben dagegen zugenommen haben könnte. Ebenso kann die Anzahl fremdenfeindlicher Gewalthandlungen ansteigen, ohne dass sich die Einstellungen gegenüber Angehörigen ethnischer Minderheiten nennenswert veränderten. Es hat sich gezeigt, dass vor allem situative Umstände dafür verantwortlich sind, dass sich rechtsextreme bzw. fremdenfeindliche Einstellungen in entsprechenden Verhaltensweisen äußern.

Schließlich ist der Versuch unternommen worden, das Rechtsextremismuspotenzial mit speziell für die Fragestellung entwickelten Skalen zu bestimmen. Ein früher Versuch wurde schon in den 1940er Jahren unternommen. Adorno u.a. (1950) entwickelten zur Bestimmung des Rechtsextremismuspotenzials die F-Skala, wobei schwer greifbare psychologische Konzepte im Zentrum ihrer Überlegungen standen. Dagegen vernachlässigten sie konkretere ideologische Inhalte, die heute üblicherweise mit Rechtsextremismus in Verbindung gebracht werden.

Der bekannteste Versuch, die Verbreitung rechtsextremer Orientierungen in der Bundesrepublik zu bestimmen, stammt vom SINUS-Institut (1981), das 1980 ein Potenzial von 13 Prozent errechnete. Die Studie machte fünf Dimensionen eines rechtsextremen Weltbildes aus. Verdichten sich diese fünf Dimensionen, so liege ein geschlossenes rechtsextremes Weltbild vor. Rechtsextremisten zeichnen sich danach durch ein reaktionäres Menschenbild, latente Bedrohungsängste, starkes Streben nach Harmonie und Konfliktfreiheit, eine rigide Wertehierarchie und einen „Siegfried-Komplex" aus. Die Verfasser der Studie behaupten, Anfang der 1980er Jahre verfügten fünf Millionen Wahlberechtigte über ein geschlossenes rechtsextremes Weltbild. Die Hälfte dieser Personen billige rechtsextreme Gewalttaten. Weitere 37 Prozent seien als rechtsautoritäre Personen

Resultate der politikwissenschaftlichen Forschung 163

anzusehen, die in Krisenzeiten ein Reservoir für rechtsextreme Parteien darstellten. Es ist jedoch bezweifelt worden, ob das genannte Potenzial tatsächlich als harter Kern des Rechtsextremismus angesehen werden kann. Die These, dass 37 Prozent der Bevölkerung rechtsautoritär eingestellt seien und zum Reservoir extrem rechter Parteien gezählt werden müssen, ist darüber hinaus weder theoretisch noch normativ begründet worden. Vom methodologischen Standpunkt aus ist vor allem die Validität der verwendeten Rechtsextremismusskala problematisch.

In der wenige Jahre später vom Allensbacher Institut für Demoskopie vorgelegten Studie versuchten die Autoren zwar, einige der Fehler zu vermeiden (vgl. Noelle-Neumann & Ring, 1984). Anders als die SINUS-Forscher unterschied das Allensbach-Team zwischen Positionen, die von rechten Demokraten und Rechtsextremisten vertreten, und Positionen, die zwar von Rechtsextremisten, nicht aber von rechten Demokraten vertreten werden. Schließlich ermitteln sie 6,2 Prozent Rechtsextremisten sowie 23,1 Prozent rechte Demokraten. Neidhardt (1985) hat starke Zweifel an der Validität der zugrunde gelegten Skala geäußert, wodurch das Extremismuspotenzial viel zu hoch ausgefallen sei.

Im Rahmen einer allgemeinen Berliner Bevölkerungsumfrage hat ferner Stöss (1993) das Berliner Rechtsextremismuspotenzial zu bestimmen versucht. Stöss definiert Rechtsextremismus über vier Dimensionen: Entfremdung, Autoritarismus, Nationalismus und Ethnozentrismus. Für diese latenten Dimensionen wurde die Befürwortung bzw. Ablehnung von jeweils drei Aussagen erhoben. Aus den neuen Items konstruierte Stöss eine von eins bis sieben reichende extrem rechte Einstellungsskala. Als Rechtsextremisten bezeichnet Stöss Personen mit den Werten sechs und sieben. Erweisen sich die Items als valide und akzeptiert man dieses Verfahren, zeigt sich im Jahr 1990 in Westberlin ein Rechtsextremismuspotenzial von 8 Prozent und in Ostberlin von 17 Prozent. Das doppelt so hohe Potenzial in Ostberlin führt Stöss auf die höhere Entfremdung und den höheren Autoritarismus im Ostteil der Stadt zurück. Wie bei den zuvor genannten Studien stellt auch bei Stöss die Operationalisierung des Rechtsextremismusbegriffs wegen der Inklusion der Konzepte Entfremdung und Autoritarismus ein Problem dar.

Um die Frage beantworten zu können, ob die Anhänger der rechtsextremen Parteien über ein rechtsextremes Weltbild verfügen, haben wir am

Institut für Politikwissenschaft der Universität Mainz eine inhaltliche Skala zur Messung von Rechtsextremismus entwickelt und in der Vergangenheit an mehreren unabhängigen Stichproben gestestet. Je zwei Aussagen dieser Skala befassen sich mit „Nationalismus", „Pluralismus und Demokratie", „Haltung gegenüber dem Nationalsozialismus", „Einstellung gegenüber Ausländern" und „Antisemitismus" (vgl. u.a. Arzheimer, Schoen & Falter, 2001; Falter, 1994, 2000). Zu jeder dieser Aussagen konnten die Befragten auf einer fünfstufigen Antwortskala von „stimme völlig zu" bis „lehne völlig ab" Stellung nehmen. Die Einbindung der Items in 1994 und 1998 erhobene Umfragen erlaubt zudem einen Vergleich der Werte über die Zeit. Was die Zahl der bejahten Aussagen der Rechtsextremismusskala betrifft, zeigten sich sowohl 1994 als auch 1998 nur geringe Ost-West-Differenzen. Größere Unterschiede zwischen den Erhebungszeitpunkten und zwischen den Untersuchungsgebieten bestehen vor allem hinsichtlich der Forderung nach einem unbedingten Vorrang des Gemeinwohls, der Ansicht, unter bestimmten Umständen sei eine Diktatur die bessere Staatsform, sowie der Aufforderung, Ausländer sollten in Deutschland nur ihre eigenen Landsleute heiraten. Diese Auffassungen werden sowohl 1994 als auch 1998 von signifikant mehr Personen im Osten als im Westen vertreten.

Die Antwort auf die Fragen, wie viele Rechtsextreme es auf der Einstellungsebene in Deutschland gibt, wie viele davon in Ost und West beheimatet sind und wie sich die Anteile zwischen 1994 und 1998 verändert haben, hängt nicht nur von der Verteilung des Merkmals in der Bevölkerung, sondern auch vom gewählten Schnittpunkt ab. Ob man Personen, die wenigstens sechs der zehn oder nur solche, die mindestens sieben der zehn Items der Rechtsextremismusskala zustimmen, noch als rechtsextrem bezeichnen will oder ob man sogar ein noch härteres Einteilungskriterium verwendet, ist eine Frage der Setzung. Wählt man als vergleichsweise „weiches" Kriterium die positive Beantwortung von mehr als der Hälfte der Skalenaussagen, also mindestens sechs von zehn Aussagen, dann gab es 1994 im Osten mit 8 Prozent klar weniger Rechtsextreme als im Westen, wo 13 Prozent der Befragten mindestens sechs Aussagen der Skala bejahten. 1998 geht der Anteil im Westen auf 10 Prozent zurück, während er im Osten auf 12 Prozent ansteigt. Falls man einen härteren Maßstab anlegt und die Bejahung von mindestens sieben Aussagen der Skala voraussetzt, ist zwischen 1994 und 1998 der Anteil der Rechtsextremen im Westen von 8 auf 6 Prozent zurückgegangen, während er im Osten von 4 auf 5 Prozent anstieg. Wählt man als härtestes Kriterium die Zustimmung zu allen zehn Behauptungen, lag der Anteil der Personen mit rechtsextremen Einstellungen in Ost- und Westdeutschland bei beiden Erhebungszeitpunkten unterhalb von 1 Prozent.

Die Determinanten von Fremdenfeindlichkeit

Angesichts der sich häufenden Gewalthandlungen gegen Angehörige ethnischer Minderheiten hat sich die Politikwissenschaft in neuerer Zeit schließlich stärker der Frage nach den Determinanten von Fremdenfeindlichkeit zugewandt. Die Forschung ist dabei lange davon ausgegangen, dass vor allem die Angehörigen der älteren Generationen, die während des Dritten Reichs sozialisiert wurden, starke negative Einstellungen gegenüber Angehörigen anderer Rasse, Kultur und Nationalität äußerten, während die nachwachsenden Generationen positivere Einstellungen zu ausländischen Mitbürgern lernten. Im Zuge des Generationenaustausches konnte so ein stetig sinkendes Niveau von Fremdenfeindlichkeit in der Bundesrepublik Deutschland erwartet werden. Diese positive Betrachtungsweise wird allerdings seit einigen Jahren infrage gestellt. Es mehren sich die Stimmen, die eine Zunahme fremdenfeindlicher Einstellungen insbesondere unter jungen Deutschen wahrnehmen.

Die von uns erhobenen Daten im Rahmen eines Projekts über die politischen Orientierungen in Ost- und Westdeutschland zeigen ein deutliches Altersgefälle, sodass nach wie vor die Feststellung gilt, je älter die Bundesbürger, desto negativer die Einstellung zu Ausländern. So weisen die Befragten, die 1994 das 60. Lebensjahr überschritten hatten, fast dreimal höhere Werte auf als die bis 30 Jahre alten. Aufschlussreich ist, dass der Zusammenhang zwischen dem Alter und dem Niveau der Ausländerfeindlichkeit in den alten Bundesländern im Jahr 1994 deutlich stärker ausgeprägt ist als in den neuen. Die älteren Bürger in den neuen Ländern nehmen vor allem 1994 eine erheblich freundlichere Haltung zu Ausländern ein als ihre Altersgenossen in den alten. Dagegen weisen die jüngeren Bürger im Osten im Mittel wesentlich höhere Werte auf als ihre Vergleichsgruppe im Westen.

Nahezu alle einschlägigen empirischen Studien berichten ferner einen negativen Zusammenhang zwischen der Höhe des Bildungsabschlusses der Befragten und ihrer negativen Haltung zu Ausländern. Dieser Zusammenhang zeigt sich auch in unseren Daten. Je höher die formale Bildung der Bundesbürger, desto positiver ist ihre Einstellung zu Ausländern. Dieser Zusammenhang ist sowohl in Ost- als auch in Westdeutschland 1998 etwas ausgeprägter als 1994. Die leicht veränderte Relation ist in erster Linie dem überdurchschnittlichen Anstieg der Ausländerfeindlichkeit unter formal niedrig gebildeten Bürgern geschuldet. Abgesehen vom Alter und Geschlecht ähnelt die soziale Verankerung von Fremdenfeindlichkeit dem aus mehreren Studien bekannten Bild des sozialen Profils von Rechtsextremismus.

Wie erwähnt, führen zahlreiche Erklärungsmodelle Fremdenfeindlichkeit auf Ungleichgewichtszustände zurück. Die Zusammenhänge zwischen den soziodemographischen Merkmalen und der Einstellung zu Ausländern resultieren danach aus den unterschiedlichen Mangelgefühlen bestimmter Personen. Ungleichgewichtstheorien implizieren, dass Individuen negativere Haltungen zu Ausländern generieren, wenn sich ihre Lage in der Gesellschaft zu ihren Ungunsten verändert. So behauptet die Alltagstheorie, dass Personen, die arbeitslos werden, die Theorie des realistischen Gruppenkonflikts, dass Personen, die ihre Position in der Gesellschaft bedroht sehen, die Frustrationsthese, dass Menschen, die frustriert werden, und die Deprivationsthese, dass sich Individuen, die meinen, relativ benachteiligt zu werden, negativere Einstellungen zu Angehörigen anderer Nationalität, Rasse und Kultur herausbilden.

Winkler (1999, 2000a, 2000b, 2001) hat das Ausmaß individueller Fremdenfeindlichkeit in Abhängigkeit von verschiedenen sozioökonomischen und -kulturellen Rahmenbedingungen untersucht. Dabei zeigten sich von einigen Ausnahmen abgesehen die erwarteten Beziehungen. Allerdings sind einige Relationen nicht derart stark, wie gemeinhin angenommen wird. In Westdeutschland zeigen sich überdies eindeutigere Beziehungen als in Ostdeutschland, 1998 stärkere als 1994. In beiden Teilen Deutschlands verfügen vor allem Personen über eine negative Einstellung zu Ausländern, die meinen, einer benachteiligten Gruppe anzugehören.

Was die verschiedenen Formen von Ungleichgewichtszuständen anbetrifft, so richten die meisten Erklärungsversuche negativer Einstellungen zu Ausländern ihre Aufmerksamkeit auf ökonomische Faktoren. Dagegen werden politisch-kulturelle und soziale Mangelgefühle eher vernachlässigt. Auch in der seit Anfang der 1990er Jahre anhaltenden Diskussion über die Bedingungen fremdenfeindlicher Orientierungen in den neuen Bundesländern dominieren wirtschaftliche Gesichtspunkte. Multiple Regressionsanalysen machen dagegen deutlich, dass die ökonomischen Faktoren eine eher untergeordnete Rolle spielen. Mangelgefühle vermögen nur einen geringen Teil der Varianz in der Einstellung zu Ausländern bzw. Angehörigen anderer Nation, Rasse und Kultur zu binden.

Im Gegensatz zu sozialstrukturellen Ansätzen und Ungleichgewichtstheorien sehen Dispositionstheorien Einstellungen zu Ausländern primär in Abhängigkeit von mehr oder weniger stabilen individuellen Dispositionseigenschaften. Danach transportieren Menschen negative Einstellungen gegenüber Ausländern nicht deshalb, weil sie frustriert sind, sich bedroht fühlen oder meinen, im Vergleich zu anderen benachteiligt zu werden. Sie sind vielmehr das Produkt tiefer in der Persönlichkeitsstruktur angelegter Neigungen. Dispositionstheorien implizieren zunächst einmal, dass sich die Träger entsprechender latenter Eigenschaften in ihren Einstellungen zu Ausländern merklich unterscheiden. Die Effekte von Dispositionseigenschaften sollten ferner größer sein als die individueller Befindlichkeiten. Gleichwohl ist anzumerken, dass relativ stabile Persönlichkeitsmerkmale zwar das Niveau der Ausländerfeindlichkeit zu einem Zeitpunkt erklären können, nicht aber Einstellungsänderungen in einem relativ kurzen Beobachtungszeitraum von wenigen Jahren.

Winkler (1999, 2000a, 2000b, 2001) hat die Einstellung zu Ausländern bzw. ethnischen Minderheiten mit verschiedenen Dispositionseigenschaften in Beziehung gesetzt, das relative Gewicht der einzelnen Dispositionseigenschaften ermittelt und geprüft, welchen Einfluss das individuelle Überzeugungssystem bei gleichzeitiger Kontrolle weiterer relevanter Erklärungsgrößen auf die Einstellung zu Angehörigen anderer Rasse, Kultur und Nationalität hat. Er zeigt, dass das individuelle Niveau von Fremdenfeindlichkeit positiv mit der Links-rechts-Verortung, der Verortung auf einer Liberal-autoritär-Skala und der nationalen Identifikation korreliert. Linke, liberale und wenig national orientierte Befragte weisen deutlich positivere Einstellungen zu Ausländern auf als rechte, autoritäre und national orientierte. Je stolzer die Bürger darauf sind, Deutsche zu sein, je weiter rechts ihre politische Ideologie ist und je autoritärer sie sind, desto negativer ist ihre Haltung Fremden gegenüber. Damit bestätigen sich Prognosen, wie sie aus den genannten Theorien struktureller Disposition abgeleitet wurden. Die Auswertung von Paneldaten zeigte, dass sich die „rechten" Befragten aus den alten und neuen Bundesländern 1994 in Bezug auf das Niveau der Ausländerfeindlichkeit im Mittel kaum unterscheiden und sich die Einstellung der „rechten" Westdeutschen im Beobachtungszeitraum kaum wandelte. Dagegen steigt das Niveau der Ausländerfeindlichkeit unter den „rechten" Bürgern aus Ostdeutschland stark an. Es wurde deutlich, dass der Anstieg der Ausländerfeindlichkeit in Ostdeutschland keiner allgemeinen Niveauanhebung geschuldet war, sondern einem Einstellungswandel bei rechtsautoritären Personen. Darüber hinaus zeigte sich, dass die autoritäre und die nationale Identifikation einen größeren Einfluss auf die negative Einstellung zu Ausländern hatten als die Links-rechts-Dimension.

Dispositionstheorien konkurrieren in erster Linie mit Ungleichgewichtstheorien. Um eine vergleichende Beurteilung der Leistungsfähigkeit der beiden grundlegenden theoretischen Ansätze vorzunehmen, ist das Ausmaß an Fremdenfeindlichkeit schließlich sowohl auf die Mangelgefühle als auch auf das Überzeugungssystem zurückgeführt worden. Dabei zeigte sich, dass die beiden Konzepte einen beträchtlichen Anteil der Ausländerfeindlichkeit erklären. Gemessen an der Varianzreduktion erbringen beide Faktoren in den alten Bundesländern eine deutlich höhere Erklärungsleistung als in den neuen. Anders als Ungleichgewichtstheoretiker erwarten, übersteigt der Effekt des individuellen Überzeugungssystems den des Ungleichgewichts beträchtlich. Für das Niveau der Ausländerfeindlichkeit kann somit in erster Linie das Überzeugungssystem verantwortlich gemacht werden. Ein Vergleich der Modellrechnungen für 1994 und 1998 hat endlich gezeigt, dass die Wirkung des Überzeugungssystems relativ konstant bleibt, das Ungleichgewicht jedoch in den alten und in den neuen Bundesländern erheblich an Einfluss auf die Einstellung zu Ausländern gewinnt.

Die in der Literatur berichteten Befunde stützen sich fast ausnahmslos auf Daten, die zum gleichen Zeitpunkt erhoben wurden. Auf diese Weise können zwar die empirisch ermittelten Parameterwerte für verschiedene Zeitpunkte verglichen werden, ein volles Verständnis der realen Prozesse vermögen sie jedoch nicht zu liefern. Winkler hat deshalb den Versuch unternommen, die Einstellung zu Ausländern im Jahr 1998 zu erklären, indem neben den soziodemographischen Merkmalen und dem Überzeugungssystem das individuelle Ungleichgewicht sowie die Einstellung zu Ausländern im Jahr 1994 berücksichtigt wurden. Die Analyse belegt, dass die direkten Effekte der soziodemographischen Bedingungen auf die Einstellung zu Ausländern deutlich geringer werden. Trotz Kontrolle der Statusvariablen und des Überzeugungssystems behält die formale Bildung jedoch einen in Ost- und Westdeutschland gleich starken direkten Einfluss auf die Einstellung zu Ausländern. Dieser Befund unterstützt die Hypothese, dass kognitiv flexible Individuen unter ansonsten gleichen Bedingungen weniger zur Ausbildung ausländerfeindlicher Orientierungen neigen. Die Analyse belegt ferner, dass sie mit einem linksliberalen Überzeugungssystem auf eine Verschlechterung ihrer Lebensumstände in anderer Weise als jene mit einem rechtsautoritären reagieren. Verschlechtern sich die Lebensumstände, neigen rechtsautoritäre Individuen deutlich stärker zur Herausbildung negativer Einstellungen zu Angehörigen anderer Rasse, Kultur und Nationalität.

Was die soziodemographischen Erklärungsgrößen anbelangt, zeigen sich mit Ausnahme der Bildung keine direkten Einflüsse auf die Einstellung zu Ausländern. Alle aufgeführten Merkmale weisen allerdings mehr oder minder große indirekte Effekte auf. Die Zusammenhänge zwischen den soziodemographischen Merkmalen und der Einstellung zu Ausländern beruhen weitgehend auf deren Beziehungen mit dem Ungleichgewichtszustand und dem Überzeugungssystem. Allein das Bildungsniveau wirkt durchgängig auf das Niveau der Ausländerfeindlichkeit. In Ostdeutschland weisen Bezieher niedrigerer Einkommen, Arbeiter und jüngere Menschen, in Westdeutschland Frauen sowie geringer gebildete und jüngere Befragte überdurchschnittlich hohe Mangelgefühle auf, die die Einstellung zu Ausländern direkt beeinflussen. Und je niedriger die Einkommen und je weniger sie gestiegen sind, desto stärker haben sich Mangelgefühle ausgebreitet, die schließlich einen Anstieg der Ausländerfeindlichkeit begünstigten. Wie erinnerlich, hatte sich nach Kontrolle weiterer soziodemographischer Merkmale zwar in Westdeutschland, nicht aber in Ostdeutschland ein systematischer Einfluss des Alters auf die Einstellung zu Ausländern gezeigt. Es wurde deutlich, dass dieses Ergebnis im

Wesentlichen der unterschiedlichen Beziehung zwischen dem Alter und dem Überzeugungssystem geschuldet ist. Je älter und je geringer die Bildung, desto eher weisen die Menschen in beiden Landesteilen ein rechtsautoritäres Überzeugungssystem auf, das besonders stark die Einstellung zu Ausländern bestimmt.

Die Wahl rechtsextremer Parteien

Sowohl im historischen als auch im internationalen Vergleich stellte die Bundesrepublik Deutschland bislang bei Wahlen keinen besonders günstigen Nährboden für rechtsextremistische Bewegungen dar. Angesichts der jüngeren deutschen Geschichte ist dennoch erhöhte Wachsamkeit bei jedem erneuten Aufflackern des Rechtsextremismus geboten. Bisher hat die Bundesrepublik Deutschland drei Wellen von Wahlerfolgen rechtsextremer Parteien erlebt (vgl. Falter, 1994; Winkler, 1994; Zimmermann & Saalfeld, 1993): Anfang der 1950er Jahre die Deutsche Reichspartei im Norden der Bundesrepublik, in der zweiten Hälfte der 1960er Jahre die Nationaldemokratische Partei Deutschland sowie seit 1989 regional konzentriert die Republikaner, zum Teil aber auch die Deutsche Volksunion und die NPD.

Nach einem kleineren Achtungserfolg bei den Landtagswahlen 1986 in Bayern mit 3 Prozent der Stimmen erfolgte der Durchbruch der Republikaner bei den Wahlen zum Berliner Abgeordnetenhaus im Januar 1989, als sie mit 7,5 Prozent der Stimmen zum ersten Mal in einem Bundesland die 5-Prozent-Hürde übersprangen. Das Ereignis markiert den Beginn der dritten Welle rechtsextremer Wahlerfolge in der Bundesrepublik. Das gute Ergebnis der Republikaner wurde wenig später bei den Europawahlen mit 7,1 Prozent der Stimmen bestätigt, wobei sie in Bayern sogar auf 14,6 und in Baden-Württemberg auf 8,7 Prozent kamen. Ihrem erstaunlichen Aufstieg folgten jedoch derart schlechte Ergebnisse, dass viele Beobachter bereits ihr Ende prognostizierten (z.B. Roth, 1990). Die geringe Unterstützung der Republikaner ist übereinstimmend auf die besonderen Ereignisse im Zusammenhang der deutschen Einigung zurückgeführt worden. Da das Ausländer- und Asylthema durch das Thema „deutsche Einheit" zurückgedrängt wurde, seien sie als politische Alternative nicht mehr wahr-

Resultate der politikwissenschaftlichen Forschung 171

genommen worden. Die Wahlen im Jahre 1990 zeigten darüber hinaus, dass rechtsextreme Parteien in den alten Bundesländern über eine merklich größere Resonanz verfügten als in den neuen. All jene, die bereits den Niedergang der Republikaner beschrieben hatten, wurden jedoch überrascht, als in den folgenden Jahren rechtsextreme Parteien immer wieder beachtliche Resultate erzielen konnten. So gelang es selbst der DVU 1991 mit 6,2 Prozent der Stimmen in die Bremer Bürgerschaft einzuziehen. Nachdem rechtsextreme Parteien Mitte der 1990er Jahre wieder beträchtlichen Boden verloren, wurde die bundesdeutsche Öffentlichkeit 1998 erneut alarmiert, als der DVU bei den Landtagswahlen von Sachsen-Anhalt mit einem Stimmenanteil von 12,9 Prozent das beste Ergebnis einer rechtsextremen Partei bei einer Landtagswahl in der Geschichte der Bundesrepublik Deutschland gelang. Angesichts der Erfolge rechtsextremer Parteien hat sich die Politikwissenschaft stärker als früher mit der Frage nach der parteipolitischen Herkunft der Wähler, der sozialen Basis und den Motiven der Wahl rechtsextremer Parteien beschäftigt.

Was die soziale Basis der rechtsextremen Parteien anbelangt, ist gezeigt worden, dass sich in der Regel doppelt bis hin zu dreimal so viele Männer wie Frauen für die Wahl einer rechtsextremen Partei entscheiden (vgl. Falter, 1994; Roth, 1990). Während sich das geschlechtsspezifische Verhalten damit kaum von dem der ersten beiden Wellen unterscheidet, rekrutiert der Rechtsextremismus der Gegenwart anders als in den vorhergehenden Wellen (vgl. Winkler, 1994) überdurchschnittlich viele Wähler der jüngeren Alterskohorten. Eine große Sorge bereitete die Beobachtung, dass bei der Landtagswahl 1998 in Sachsen-Anhalt beinahe jeder vierte Jungwähler seine Stimme der rechtsextremen DVU gab. Im Vergleich zu den ersten beiden Wellen wurde die dritte Welle deutlich stärker von Arbeitern, Angehörigen mit geringer formaler Bildung und geringen Einkommen getragen (vgl. Falter, 1994; Veen, Lepzy & Mnich, 1991). Je höher die Bildung, je gehobener die berufliche Stellung und der soziale Status, desto geringer ist die Wahrscheinlichkeit, dass eine rechtsextreme Partei unterstützt wird.

Es stellte sich die Frage, warum rechtsextreme Parteien bei einigen Wahlen in den 1990er Jahren relativ hohe Stimmenanteile rekrutieren konnten und warum ein beträchtlicher Anteil von Angehörigen der Unterschichten derartigen Parteien zum Wahlerfolg verhalfen. Zunächst lag es nahe, die frühen Erfolge rechtsextremer Parteien auf krisenhafte Erscheinungen wie die weit verbreitete Arbeitslosigkeit und die wirtschaftliche Stagnation in der Bundesrepublik zurückzuführen, zumal sie von Einstellungsänderungen gegenüber Politikern und Parteien begleitet wurden. Seit Ende der 1980er Jahre hat die empirische Politikforschung darauf aufmerksam gemacht, dass immer mehr Bürger auf Distanz zu den etablierten Parteien und politischen Institutionen gingen und mit bestimmten Austragungsformen des politischen Spiels und den Akteuren dieses Spiels unzufrieden waren. Die Verdrossenheit mit den politischen Akteuren bewirkte eine Abschwächung der Parteibindungen, so dass die Chancen kleinerer Parteien stiegen, in Krisenzeiten Stimmen zu rekrutieren. Da besonders Angehörige der Unterschicht unzufrieden mit den Parteien wurden und sie stärker als die Angehörigen der Mittel- und Oberschicht von der ökonomischen Krise betroffen waren, erkläre sich ihre überdurchschnittliche Neigung zur Wahl der extremen Rechten. In diesem Zusammenhang wurde häufig argumentiert, dass die mit der Umwandlung der Industriegesellschaft verbundenen sozialen und ökonomischen Probleme soziale Ungleichheiten zwischen den Unter- und Mittelschichten derart verschärft haben, dass Bürger, die in zukunftsorientierten Branchen beschäftigt seien, eine relative Verbesserung erführen, während sich Bürger relativ benachteiligt fühlten, die in wenig zukunftsträchtigen Branchen beschäftigt seien. Vor allem Personen mit nur geringer beruflicher Qualifikation und niedrigem Einkommen, die nur schwer in der Lage seien, sich auf die mit der Modernisierung verbundenen Anforderungen einzustellen, tendierten verstärkt dazu, nach „Sündenböcken", etwa Ausländern, zu suchen, diese für die eigene Misere verantwortlich zu machen und rechtsextreme Parteien zu unterstützen.

Entsprechend dieser Argumentationslinie wurde die Wahl der rechtsextremen Parteien zunächst als Protest gegen die politisch verantwortlichen Akteure und Institutionen interpretiert. Veen, Lepszy und Mnich (1991) charakterisierten denn auch die Republikaner als eine Protestpartei, deren Wähler unzufrieden mit dem Zustand des politischen Systems waren und hinsichtlich der wirtschaftlichen und sozialen Lage pessimistisch in die Zukunft blickten. Ideologische Momente spielten demnach keine wichtige Rolle. Tatsächlich zeigten mehrere empirische Studien, dass Befragte, die das viel zitierte untere Drittel der Gesellschaftspyramide ausmachen, besonders häufig zur Wahl extrem rechter Parteien neigten (vgl. u.a. Falter, 1994). Da ein großer Anteil der Bevölkerung mit den politischen Akteuren unzufrieden war, stellte sich allerdings die Frage, warum die rechtsextremen Parteien keine größere Unterstützung erfuhren, als dies tatsächlich der Fall war.

Häufig wurde übersehen, dass die Wähler der rechtsextremen Parteien auch über ausgeprägte antidemokratische, fremdenfeindliche, antisemitische und nationalistische Orientierungen verfügten. Empirische Studien zeigten, dass ein großer Teil ihrer Wähler der Meinung war, dass Hitler ohne die Judenvernichtung ein großer Staatsmann wäre und der Nationalsozialismus auch gute Seiten gehabt habe (vgl. Arzheimer, Schoen & Falter, 2001; Falter, 1994, 2000). Es wurde deutlich, dass diejenigen, die eine rechtsextreme Partei unterstützten, fremdenfeindliche, rechtsautoritäre und rechtsextremistische Überzeugungssysteme aufwiesen. Dabei zeigt sich, dass Personen, die glaubten, in Deutschland gebe es zu viele Ausländer, die eine Einschränkung des Grundrechts auf Asyl befürworteten, die die Asylpraxis als zu großzügig beurteilten, die Asylanten des Missbrauchs sozialer Leistungen bezichtigten und einen Zusammenhang zwischen dem Zuzug von Asylanten auf der einen und Arbeitslosigkeit und Wohnungsnot auf der anderen Seite sahen, besonders häufig rechtsextreme Parteien wählten. Darüber hinaus zeigte sich, dass die politische Unzufriedenheit der Wähler der rechtsextremen Parteien aus der ablehnenden Haltung gegenüber der deutschen Asyl- und Flüchtlingspolitik gespeist wurde (vgl. Klein & Falter, 1996).

Um die Frage zu beantworten, ob es sich bei den Wählern der rechtsextremen Parteien um Bekenntnis- oder Protestwähler handelt, hat vor allem Falter in einigen Untersuchungen geprüft, ob sich die Wähler der rechtsextremen Parteien im Hinblick auf rechtsextreme Einstellungen deutlich von den anderen Parteien unterscheiden. Die empirischen Studien belegen, dass die Wähler der rechtsextremen Parteien deutlich weiter rechts stehen als andere Wahlberechtigte. Jeder einzelnen Aussage der Skala wird 1998 von einem deutlich höheren Prozentsatz der Wähler rechtsextremer Parteien als der übrigen Wahlberechtigten zugestimmt. Eine besonders starke Diskrepanz zwischen diesen und der Gesamtbevölkerung besteht bei der Aussage, „Die Bundesrepublik ist durch die vielen Ausländer in einem gefährlichen Maß überfremdet". Ihr stimmen 1998 zwar auch rund 44 Prozent der Wahlberechtigten, aber 86 Prozent der Wähler der rechtsextremen Parteien zu. Sehr groß ist der Unterschied auch im Falle der Aussage, „Wir sollten endlich wieder Mut zu einem starken Nationalgefühl haben", der zwar 47 Prozent der Gesamtbevölkerung, aber 83 Prozent der Wähler rechtsextremer Parteien vorbehaltlos beipflichten.

Die Forschung hat mithin gezeigt, dass sowohl ökonomisch und politisch deprivierte Personen als auch solche mit rechtsextremem Weltbild überdurchschnittlich häufig zur Wahl der rechtsextremen Parteien neigen. Auf der anderen Seite ist immer deutlicher geworden, dass weder die Unzufriedenheit noch eine extrem rechte Einstellung ausreichen, die Wahlentscheidung zu Gunsten rechtsextremer Parteien zu erklären. Vielmehr wurde deutlich, dass deprivierte Personen besonders dann zur Wahl einer rechtsextremen Partei neigten, wenn sie zugleich über rechtsextremistische Einstellungen verfügten (vgl. Falter, 1994; Klein & Falter, 1996). Umgekehrt führte eine rechtsextreme Einstellungsdisposition vor allem dann zur Wahl einer rechtsextremen Partei, wenn sie depriviert war. Der empirischen Forschung ist es damit gelungen, einen Interaktionseffekt zwischen Rechtsextremismus und Deprivationsformen nachzuweisen. Nicht ideologisch unterfütterter Protest gegen die etablierten Parteien spielte bei der Wahl rechtsextremer Parteien ebenso wenig eine entscheidende Rolle wie eine rechtsextreme Prädisposition, die nicht von Mangelgefühlen begleitet wurde. Es zeigte sich, dass Individuen mit rechtsautoritären, rechtsextremen oder fremdenfeindlichen Überzeugungssystemen nur unter bestimmten Bedingungen rechtsextreme Parteien unterstützten. Eine dieser Bedingungen ist die Unzufriedenheit mit den etablierten politischen Akteuren, weitere sind das sie umgebende kulturelle Meinungsklima und das Verhalten der etablierten Eliten gegenüber den rechtsextremen Parteien (vgl. Winkler, 1996). Klein und Falter (1996) haben darüber hinaus gezeigt, dass nicht Politikverdrossenheit an sich zur Wahl rechtsextremer Parteien führt, sondern nur Politikverdrossenheit, die sich inhaltlich aus der Unzufriedenheit mit der Asylpolitik speist. Latent vorhandene rechtsextreme Orientierungen werden insbesondere dann für das Wahlverhalten relevant, wenn sie durch das Asylthema aktualisiert werden.

Resultate der politikwissenschaftlichen Forschung 175

Perspektiven der Forschung

Ebenso wie in anderen Forschungsbereichen stößt man in der politikwissenschaftlichen Forschung über Fremdenfeindlichkeit und Rechtsextremismus auf zahlreiche Gegensätze. Strittig ist, wie ausgeführt, was man unter Fremdenfeindlichkeit und Rechtsextremismus verstehen soll, welche Fragen zentral sind und daher erforscht werden sollten. Darüber hinaus existiert nicht nur eine Vielzahl von Meinungen darüber, welche Faktoren Fremdenfeindlichkeit und Rechtsextremismus beeinflussen. Vielfältiger noch sind die Konstrukte zur Bestimmung der unabhängigen und abhängigen Variablen.

Für den Entwicklungsstand eines Wissenschaftszweiges ist es jedoch kennzeichnend, inwieweit er über eine angemessene Wissenschaftssprache, gültige und zuverlässige Instrumente und gehaltvolle Theorien verfügt. Die Wissenschaftssprache dient der effektiven Verständigung und der Ordnung der Objekte und Eigenschaften, die in Betracht gezogen werden. Theorien teilen mit, wie die Beziehungen zwischen den Objekten und Eigenschaften eines Gegenstandsbereichs beschaffen sind. Das Fehlen einer anerkannten und präzisen Wissenschaftssprache stellt eines der größten Schwächen der Forschung über Fremdenfeindlichkeit und Rechtsextremismus dar. Hinzu treten zahlreiche empirische und technische Probleme. Empirische Probleme betreffen die Passung von Daten und Theorien. Technische Probleme beziehen sich auf die Erhebung von Daten und die Anwendung von Instrumenten wie zum Beispiel solcher zur Bestimmung des Rechtsextremismuspotenzials in der Bundesrepublik Deutschland.

Zwar hat die Beschäftigung mit Aspekten von Fremdenfeindlichkeit und Rechtsextremismus rapide zugenommen. Dennoch ist kein Forschungsschwerpunkt innerhalb der Politikwissenschaft gebildet worden, der eine kontinuierliche Arbeit auf dem Gebiet gewährleisten könnte. Dazu beigetragen hat der Umstand, dass fast keine grundlegenden theoretischen und empirischen Arbeiten vorgelegt wurden, die eine Forschungstradition begründeten. Am ehesten kommt dieses Verdienst noch der Arbeit von Adorno u.a. (1950) über die autoritäre Persönlichkeit zu, die unmittelbar nach dem Zweiten Weltkrieg zahlreiche Nachfolgestudien anregte. Dass die theoretische Durchdringung des Objektbereichs nach wie vor unzureichend ist, zeigt sich unter anderem in der Unklarheit darüber, welche Stellung die immer wieder erwähnten Konzepte in Begründungszusammenhängen einnehmen. So werden – um ein Beispiel zu nennen – Konzepte wie Anomie, Autoritarismus und Dogmatismus genauso häufig als Elemente von Rechtsextremismus aufgefasst wie als Ursachen davon. Die mangelnde theoretische Fundierung mag auch erklären, warum Politikwissenschaftler die Entwicklung der Republikaner bei den Wahlen Anfang der 1990er Jahre so unterschiedlich beurteilten. Während die einen die Bundesrepublik Deutschland bereits mit Weimar verglichen und die Etablierung einer rechtsextremen Partei im deutschen Parteiensystem voraussagten, prognostizierten andere nach Misserfolgen der Partei 1990 ihren Niedergang.

Die Bemühungen der Politikwissenschaft waren schließlich bisher kaum darauf gerichtet, effiziente Gegenstrategien zu entwickeln, um durch Kontrolle der unerwünschten Prozesse die Herausbildung rechtsextremer Orientierungen zu bremsen und zur Immunisierung gegenüber rechtsextremen Bewegungen und Parteien beizutragen. Da Versuche zur Beschränkung rechtsextremer Orientierungen und Organisationen dort ansetzen müssen, wo die Quellen lokalisiert werden, helfen Hinweise auf Modernisierungsprozesse oder die Konkurrenzsituation wenig weiter. Die Politikwissenschaft hat es bislang auszuloten versäumt, mit welcher Wahrscheinlichkeit konkrete Maßnahmen Wirkungen zeigen. Begründete Handlungsanweisungen verlangen jedoch, mögliche Wirkungen und Nebenwirkungen auf der Grundlage der verfügbaren wissenschaftlichen Erkenntnisse zu modellieren. Da wir zu wenig darüber wissen, wie bestimmte Maßnahmen implementiert werden können und wie wirksam spezifische Strategien sind, liegt ein weiteres großes Forschungsfeld bereit. Es zeigt sich mithin, dass die Forschung über Fremdenfeindlichkeit und Rechtsextremismus noch in den Anfängen steckt. Es ist dringend erforderlich, den zahlreichen offenen Fragen systematisch nachzugehen.

Literatur

Adorno, Theodor W., Frenkel-Brunswik, Else, Levinson, Daniel J. & Sanford, R. Nevitt, et al. (1950). *The authoritarian personality.* New York: Harper & Row.

Arzheimer, Kai, Schoen, Harald & Falter, Jürgen W. (2001). Rechtsextreme Orientierungen und Wahlverhalten. In Wilfried Schubarth & Richard Stöss (Hrsg.), *Rechtsextremismus in der Bundesrepublik Deutschland* (S. 220–245). Opladen: Leske + Budrich.

Backes, Uwe. (1989). *Politischer Extremismus in demokratischen Verfassungsstaaten. Elemente einer normativen Rahmentheorie.* Opladen: Westdeutscher Verlag.

Backes, Uwe & Jesse, Eckkard. (1993). *Politischer Extremismus in der Bundesrepublik Deutschland* (3. überarb. Aufl.). Bonn: Bundeszentrale für politische Bildung.

Bracher, Karl-Dietrich. (1969). *Die deutsche Diktatur. Entstehung, Struktur, Folgen des Nationalsozialismus.* Köln: Ullstein.

Dudek, Peter & Jaschke, Hans-Gerd. (1984). *Entstehung und Entwicklung des Rechtsextremismus in der Bundesrepublik.* Opladen: Westdeutscher Verlag.

Falter, Jürgen W. (1994). *Wer wählt rechts? Die Wähler und Anhänger rechtsextremistischer Parteien im vereinigten Deutschland.* München: Beck.

Falter, Jürgen W. (2000). Politischer Extremismus. In Jürgen Falter, Oscar W. Gabriel & Hans Rattinger (Hrsg.), *Wirklich ein Volk? Die politischen Orientierungen von Ost- und Westdeutschen im Vergleich* (S. 403-433). Opladen: Leske + Budrich.

Falter, Jürgen W., Jaschke, Hans-Gerd & Winkler, Jürgen R. (Hrsg.). (1996). *Rechtsextremismus. Ergebnisse und Perspektiven der Forschung.* Opladen: Westdeutscher Verlag.

Herz, Thomas A. (1975). *Soziale Bedingungen für Rechtsextremismus in der Bundesrepublik Deutschland und in den Vereinigten Staaten.* Meisenheim am Glan: Anton Hain.

Hofstadter, Richard. (1964). The pseudo-conservative revolt. In Daniel Bell (Ed.), *The radical right* (pp. 75–95). Garden City: Doubleday.

Klein, Markus & Falter, Jürgen W. (1996). Die Wähler der Republikaner zwischen sozialer Benachteiligung, rechtem Bekenntnis und rationalem Protest. In Oscar W. Gabriel & Jürgen W. Falter (Hrsg.), *Wahlen und politische Einstellungen in westlichen Demokratien* (S. 149–173). Frankfurt a.M.: Peter Lang

Klingemann, Hans-Dieter & Pappi, Franz Urban. (1972). *Politischer Radikalismus.* München: Oldenbourg.

Lipset, Seymour Martin. (1964). The sources of the radical right. In Daniel Bell (Ed.), *The radical right* (pp. 75–95). Garden City: Doubleday.

Lipset, Seymour Martin & Raab, Earl. (1970). *The politics of unreason. Right-wing extremism in America, 1790–1970.* New York: Chicago University Press.

Neidhardt, Friedhelm. (1985). Meinungsbefragung und Meinungsmache. Zur Methodik einer Untersuchung des Instituts für Demoskopie Allensbach über „Extremistische Einstellungspotentiale junger Menschen". *Kölner Zeitschrift für Soziologie und Sozialpsychologie, 37,* 768–775.

Noelle-Neumann, Elisabeth & Ring, Erp. (1984). *Das Extremismus-Potential unter jungen Leuten in der Bundesrepublik Deutschland 1984.* Bonn: Institut für Demoskopie Allensbach.

Roth, Dieter. (1990). Die Republikaner. Schneller Aufstieg und tiefer Fall einer Protestpartei am rechten Rand. *Aus Politik und Zeitgeschichte, B37–38,* 27–39.
Scheuch, Erwin K. & Klingemann, Hans-Dieter. (1967). Theorie des Rechtsradikalismus in westlichen Industriegesellschaften. *Hamburger Jahrbuch für Wirtschafts- und Gesellschaftspolitik, 12,* 11–29.
Schmollinger, Horst. (1983). Die Nationaldemokratische Partei Deutschlands. In Richard Stöss, *Parteien-Handbuch* (S. 1922–1994). Opladen: Westdeutscher Verlag.
SINUS-Institut. (1981). *5 Millionen Deutsche: „Wir sollten wieder einen Führer haben ... ".* Eine SINUS-Studie über rechtsextremistische Einstellungen bei den Deutschen. Reinbek: Rowohlt.
Stöss, Richard. (1989). *Die extreme Rechte in der Bundesrepublik Deutschland. Entwicklung, Ursachen, Gegenmaßnahmen.* Opladen: Westdeutscher Verlag.
Stöss, Richard. (1993). *Rechtsextremismus in Berlin 1990.* Berlin: Zentralinstitut für Sozialwissenschaftliche Forschung (Berliner Arbeitshefte und Berichte zur sozialwissenschaftlichen Forschung, Nr. 80).
Veen, Hans-Joachim, Lepszy, Norbert & Mnich, Peter. (1991). *Die Republikaner-Partei zu Beginn der 90er Jahre. Programm, Propaganda, Organisation, Wähler- und Sympathisantenstrukturen.* St. Augustin: Forschungsinstitut der Konrad-Adenauer-Stiftung (Interne Studien, Nr. 14).
Winkler, Jürgen R. (1994). Die Wählerschaft der rechtsextremen Parteien in der Bundesrepublik Deutschland. In Wolfgang Kowalsky & Wolfgang Schroeder (Hrsg.), *Rechtsextremismus. Einführung und Forschungsbilanz* (S. 69–88). Opladen: Westdeutscher Verlag.
Winkler, Jürgen R. (1996). Bausteine einer allgemeinen Theorie des Rechtsextremismus. Zur Stellung und Integration von Persönlichkeits- und Umweltfaktoren. In Jürgen W. Falter, Hans-Gerd Jaschke & Jürgen R. Winkler (Hrsg.), *Rechtsextremismus. Ergebnisse und Perspektiven der Forschung* (S. 25–48). Opladen: Westdeutscher Verlag.
Winkler, Jürgen R. (1999). Explaining individual racial prejudice in contemporary Germany. In Louk Hagedoorn & Shervin Nekuee (Eds.), *Education and racism. A cross national inventory of positive effects of education on ethnic tolerance* (pp. 93–136). Aldershot: Ashgate.
Winkler, Jürgen R. (2000a). Formen und Determinanten fremdenfeindlicher Einstellungen in der Bundesrepublik Deutschland. In Jan van Deth, Hans Rattinger & Edeltraud Roller (Hrsg.), *Die Republik auf dem Weg zur Normalität?* (S. 359–382). Opladen: Leske + Budrich.
Winkler, Jürgen R. (2000b). Ausländerfeindlichkeit im vereinigten Deutschland. In Jürgen W. Falter, Oscar W. Gabriel & Hans Rattinger (Hrsg.), *Wirklich ein Volk? Die politischen Orientierungen von Ost- und Westdeutschen im Vergleich* (S. 435–476). Opladen: Leske + Budrich.
Winkler, Jürgen R. (2001). Rechtsextremismus. Gegenstand, Erklärungsansätze, Grundprobleme. In Wilfried Schubarth & Richard Stöss (Hrsg.), *Rechtsextremismus in der Bundesrepublik Deutschland* (S. 38–68). Opladen: Leske + Budrich.
Zimmermann, Ekkart & Saalfeld, Thomas. (1993). The three waves of West German right-wing extremism. In Peter H. Merkl & Leonard Weinberg (Eds.), *Encounters with the contemporary radical right* (pp. 50–74). Boulder: Westview.

Eberhard Jäckel
Fremdenfeindlichkeit aus der Sicht der Geschichtswissenschaft

Was zum Thema dieser Vortragsreihe über Fremdenfeindlichkeit vom Standpunkt der Geschichtswissenschaft aus gesagt werden kann und soll, erscheint zunächst verhältnismäßig einfach. Schon der andere Begriff im Titel der Reihe, Rechtsextremismus, legt einen Bezug zum Neonazismus und damit (auf Umwegen) zur Nazizeit nahe, und dass die Veranstalter mit mir einen Historiker eingeladen haben, der viel über diese Zeit gearbeitet hat, scheint zu bestätigen, dass sie Ausführungen über einen solchen vermuteten oder tatsächlichen Zusammenhang erwarten.

Davon will ich in der Tat sprechen. Erwarten Sie also bitte nicht einen ausführlichen historischen Überblick über Fremdenfeindlichkeit in der Vergangenheit; das würde über den Rahmen eines Vortrags und auch meine Kompetenz hinausgehen. Ich möchte auch nicht gerne etwas wiederholen, was schon von anderen gesagt worden sein mag.

Mein Ausgangspunkt soll vielmehr jener Zusammenhang sein, der von einer, wie mir scheint, verbreiteten öffentlichen Meinung bei uns angenommen wird: Die fremdenfeindlichen Ausschreitungen, die die Öffentlichkeit seit 1991 so sehr beschäftigen und erregen, werden über Rechtsextremismus mit Neonazismus und damit mit der Nazizeit in Verbindung gebracht. Dahinter stecken, ausgesprochen oder unausgesprochen, zwei Annahmen.

Die erste ist, dass in den fremdenfeindlichen Einstellungen und Ausschreitungen eine Kontinuität der Nazizeit zum Ausdruck kommt, eine Fortsetzung von damaligen Einstellungen, eine Übereinstimmung, oder dass es sich zumindest um etwas Ähnliches handelt.

Die zweite Annahme ist, dass die oder doch eine Ursache darin zu erblicken sei, dass die Vergangenheit nicht ausreichend bewältigt worden sei, dass die Aufklärung über die Nazizeit, zumal in den Schulen, unzureichend sei, und die praktische Folgerung ist ebenso eindeutig: Um die Fremdenfeindlichkeit erfolgreich zu bekämpfen, müsse diese historische Aufklärung intensiviert werden.

Auf den ersten Blick werden diese Annahmen durch die Befunde bestätigt. Fremdenfeindliche Äußerungen kommen oftmals von rechtsextremistischer Seite, fremdenfeindliche Handlungen werden oft von Neonazis, also neuen Nazis, begangen, und diese bedienen sich nazistischer Symbole. Der vermutete kausale Zusammenhang zwischen der Fremdenfeindlichkeit der Gegenwart und der Nazivergangenheit scheint damit sicher und unwiderleglich.

Sehr zu Recht bemerkt aber der Text der Veranstalter dieser Vortragsreihe: „Die Auseinandersetzung mit diesen Phänomenen muss über verkürzte Erklärungsansätze hinausgehen und der Komplexität der Wirkungszusammenhänge Rechnung tragen." Das ist einem Wissenschaftler natürlich ebenso selbstverständlich wie aus dem Herzen gesprochen.

Es scheint daher die erste Aufgabe eines Historikers sein zu müssen, die These von einem ursächlichen Zusammenhang der Fremdenfeindlichkeit mit der Nazizeit kritisch zu überprüfen. In der Öffentlichkeit scheint mir diese Annahme sehr verbreitet zu sein. Die zweite Aufgabe muss dann die Überprüfung der Annahme sein, zur Bekämpfung der Fremdenfeindlichkeit sei eine verstärkte Aufklärung über die Nazizeit erforderlich und Erfolg versprechend. Diese zweite Annahme scheint mir fast noch verbreiteter zu sein als die erste.

Die erste Aufgabe ist eine rein wissenschaftliche, die zweite eine eher politische und pädagogische.

Lassen Sie mich zuvor einige Bemerkungen zu den Begriffen und ihrer Geschichte machen. Überraschenderweise ist der Begriff Fremdenfeindlichkeit ziemlich neuen Datums. Erst 1993 wurde das Wort erstmals in das „Große Wörterbuch der deutschen Sprache", den so genannten Großen Duden, aufgenommen.

Nach Auskunft der Duden-Sprachberatung stammt der älteste dort verzeichnete Beleg aus dem Dezember 1980, und zwar aus der Zeitung „Mannheimer Morgen". In den 1980er Jahren kam das Wort in weiteren Umlauf. Heute zählt man über 11.000 Belege. Das Wort ist allgemein geläufig geworden.

Fremdenfeindlichkeit aus der Sicht der Geschichtswissenschaft

Im Großen (sechsbändigen) Duden von 1977 war das Wort noch nicht verzeichnet. Stattdessen finden sich dort im Anschluss an den Oberbegriff „Fremden-" Wortverbindungen wie Fremdenbett, Fremdenbuch, Fremdenführer, Fremdenheim, Fremdenindustrie, Fremdenpension, Fremdenverkehr, Fremdenzimmer, die alle bedeuten, dass die Fremden nicht als Feinde, sondern als Gäste empfunden wurden.

Hier scheint in den letzten Jahrzehnten ein Bedeutungswandel eingetreten zu sein. Statt Fremdenbett oder Fremdenzimmer sagt man heute Gästebett und Gästezimmer, statt Fremdenindustrie und Fremdenverkehr sagt man heute Tourismus. Es wäre gewiss reizvoll, den Gründen dieses Bedeutungswandels nachzugehen. Ich will zunächst nur feststellen, dass er nicht in der Nazizeit eingetreten ist, sondern in den 1980er Jahren.

Einige andere Zusammensetzungen im Großen Duden von 1977 wie Fremdenlegion, Fremdenpolizei und Fremdenrecht verweisen auf die Bedeutung als Ausländer; aber sie sind rein sachlich und haben nicht notwendig eine feindliche oder feindselige Konnotation. Daraus ergibt sich: Bis in die 1980er Jahre war der Fremde im deutschen Sprachgebrauch entweder ein Gast oder ein Ausländer.

Das entspricht einer alten europäischen Tradition. Im klassischen Griechisch war der xénos entweder ein Fremder oder ein Söldner, ein Mietsoldat oder ein Gastfreund. Das von xénos abgeleitete Wort Xenophobie gab es in der Antike noch nicht.

Im Lateinischen war der hostis ein Fremder, insbesondere ein kriegführender Fremder, also ein Feind. Bemerkenswert ist aber immerhin, dass von hostis das gotische Wort gasts und das althochdeutsche gast, also unser „Gast" abgeleitet ist.

Ich will diese Etymologien nicht überbetonen, zumal da sie mein Fachgebiet nicht sind, aber doch feststellen, dass es eine sprachliche Verbindung zwischen dem Fremden und dem Gast gibt, möglicherweise in der eher normativen Bedeutung, dass man den Fremden wie einen Gast behandeln soll.

Die etymologischen Befunde und die Neuartigkeit unseres Wortes Fremdenfeindlichkeit sind umso bemerkenswerter, als die Sache offensichtlich eine der ältesten Einstellungen ist, die Menschen gegenüber anderen Menschen einnehmen. Dass der kriegführende Fremde als Feind empfunden wurde, ist so offensichtlich, dass es einer Erklärung nicht bedarf.

Dass aber auch der Fremde im eigenen Lande als Feind empfunden wurde, lässt sich vielfach belegen. Der Fremde wird als fremd- oder andersartig wahrgenommen. Er ist eine Minderheit und wird von der Mehrheit als von der Norm abweichend empfunden und, zumal in Krisen, bekämpft.

In diesem Sinne wurden die christlichen Armenier von den muslimischen Türken als andersartig empfunden und im 19. und zu Beginn des 20. Jahrhunderts immer wieder verfolgt, ebenso die in Südostasien lebenden Auslandschinesen und im christlichen Europa ganz besonders die Juden, übrigens gelegentlich auch die Hugenotten in Preußen.

Der so genannte Antisemitismus ist ein besonderer Fall. Ausschreitungen gegen Juden und Ausweisungen aus einzelnen Orten und ganzen Ländern sind seit Jahrhunderten überliefert, in Russland besonders in der Form von Pogromen. Fast alle europäischen Länder haben irgendwann in der Geschichte ihre Juden ausgewiesen, zuletzt 1492 die Könige in Spanien.

Die Judenverfolgung in der Nazizeit hat aber schon in der Phänomenologie wenig mit den fremdenfeindlichen Ausschreitungen in unserer Zeit zu tun. Die meisten Juden in Deutschland waren keine Fremden mehr, sondern Deutsche, vielfach hochgradig assimiliert und integriert. In der Wehrmacht dienten mehr als 150.000 Soldaten von ganz oder teilweise jüdischer Herkunft (Rigg, in Druck).

Das soll und kann natürlich nicht heißen, dass die Juden nicht vielfach als Fremde empfunden wurden, besonders von den so genannten Antisemiten. Aber anders als die heutigen Fremden unterschieden sie sich weder dem Aussehen nach noch sprachlich oder kulturell von den nichtjüdischen Deutschen.

Übersehen kann man natürlich auch nicht, dass Deutschland seit Jahrhunderten ein Zuwanderungsland war, in das viele Ausländer einwanderten. Die Hugenotten habe ich schon erwähnt. Vor dem Ersten Weltkrieg gab es viele, vor allem polnische Saisonarbeiter sowohl in der Landwirtschaft als auch in der Industrie. Im Ersten Weltkrieg gab es Zwangsarbeiter. In der Weimarer Republik ging die Zahl der ausländischen Arbeiter stark zurück.

Aber kaum war in den 1930er Jahren die Vollbeschäftigung erreicht, ergab sich ein Arbeitskräftemangel, der wieder zur Anwerbung von ausländischen Arbeitern führte. Im Zweiten Weltkrieg gelangte sie, zunehmend durch Zwang, auf einen nie zuvor erreichten Höhepunkt. Bei Kriegsende befanden sich etwa 13,5 Millionen damals so genannte „Fremdarbeiter" in Deutschland (Herbert, 2001). Als in der Bundesrepublik wieder Vollbeschäftigung erreicht war, setzte erneut die Anwerbung ausländischer Arbeiter ein.

Ich betrachte es jedoch nicht als meine Aufgabe, diese Geschichte der Zuwanderung und Ausländerbeschäftigung irgendwie vertieft zu schildern. Wer mehr darüber wissen möchte, sei auf die in diesem Jahr erschienene Untersuchung des Freiburger Historikers Ulrich Herbert verwiesen: „Geschichte der Ausländerpolitik in Deutschland. Saisonarbeiter, Zwangsarbeiter, Gastarbeiter, Flüchtlinge". Sie reicht von 1880 bis in die Gegenwart.

Ulrich Herbert gibt in diesem Buch auch eine differenzierte Darstellung der fremdenfeindlichen Ausschreitungen, die 1991 in Hoyerswerda begannen und 1992 und 1993 in Mölln und Solingen ihre bekannten schrecklichen Höhepunkte erreichten.

Es ist meines Wissens das erste Mal, dass ein Historiker diese Ereignisse in dieser Form im historischen Kontext darstellt. Die Darstellung lässt keinen Zusammenhang mit der Nazizeit erkennen. Die Gewalttätigkeiten ergaben sich nach Herbert vielmehr aus einer Auseinandersetzung über eine Veränderung des Grundrechts auf Asyl von 1949, die im Bundestagswahlkampf in der zweiten Hälfte des Jahres 1990 besonders von den Unionsparteien und gewissen Massenmedien in Form einer Kampagne geführt wurde. Bekanntlich endete sie mit einer Änderung des Grundgesetzes im Jahre 1993. Der Zusammenhang zwischen dieser Debatte und den damaligen Ausschreitungen scheint plausibel. Seit der Wiedervereinigung kamen dabei laut Herbert mindestens 49 Ausländer ums Leben.

Herberts Analyse zeigt, dass die Gewalttätigkeiten zunächst in den neuen Bundesländern begannen, als Asylbewerber auch dort untergebracht wurden, wo es zuvor nur sehr wenige Ausländer gegeben hatte, die zudem von der einheimischen Bevölkerung streng isoliert worden waren.

Dass die Gewalttätigkeiten dann auch auf die alten Bundesländer übergriffen, erklärt Herbert mit einem sozialen Konflikt. Die Ausländer ersetzen die deutschen Arbeiter in Tätigkeiten, die diese nicht mehr ausüben wollen. Die deutschen Arbeiter erfahren einen entsprechenden sozialen Aufstieg. Das Problem entstand bei den unteren Schichten, die diesen Aufstieg nicht schafften, mit den Ausländern konkurrieren mussten und dies als sozialen Abstieg empfanden. Herbert sieht Fremdenfeindlichkeit daher als ein Problem der Unterschicht an, vergleichbar mit dem Rassenproblem in den USA.

Ich kehre damit zu meiner Hauptfrage nach einem Zusammenhang mit dem Nazismus zurück. Die Antwort wird vielleicht mehr Aufschlüsse über die Nazizeit als über die Gegenwart ergeben, genauer: über das Bild der Nazizeit, das sich viele bei uns machen.

Zunächst ist auf einen wesentlichen Unterschied aufmerksam zu machen: In der Nazizeit waren Staat und Regierung antisemitisch und verbrecherisch, während unsere Regierenden heute ständig die damals begangenen Verbrechen und jederlei Fremdenfeindlichkeit anprangern und stets neue Maßnahmen ersinnen, sie zu verhindern. Was damals offiziell gefördert wurde, wird heute offiziell verurteilt.

Ich will das an einigen Beispielen veranschaulichen. Die Novemberpogrome von 1938 (die so genannte „Reichskristallnacht"): Es waren nicht die Menschen, die sich aus eigenem Antrieb auf die Juden stürzten und die Synagogen in Brand setzten. Es waren die von oben mobilisierten und koordinierten SA-Männer. Viele Nichtjuden waren entsetzt. Einige kamen den Juden zu Hilfe. An nicht wenigen Plätzen waren die Täter SA-Männer aus den Nachbarorten, weil die Einheimischen nicht mitmachten. Es gab natürlich eine große Zahl von Mittätern, aber sie handelten mit offizieller Billigung im Sog einer von oben geführten Bewegung (siehe z.B. Friedländer, 1998; Graml, 1988; Pehle, 1988).

Im Zweiten Weltkrieg lebten in Deutschland Millionen von ausländischen Arbeitern. Sie wurden bekanntlich vielfach schlecht behandelt (siehe Herbert, 2001; Spoerer, 2001). Doch waren es wiederum nicht die Menschen, die andere geworden waren, sondern die Umstände, die 1942–1945 andere waren als 1922–1925 oder 1932–1935.

Betrachen wir den Fall von Jedwabne, der jetzt in Polen so viel Aufsehen erregt (Gross, 2001). Er wird vor allem als ein Fall von polnischem Antisemitismus diskutiert. Dass es ihn gegeben hat, kann überhaupt nicht bestritten werden, wohl aber, dass er der einzige Faktor war, der jenen Mord auslöste.

Der Zeitpunkt ist zu beachten. Der Mord ereignete sich im Juli 1941, nicht vorher und nicht nachher. Es sind ferner die Umstände zu beachten. In den ersten Tagen und Wochen des deutschen Krieges gegen die Sowjetunion ereigneten sich derartige pogromartige Morde an vielen Orten in jenen Gebieten, die 1939 und 1940 als Folge des Hitler-Stalin-Paktes von der Sowjetunion annektiert worden waren. Diese Gebiete waren dann einer repressiven „Sowjetisierung" unterworfen worden; mit dem deutschen Einmarsch in diese Gebiete kam es dort zu Pogromen. Deutsche Einheiten stießen in diesen Gegenden häufig auf von der NKWD auf dem Rückzug erschossene Gefangene, was viele deutsche Soldaten zur Teilnahme an Verbrechen gegen die Juden animierte (siehe z.b. Hilberg, 1990; Longerich, 1998).

Jedwabne gehört zum Bezirk Bialystok. Es wird nie erwähnt, dass dies jener Teil von Polen war, der 1939 von der Sowjetunion annektiert, von Stalin aber zurückgegeben wurde. Die anderen Gebiete, etwa die baltischen Staaten, blieben Teil der Sowjetunion. Die Tatsache, dass dieses Gebiet heute wieder zu Polen gehört, hat zu einer speziell polenbezogenen Diskussion geführt, obwohl derartige Ereignisse in den anderen betroffenen Gebieten in ganz ähnlicher Form vorkamen.

Ich komme nun zu der zweiten Annahme, die besagt, dass Fremdenfeindlichkeit durch eine bessere Schulbildung bekämpft werden könne, besonders durch historisch-politische Bildung und hier wiederum ganz besonders durch die Vermittlung von Kenntnissen über die Nazizeit und ihre Verbrechen. Je mehr einer von Auschwitz wisse, umso weniger anfällig sei er für Fremdenfeindlichkeit.

Diese allgemeine Überzeugung ist durchaus zweifelhaft. Als auf dem Aachener Historikertag im September 2002 darüber diskutiert wurde, sagte Ulrich Herbert: „Man muss überhaupt nichts vom Holocaust wissen, um zu wissen, dass man die Wohnungen von Ausländern nicht anzündet."

Niemand kommt auf den Gedanken, das Gebot, man dürfe nicht stehlen, durch Kenntnisse von Diebstahl oder Raub einsichtig zu machen. Es wird doch deswegen jemand nicht stehlen oder rauben, weil man ihm vertiefte Kenntnisse von einem besonders gelungenen Bankraub vermittelt hat. Es genügt doch die einfache Einsicht: „Was du nicht willst, dass man dir tu', das füg' auch keinem andern zu."

Die Annahme eines Zusammenhangs mit dem Nazismus ist zudem auch deswegen zweifelhaft, weil derartige rassistische Konflikte und Exzesse nicht nur in Deutschland, sondern auch in anderen Ländern mit starker Zuwanderung vorkommen, wie etwa in England zwischen Weißen und Asiaten.

Damit ist natürlich überhaupt nichts gegen die Verbreitung von Kenntnissen über die Zeit des Nationalsozialismus gesagt. Sie ist nötig, um Geschichtsbewusstsein und ein zutreffendes Geschichtsbild zu erzeugen. Beides mag auch das Rechtsbewusstsein stärken.

Wenn wir sagen, dass die Menschenrechte geachtet werden müssen, dann tun wir das in Deutschland mit besonderer Überzeugung, weil wir wissen, dass sie in der Nazizeit missachtet und mit Füßen getreten wurden.

Besonders nötig ist in diesem Zusammenhang die Widerlegung von Legenden. Es wird nicht möglich sein, dass alle Menschen gute Kenntnisse von der Nazizeit haben. Nötig und möglich ist aber, dass diejenigen, die entsprechende Vergleiche anstellen, keine falschen Kenntnisse davon haben. Es ist die Aufgabe der Geschichtswissenschaft und ihrer Vermittler in den Medien und den Schulen, dass Legenden nicht verbreitet werden.

Eine der gefährlichsten Legenden ist natürlich die Verharmlosung des Nationalsozialismus, die Leugnung seiner Verbrechen oder gar die offene Verherrlichung. Das begegnet uns vor allem bei den jungen Gewalttätern. Darüber kann es unter anständigen und einigermaßen aufgeklärten Menschen nur Abscheu geben.

Viel schwieriger ist es mit einer anderen Legende. Sie lässt sich am einfachsten mit dem Titel des Buches von Daniel Jonah Goldhagen (1996) umschreiben: „Hitlers willige Vollstrecker". Sie läuft auf die These hinaus, dass die Deutschen die unter Hitler begangenen Verbrechen willig begingen, freiwillig, mit Überzeugung und mit Begeisterung.

Es scheint mir kein Zufall zu sein, dass diese von der Geschichtswissenschaft einhellig abgelehnte These in der deutschen Öffentlichkeit großen Anklang gefunden hat. Wer dieser These widerspricht, setzt sich dem Verdacht aus, entschuldigen zu wollen. Ich will deswegen zunächst mit aller Deutlichkeit sagen, dass jeder Verbrecher schuldig war. Niemand musste ein Verbrechen begehen. Der später in den Nachkriegsprozessen vielfach vorgebrachte Hinweis auf einen so genannten Befehlsnotstand hat sich in keinem einzigen Fall nachweisen lassen.

Fremdenfeindlichkeit aus der Sicht der Geschichtswissenschaft

Und doch ist die Geschichte nicht so einfach, wie sie heute vielen erscheint. Zwischen einem Verbrechen auf Befehl und einem freiwillig, aus Überzeugung oder Lust, begangenen Verbrechen gab und gibt es eine weite Skala von anderen Möglichkeiten. Viele der damaligen Verbrecher handelten weder auf Befehl noch aus Überzeugung.

Viele handelten, weil ihnen die verbrecherische Tätigkeit nahe gelegt wurde oder weil sie Vorteile versprach. Nahe gelegt wurde natürlich der Antisemitismus. Er war offiziell, wurde tagtäglich von allen Medien verkündet, und so kann man es verstehen, wenn auch nicht billigen, dass manche glaubten, was die Regierung ständig verkünde, müsse richtig sein oder könne doch nicht ganz falsch sein.

Ferner versprach es Vorteile, das zu tun, was die Führung offensichtlich wünschte. Man konnte befördert werden. Die Tätigkeit in einem Konzentrations- oder Vernichtungslager war wesentlich weniger gefährlich als die an der Front.

Und, wie bereits erwähnt: Wer damals ein Verbrechen gegen die Menschlichkeit beging, konnte mit offizieller Billigung rechnen. Wer es heute tut, muss mit offizieller Missbilligung rechnen. Wer es damals tat, wurde nicht bestraft, sondern sogar noch belobigt. Wer es heute tut, verfällt der Missachtung und wird bestraft.

Es ist ein Fehler, diese Unterschiede zwischen Freiheit und Unfreiheit, zwischen Demokratie und Diktatur zu leugnen. Wer vorschnell Analogien zwischen damals und heute zieht, macht genau diesen Fehler. Er unterlegt dem NS-Regime Züge von Demokratie und Freiheit, die die damals Lebenden gerade nicht hatten. Wer darüber hinwegsieht, urteilt nur scheinbar schärfer über die damalige Zeit. In Wahrheit verharmlost er sie.

Fremdenfeindlichkeit ist ein Problem der Gegenwart, das durch einfache Reduzierung auf die Nazivergangenheit weder sachgerecht erkannt noch erfolgreich gelöst werden kann.

Literatur

Friedländer, S. (1998). *Das Dritte Reich und die Juden*. München: C. H. Beck.
Goldhagen, D. J. (1996). *Hitlers willige Vollstrecker. Ganz gewöhnliche Deutsche und der Holocaust*. Berlin: Siedler Verlag.
Graml, H. (1988). *Reichskristallnacht*. München: Deutscher Taschenbuch Verlag.

Gross, J. T. (2001). *Nachbarn. Der Mord an den Juden von Jedwabne.* München: C. H. Beck.
Herbert, U. (2001). *Geschichte der Ausländerpolitik in Deutschland. Saisonarbeiter, Zwangsarbeiter, Gastarbeiter, Flüchtlinge.* München: C. H. Beck.
Hilberg, R. (1990). *Die Vernichtung der europäischen Juden.* Frankfurt a.M.: Fischer Taschenbuch Verlag.
Longerich, P. (1998). *Politik der Vernichtung. Eine Gesamtdarstellung der nationalsozialistischen Judenverfolgung.* München: Piper.
Pehle, W. H. (Hrsg.). (1988). *Der Judenpogrom 1938.* Frankfurt a. M.: Fischer Taschenbuch Verlag.
Rigg, B. M. (in press). *Hitler's Jewish soldiers. The untold story of nazi racial laws and men of Jewish descent in the German military.* University Press of Kansas, USA.
Spoerer, M. (2001). *Zwangsarbeit unter dem Hakenkreuz.* München: Deutsche Verlags-Anstalt.

Die Autorinnen und Autoren

Wolfgang Edelstein
Direktor am Max-Planck-Institut für Bildungsforschung 1973 bis 1997, Honorarprofessor für Erziehungswissenschaft an der Humboldt-Universität zu Berlin und der Universität Potsdam. Forschungsschwerpunkte: Soziokognitive und moralische Entwicklung, Schul- und Unterrichtsforschung, Curriculumentwicklung, Schulentwicklung und Schulreform.

Jürgen W. Falter
Professor für Politikwissenschaft an der Johannes-Gutenberg-Universität Mainz, 1983 bis 1992 Professor für Politikwissenschaft und Vergleichende Faschismusforschung an der Freien Universität Berlin. Forschungsschwerpunkte: Wahl- und Einstellungsforschung, Rechts- und Linksextremismusforschung, Historische Wahl- und Mitgliederforschung, Sozialwissenschaftliche Forschungsmethoden.

Susan T. Fiske
Professorin für Psychologie an der Princeton University, 1994 Präsidentin der Society for the Psychological Study of Personality and Social Psychology, Sachverständige für den U.S. Surpreme Court in Diskriminierungsfällen und in Präsident Clintons Race Initiative Advisory Board. Forschungsschwerpunkte: Soziale Kognition, speziell Abhängigkeit, Macht und Stereotypisierung.

Kay Hailbronner
Professor für öffentliches Recht, Völkerrecht und Europarecht an der Universität Konstanz, Leiter des Forschungszentrums für Europäisches und Internationales Ausländer- und Asylrecht, Jean Monnet Chair in Europarecht, seit 1999 Mitglied des Wissenschaftsrates, seit August 2000 Mitglied der Zuwanderungskommission.

Eberhard Jäckel
Professor für Neuere Geschichte am Historischen Institut der Universität Stuttgart bis 1997, Gastprofessuren in Indien, Oxford und Tel Aviv. Forschungsschwerpunkte: Nationalsozialismuns, Holocaust, Weimarer Republik, Französische Revolution, Revolution von 1848.

Gustav Lebhart
Wissenschaftlicher Mitarbeiter für Bevölkerungswissenschaft an der Humboldt-Universität zu Berlin, 1997 bis 2000 wissenschaftlicher Mitarbeiter am Institut für Demographie an der Österreichischen Akademie der Wissenschaften, Lehrtätigkeit: Bevölkerungs- und Migrationssoziologie. Forschungsschwerpunkte: Soziodemographische Strukturanalysen, Kleinräumige Bevölkerungsprognosen, Migration und Fremdenfeindlichkeit.

Rainer Münz
Professor für Bevölkerungswissenschaft an der Humboldt-Universität zu Berlin, bis 1992 Direktor des Instituts für Demographie der Österreichischen Akademie der Wissenschaften, Gastprofessor an den Universitäten Bamberg, Berkeley, Frankfurt a.M., Klagenfurt und Zürich. Forschungsschwerpunkte: Migration und Bevölkerungsentwicklung, Familien- und Sozialpolitik, Sprachgruppen- und Minderheitenfragen.

Die Autorinnen und Autoren

Jürgen R. Winkler
Akademischer Oberrat am Institut für Politikwissenschaft der Johannes-Gutenberg-Universität Mainz. Forschungsschwerpunkte: Wahl- und Einstellungsforschung, Parteien und Parteiensysteme, Rechtsextremismus und Fremdenfeindlichkeit, Sozialwissenschaftliche Forschungsmethoden.

Klaus F. Zimmermann
Professor für Wirtschaftliche Staatswissenschaften der Universität Bonn, Direktor des Instituts Zukunft der Arbeit (IZA) in Bonn, Honorarprofessor der Freien Universität Berlin und Präsident des Deutschen Instituts für Wirtschaftsforschung (DIW) in Berlin. Forschungsschwerpunkte: Arbeitsökonomie, Bevölkerungsökonomie, Migration, Industrieökonomie, Ökonometrie.

MIX
Papier aus verantwortungsvollen Quellen
Paper from responsible sources
FSC® C105338

If you have any concerns about our products,
you can contact us on
ProductSafety@springernature.com

In case Publisher is established outside the EU,
the EU authorized representative is:
**Springer Nature Customer Service Center GmbH
Europaplatz 3, 69115 Heidelberg, Germany**

Printed by Libri Plureos GmbH
in Hamburg, Germany